受江苏海事职业技术学院出版基

江苏港口资源优化配置研究

王鹏 徐赟——著

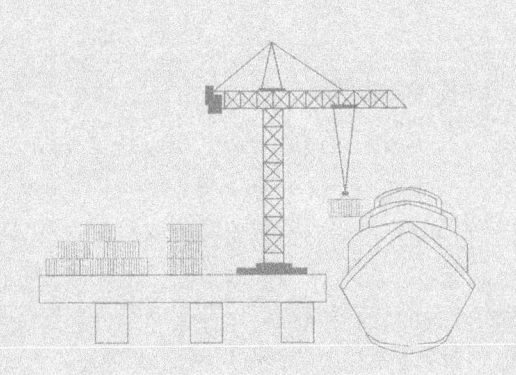

河海大学出版社
HOHAI UNIVERSITY PRESS
·南京·

图书在版编目(CIP)数据

江苏港口资源优化配置研究 / 王鹏,徐赟著. -- 南京：河海大学出版社，2023.7
　ISBN 978-7-5630-8297-1

Ⅰ.①江… Ⅱ.①王…②徐 Ⅲ.①港口－资源配置－研究－江苏 Ⅳ.①F552.53

中国国家版本馆 CIP 数据核字(2023)第 138197 号

书　名	江苏港口资源优化配置研究
书　号	ISBN 978-7-5630-8297-1
责任编辑	龚　俊
文字编辑	张嘉彦
特约校对	梁顺弟　许金凤
封面设计	槿容轩　张育智　周彦余
出版发行	河海大学出版社
地　址	南京市西康路 1 号(邮编：210098)
电　话	(025)83737852(总编室)　(025)83722833(营销部) (025)83787600(编辑室)
经　销	江苏省新华发行集团有限公司
排　版	南京布克文化发展有限公司
印　刷	广东虎彩云印刷有限公司
开　本	718 毫米×1000 毫米　1/16
印　张	16.5
字　数	309 千字
版　次	2023 年 7 月第 1 版
印　次	2023 年 7 月第 1 次印刷
定　价	98.00 元

受江苏海事职业技术学院出版基金资助

作者简介：

第一作者：王鹏，男，1982年8月，汉族，江苏南京人，南京航空航天大学在读博士，江苏海事职业技术学院，经济管理学院副院长，副教授，主要研究方向：国际贸易、港口物流。主持完成厅（局）级及以上课题3项，指导完成省级大学生创新课题3项；发表学术期刊论文30余篇（其中SCI、SSCI收录1篇，中文核心期刊3篇）；获江苏省信息化教学设计大赛一等奖一项、获江苏省教学成果二等奖一项、获江苏省社科联优秀成果二等奖一项；授权实用新型专利10项；入选江苏省高校"青蓝工程"优秀青年骨干教师。

第二作者：徐赟，女，1982年9月，汉族，江苏南京人，硕士，江苏海事职业技术学院，经济管理学院讲师，经济师，主要研究方向：财经会计、统计、金融。主持完成厅（局）级及以上课题2项，指导完成省级大学生创新课题1项，参与完成省（部）级科研项目；发表学术期刊论文15篇；获江苏省信息化教学设计大赛一等奖一项、获江苏省社科联优秀成果二等奖一项；授权实用新型专利16项。

前 言
preface

在区域一体化背景下,本书分析江苏主要港口综合竞争力,尤其厘清江苏八大港口集团(南京港(集团)有限公司、镇江港务集团有限公司、苏州港口发展(集团)有限公司、南通港(港口)集团有限公司、江苏江阴港港口集团股份有限公司、江苏省扬州港务集团有限公司、泰州港务集团有限公司、连云港港口控股集团有限公司)资源配置、经营管理现状。明确江苏省港口集团成立动因,江苏省港口集团成立后各港口的资源产权、领导体制、业务体制以及存在的问题及找出解决问题的对策;江苏港口资源配置涉及多方利益主体,包括江苏省政府、各地方政府、江苏省港口集团、各港口企业、金融机构等,通过利益相关者理论确定江苏港口资源整合过程中的参与主体及关键利益主体,明确关键主体的行为准则、决策目标、决策行为选择,明晰主体间利益的一致性与冲突性;江苏港口资源优化配置可依据港口层次结构分为主要枢纽港和次要喂给港等,这样可以形成立体、有效的港口资源综合集疏运体系,然后再与各地优势产业对接,地方优势产业与港口发展相辅相成,依据各地产业结构进行港口之向货物运输功能职能定位,规划各个港口具体货物运输范围;江苏港口资源优化配置效果受到主客观多重因素影响,包括资源配置效率的提升、配置后系统的稳定性以及配置过程的推进情况。根据江苏港口资源优化配置的特点和目标,选取合适的输入输出指标,利用指数量化建模评价港口资源优化配置效果。同时,从资源配置力度和稳定性两个角度构建指标体系,利用属性论评价港口资源配置能力。通过优化配置各港口现有生产服务系统信息资源,聚沙成塔,形成全省港口信息网,进而打造形态齐全的网络大港口,做强上海国际航运中心北翼港口群,促进长三角一体化和江苏经济社会转型发展。

本书第一章介绍了江苏港口资源优化配置的研究背景、研究目的、研究意义、研究内容、研究方法和技术路线;第二章介绍了江苏港口资源优化配置的理论基础；第三章运用熵权TOPSIS法对江苏主要港口综合运营能力进行评价，分析江苏港口资源优化配置存在的问题以及江苏省港口集团成立后港口资源配置现状和存在问题；第四章通过冲突分析图模型确定江苏港口资源优化配置过程中的参与主体及关键利益主体，根据不同政策情景下各主体的利益分配和决策目标的变化情况，分析政策组合对主体行为选择的影响机理；第五章运用江苏港口资源优化配置帕累托分析和层次聚类分析法规划江苏各港口功能定位和货物运输范围；第六章运用系统动力学对江苏港口资源优化配置效果进行仿真，评价江苏港口资源优化配置的水平及成效；第七章通过对江苏连云港港和射阳港港城互动发展的实证研究，做出最适合江苏港口资源优化配置的决策。

　　优化港口资源配置从而减少恶意竞争，是提高港口资源利用效率的有效手段，港口资源配置优化既满足政府有效进行宏观经济调控的要求，又满足港口企业可持续开发和健康发展的要求。对促进江苏港口功能的完善，实现层次结构错位发展，促进有效利用有限的长江岸线资源起到积极的作用，可增加江苏港口的竞争力。江苏海事职业技术学院王鹏负责撰写本书1—5章内容，共21万字；江苏海事职业技术学院徐赟负责撰写本书6—7章内容，共9万字。

　　由于作者水平有限，书中不当之处在所难免，敬请各位读者批评指正，不胜感激！

目 录
contents

第一章 绪论 ·· 001
 第一节 研究背景 ··· 001
  一、国际背景 ··· 001
  二、国内背景 ··· 002
  三、行业背景 ··· 003
  四、地方背景 ··· 004
 第二节 研究目的及意义 ··· 006
  一、研究目的 ··· 006
  二、研究意义 ··· 006
 第三节 研究内容 ··· 007
  一、江苏主要港口资源的梳理、配置存在的问题与原因 ······ 007
  二、江苏港口资源整合各方利益冲突 ······································· 008
  三、江苏港口资源优化配置结构功能定位 ······························· 008
  四、江苏港口资源优化配置效果后评价 ··································· 009
  五、区域一体化背景下江苏港口资源优化配置的仿真、设计与优化 ·· 010
 第四节 研究方法与技术路线 ··· 011
  一、研究方法 ··· 011
  二、技术路线 ··· 012

第二章 港口资源优化配置的理论基础 ··· 013
 第一节 港口资源构成及分类 ··· 013
  一、核心概念界定 ··· 013

  二、港口群资源的分类 …………………………………………… 015
 第二节 港口资源优化配置的内涵 ………………………………………… 017
  一、港口资源优化配置的概念 …………………………………… 017
  二、港口资源优化配置的分类 …………………………………… 018
  三、港口资源优化配置的理论基础 ……………………………… 021
  三、港口资源优化配置的主要问题 ……………………………… 024
 第三节 港口资源优化配置的目标和原则 ……………………………… 025
  一、港口资源优化配置的目标 …………………………………… 025
  二、港口资源优化配置的原则 …………………………………… 026
 第四节 港口资源优化配置的内容和模式 ……………………………… 027
  一、港口资源优化配置的内容 …………………………………… 027
  二、港口资源优化配置的模式 …………………………………… 028
  三、港口资源优化配置模式评价 ………………………………… 031
 第五节 国内外港口资源成功优化配置案例 …………………………… 032
  一、国外港口资源成功优化配置的案例 ………………………… 032
  二、国内港口资源成功优化配置的案例 ………………………… 042

第三章 江苏主要港口资源及综合运营能力现状 …………………………… 053
 第一节 江苏主要港口资源概况 …………………………………………… 053
  一、江苏港口概况 ………………………………………………… 053
  二、江苏沿江沿海地区港口资源概况 …………………………… 054
 第二节 江苏主要港口综合运营能力评价 ……………………………… 061
  一、港口综合运营能力评价指标体系 …………………………… 062
  二、评价方法：熵权 TOPSIS 法 ………………………………… 067
  三、评价结果与分析 ……………………………………………… 070
 第三节 江苏港口资源优化配置存在的问题及 SWOT 分析 ………… 075
  一、江苏港口资源优化配置存在的主要问题 …………………… 075
  二、江苏港口资源优化配置的 SWOT 分析 …………………… 078
 第四节 江苏省港口集团资源配置现状 ………………………………… 080
  一、腹地与港口 …………………………………………………… 080
  二、江苏省港口集团成立动因 …………………………………… 083
  三、江苏省港口集团资源配置现状 ……………………………… 085
  四、江苏七大港口集团资源配置现状 …………………………… 088

第五节　江苏省港口集团港口资源配置存在问题 …………… 096
　　一、港口集团弱小，各种码头众多 …………………… 096
　　二、集团股权复杂，股东不够集中 …………………… 097
　　三、同质无序竞争，控制能力较弱 …………………… 098

第四章　基于冲突分析图模型的江苏省港口资源优化配置 …… 099
第一节　研究背景介绍 ……………………………………… 099
　　一、研究背景 ……………………………………… 099
　　二、资源优化配置下的港口规划 …………………… 100
　　三、研究现状及目标 ………………………………… 100
第二节　研究方法 …………………………………………… 101
　　一、地理分析方法 …………………………………… 101
　　二、冲突解决的图形模型 …………………………… 103
第三节　模型构建和求解 …………………………………… 104
　　一、通过 ArcGIS 绘制密度图 ……………………… 104
　　二、加权核密度结果分析 …………………………… 106
　　三、椭圆分析的标准差 ……………………………… 107
　　四、模拟江苏港口资源优化配置的冲突 …………… 109
第四节　江苏港口资源优化配置各方利益冲突均衡解 …… 114
　　一、均衡解状态 10 分析 …………………………… 114
　　二、均衡解状态 5 分析 ……………………………… 115
　　三、结论 ……………………………………………… 117

第五章　江苏港口资源优化配置结构功能定位 ………………… 118
第一节　江苏港口资源配置帕累托改进 …………………… 118
　　一、帕累托改进和帕累托最优的基本概念 ………… 118
　　二、帕累托改进基本模型 …………………………… 119
　　三、帕累托改进模型分析 …………………………… 120
　　四、帕累托改进模型结论 …………………………… 121
第二节　江苏港口资源优化配置层次聚类分析 …………… 122
　　一、聚类分析模型 …………………………………… 123
　　二、指标体系构建和数据处理 ……………………… 125
　　三、聚类分析模型结论 ……………………………… 129

第三节　江苏港口资源优化配置功能定位 ·················· 132
一、港口数据处理 ·················· 133
二、江苏港口资源优化配置功能划分 ·················· 134
三、江苏港口资源优化配置对策 ·················· 137

第六章　江苏港口资源优化配置效果评价 ·················· 144
第一节　江苏港口资源优化配置效果评价方法与思路 ·················· 144
一、系统动力学的形成发展及研究对象 ·················· 144
二、系统动力学的特点及适用问题 ·················· 145
三、系统动力学建模步骤 ·················· 146
四、主要应用软件 Vensim ·················· 147
第二节　江苏港口资源优化配置效果评价系统分析 ·················· 147
一、江苏港口资源优化配置系统论分析 ·················· 147
二、系统动力学对江苏港口资源优化配置研究的适用性 ··· 148
三、江苏港口资源优化配置的原则 ·················· 149
四、江苏港口资源优化配置关键问题 ·················· 150
五、江苏港口资源系统结构分解 ·················· 151
第三节　江苏港口资源优化配置效果评价模型构建 ·················· 154
一、模型目标 ·················· 154
二、模型变量及参数确定 ·················· 155
三、因果关系图 ·················· 157
第四节　江苏港口资源优化配置效果系统动力学仿真 ·················· 161
一、系统动力学流图 ·················· 161
二、模型检验 ·················· 164
三、模型模拟 ·················· 165
四、结果分析 ·················· 166

第七章　江苏港口资源优化配置的实证分析 ·················· 170
第一节　连云港港口物流与城市经济发展的关系研究 ·················· 170
一、绪论 ·················· 170
二、港口物流与城市发展的关系 ·················· 175
三、连云港港口物流与城市经济发展关系的定性分析 ······ 185
四、连云港港口物流与城市经济发展关系的 DEA 分析······ 195

  五、连云港港口物流支持城市经济发展的对策和建议 …… 213

第二节 江苏射阳港发展对策建议报告 ………………… 218
  一、射阳港简介 ……………………………………… 218
  二、射阳港优势分析 ………………………………… 219
  三、射阳港存在问题分析 …………………………… 223
  四、射阳港发展定位建议 …………………………… 225
  五、解决射阳港存在问题的对策与建议 …………… 227

参考文献 ………………………………………………………… 237

图目录

图 1-1	技术路线图	012
图 3-1	江苏省港口综合运营能力	072
图 3-2	城市腹地支撑	073
图 3-3	港口吞吐能力	074
图 3-4	港口基础设施	074
图 3-5	港口发展潜力	075
图 3-6	江苏港口布局规划	082
图 3-7	2020年江苏各市的货物吞吐量与集装箱吞吐量	083
图 3-8	江苏省港口集团股权结构（截至2021年3月）	084
图 3-9	江苏省港口集团股权结构	086
图 4-1	2015—2020年江苏航运密度	105
图 4-2	按类型划分的航运服务业加权核心密度分布	106
图 4-3	按类型划分的江苏航运服务业企业分布模式和标准差椭圆	108
图 4-4	状态转移有向图	111
图 5-1	南京港和连云港港帕累托改进基本模型图	119
图 5-2	南京港和连云港港资源整合帕累托改进模型图	120
图 5-3	江苏港口资源聚类图	130
图 6-1	江苏港口资源系统结构图	152
图 6-2	吞吐量增长率表函数	156
图 6-3	因果关系图1	159
图 6-4	因果关系图2	159
图 6-5	因果关系图3	160
图 6-6	因果关系图4	160
图 6-7	因果关系总图	161
图 6-8	系统总流图	162

图 6-9　江苏省 GDP 实际值与模拟值 ························· 165
图 6-10　江苏省港口吞吐量实际值与模拟值 ················· 165
图 6-11　水运货运需求趋势图 ······························· 167
图 6-12　港口供给趋势图 ··································· 167
图 6-13　腹地经济趋势图 ··································· 168
图 7-1　连云港港口物流与城市经济发展的关系研究路线 ······ 174
图 7-2　沿海、近海、内陆省市国内生产总值和进出口总额占全国 GDP 比较
　　　　 ·· 181
图 7-3　沿海、近海、内陆省市进出口总额比较 ·············· 182
图 7-4　沿海、内陆省市平均外贸依存度比较 ················ 182
图 7-5　港口关系作用机理 ·································· 184
图 7-6　港城关系作用机理 ·································· 184
图 7-7　DEA 方法评价图 ··································· 197
图 7-8　2012—2021 年连云港城市经济对港口物流的有效性 DMU 评价有效性分析 ··· 210
图 7-9　2012—2021 年港口物流对连云港城市经济的有效性 DMU 评价有效性分析 ··· 210
图 7-10　连云港港口物流与城市经济有效性分类 ············· 212
图 7-11　射阳港区位图 ····································· 221
图 7-12　射阳港物流园区功能分区发展示意图 ··············· 227
图 7-13　港口一体化运营服务中心总体布局 ················· 236

表目录

表 1-1	2021年全球前20大货物吞吐量港口排名	002
表 1-2	2021年1-12月全国港口货物吞吐量前20排名	005
表 1-3	世界一流港口评价指标体系	009
表 2-1	广义的港口资源的类别	015
表 2-2	东京湾港口群各港的产业基础与职能定位	038
表 3-1	评价指标体系	063
表 3-2	江苏沿江沿海地区10个港口及其腹地的经济数据	064
表 3-3	熵值法计算权重结果汇总	070
表 3-4	TOPSIS评价计算结果	071
表 3-5	江苏港口资源优化配置的SWOT分析	080
表 3-6	南京港集团码头资源配置情况	089
表 3-7	镇江港务集团码头资源配置情况	090
表 3-8	苏州港集团码头资源配置情况	091
表 3-9	南通港口集团码头资源配置情况	093
表 3-10	江阴港港口集团码头资源配置情况	094
表 3-11	扬州港务集团码头资源配置情况	095
表 3-12	泰州港务集团码头资源配置情况	096
表 3-13	2021年江苏省各港口吞吐量汇总	097
表 3-14	2021年江苏省沿江港口集团收益情况汇总	098
表 4-1	江苏省航运服务业的分类、结构和企业数量	102
表 4-2	江苏省航运服务企业标准差椭圆参数	107
表 4-3	决策者及其选择	110
表 4-4	可行状态表	110
表 4-5	港口资源优化配置冲突的均衡解	113
表 5-1	指标变量汇总表	127

表 5-2	无量钢化处理表	128
表 5-3	聚类项描述分析	129
表 5-4	聚类类别分布表	129
表 5-5	江苏港口主要货种概况表	133
表 5-6	主要货种吞吐量港口排序表	133
表 5-7	主要货种占比港口排序表	134
表 6-1	累积变量初始值(2021年)	156
表 6-2	腹地经济相关参数变量	163
表 6-3	港口群需求相关参数变量	163
表 6-4	港口群资源供给相关参数变量	163
表 6-5	投资分配安排	166
表 7-1	2010—2020连云港港口物流集装箱与货物吞吐量	187
表 7-2	1990—2020连云港港口生产用码头(泊位)数量	188
表 7-3	港口物流城市经济DEA评价模型横向评价结论	206
表 7-4	2012—2021年连云港城市经济对港口物流的有效性DMU评价指标	207
表 7-5	港口物流对连云港城市经济的有效性DMU评价指标	208
表 7-6	2012—2021年连云港城市经济对港口物流的有效性DMU评价有效性分析	209
表 7-7	2012—2021年港口物流对连云港城市经济的有效性DMU评价有效性分析	210
表 7-8	连云港港口物流和连云港城市经济纵向有效性评价结果	211

第一章
绪论

第一节 研究背景

一、国际背景

国际贸易理论认为贸易自由化可以促使所有参与国改进福利。然而,现实中种种原因使得各国或各地区之间的边界线发挥着不同程度的屏蔽功能,阻碍着国际贸易自由化和经济全球化的进程。世界贸易组织(World Trade Organization,WTO)一直致力于推行多边贸易体制,希望尽可能消除国家或地区间的壁垒,将各国或地区经济融合在一起,从而达到完全自由化和全球化的目的。WTO正式成员和观察员国合计已占全世界国家和地区总数的80%以上,是推动经济全球化发展和国际贸易自由化进程的主要力量。然而,WTO这种多边贸易体制的成员国越多,需要协调的观念、利益和冲突就越多,达成一致结果的难度就越大。因此,国际区域经济一体化组织从20世纪90年代开始迅猛发展,而且无论在数量上还是规模上都在高速增长,成为推动区域甚至全球经济一体化和贸易自由化的新力量。

近年来,随着经济不断增长,国际化贸易正快速发展,港口吞吐量也在飞速增加,航运业对经济发展的影响正逐渐加深。从2021年全球货物吞吐量排名前20的港口来看(见表1-1),中国港口吞吐量整体保持稳定上涨趋势。在中国港口中,宁波舟山港以12.2亿吨增长量的绝对优势位居全球首位;江阴港及泰州港受惠于江苏省港口资源整合,均实现两位数增长,江阴港以36.6%的超高增速,一举进入"2021年全球前50大港口"榜单,位列第16位;在国际港口中,黑德兰港、新加坡港保持低速增长。

表1-1 2021年全球前20大货物吞吐量港口排名

港口排名	港口名称	2021年(万吨)	2020年(万吨)	同比增长
1	宁波舟山	122 405	117 240	4.4%
2	上海	76 970	71 104	8.2%
3	唐山	72 240	70 260	2.8%
4	青岛	63 029	60 459	4.3%
5	广州	62 367	61 239	1.8%
6	新加坡	59 964	59 074	1.5%
7	苏州	56 590	55 408	2.1%
8	黑德兰	55 327	54 705	1.1%
9	日照	54 117	49 615	9.1%
10	天津	52 954	50 290	5.3%
11	鹿特丹	46 871	43 681	7.3%
12	釜山	44 252	41 120	7.6%
13	烟台	42 337	39 935	6.0%
14	泰州	35 822	29 567	21.2%
15	江阴	33 757	24 705	36.6%
16	大连	31 553	33 401	−5.5%
17	黄骅	31 134	30 125	3.3%
18	南通	30 851	31 014	−0.5%
19	光阳	29 206	27 332	6.9%
20	深圳	27 838	26 506	5.0%

数据来源:各港口官方网站

二、国内背景

中国经济活动在区域空间上表现为高度聚集,沿海化与城市群化倾向显著。从《中华人民共和国关于制定国民经济和社会发展第十一个五年规划纲要》明确"要把城市群作为推进城镇化的主体形态"以来,京津冀、长三角、珠三角三大城市群成为中国经济的三驾马车和增长极。随着中西部各大城市群的相继崛起,中国经济活动还将进一步集聚。拓展区域发展新空间就是要加强经济轴带建设以及城市群和经济区的培育工作,而经济轴带建设、城市群和经济区培育的过程无疑是经济活动集聚的过程。

随着国家相继出台港口以及交通运输深化改革的相关文件,港口资源优化配置迎来黄金发展期。2007年7月20日，交通运输部发布《全国内河航道与港口布局规划》，尽量利用内河航运的优点，逐步改善内河航运集疏体系，促进水资源全面开发，规划的重点是高水平的内河水路和主要内河港口。2014年，交通运输部印发《关于全面深化交通运输改革的意见》，提出"理顺港口管理体制，推动港口资源整合，促进区域港口集约化、一体化发展"。2016年，全面贯彻落实《中华人民共和国国民经济和社会发展第十三个五年规划纲要》，交通运输部出台的《水运"十三五"发展规划》中明确要求推进港口资源整合，最大限度地将整体优势作为基本原则和出发点，落实区域港口资源整合，鼓励通过链接资本的使用、港口设施跨区域建设和运营，实现区域港口的探索发展和运输资源优化，促进区域港口合理分工，优化区域内港口集团的发展。2018年8月31日，交通运输部印发《深入推进长江经济带多式联运发展三年行动计划》，旨在大力提升和完善长江黄金水道功能，为长江经济带发展提供更加顺畅、绿色高效的交通运输保障。2019年12月，国务院印发《长江三角洲区域一体化发展规划纲要》，推动长三角一体化发展，增强长三角地区创新能力和竞争能力，提高经济集聚度、区域连接性和政策协同效率，对引领全国高质量发展、建设现代化经济体系意义重大。2021年12月，国务院印发《"十四五"现代综合交通运输体系发展规划》，提出到2025年，综合交通运输基本实现一体化融合发展，智能化、绿色化取得实质性突破，综合能力、服务品质、运行效率和整体效益显著提升，交通运输发展向世界一流水平迈进。2022年1月，交通运输部发布了《长航系统"十四五"发展规划》，突出长江航运高质量发展的主题，推动港口转型升级，优化港口结构，强化内河枢纽港口建设，以资本为纽带引导港口资源整合，推动港城协调发展，加快建设布局合理、资源集约、区域协同的现代港口体系。

在"一带一路"倡议和长江经济带战略大力推进的背景下，在政府积极尝试推行港口资源优化配置的同时，政府推动的区域港口正迎来整合大潮。为了加速港口发展方式转变，各地积极开展对港口资源整合的探索，目前整合已涉及40多个港口，约占我国港口总数的1/10。而根据交通运输部原副部长徐祖远的观点，在港口发展上，未来要打破行政区域限制，合理优化港口行政管理资源配置，加大区域性港口资源整合力度，鼓励发展公共码头；同时以企业为主体，通过联营、入股、兼并等方式对港口码头资源进行整合，统筹区域港口协调发展。

三、行业背景

目前，有的港口整合并不是功能上、本质上的整合，而仅仅是形式上和名义上的整合,大多是对港口建设规模和港口吞吐量进行简单合并,对改善港口布局和资源结构没有作出实质性的贡献。整合后,各港区依然各自为政,联而不合,各搞各的规划、建设,难以实现整合前所构想的统一规划管理、资源配置优化的初衷,有些港口还会视整合后的兄弟港口为竞争对手,争投资额度、腹地资源等。

在不同的行政区划下,港口的管理、建设权限分属不同的地方政府,港口前沿与后方陆域的管理也分属不同的行政机构,不同港口城市有不同的港口规划,港口行政管理职能也不统一,带来了行政程序混乱、管理职权交叉等一系列问题。因此在推进整合时,有时会存在片面追求地方和部门利益的现象,致使相关利益分配难以在不同行政区划及部门间协调,给港口资源整合带来阻力。港口企业进行跨区域资源整合时,需要理顺跨区域市县的行政关系以及管理体系,而深度资源整合下的信息资源、行政资源、管理体制具有其内在的复杂性,这需要多地政府、企业共同花费大量时间、精力来协调解决,否则只会停留在形式整合的层面。

四、地方背景

港口不是单纯的生产企业,在很多时候,一个地方的港口被认为是地方经济发展的重要依托,是被地方政府寄予厚望的,尤其是很多港口都是国企,在解决地方就业、增加税收上起到了很大的作用,而事实上很多城市的港口都是这个城市的经济支柱,甚至很多城市的经济布局都围绕港口来进行。如此一来,港口的行政化色彩就显得相当的浓重。从地方政府来讲,实际上他们整合港口的冲动还是比较强的,尤其是省级政府非常愿意整合,但是到了地方,可能不同的地方的考虑就会不同。很多地方政府都想推动港口整合,但是难度都很大,因为地方港口谁都不会示弱,存在地方政府利益如何分配的问题。而且很多港口的空间距离非常远,跨区域整合的难度非常大。因此,如何协调各方冲突、推动区域港口一体化发展是一个亟待开发和研究的领域。

江苏是港口大省,根据交通运输部《关于发布全国主要港口名录的公告》,全国53个主要港口中,江苏有7个;在沿海25个主要港口中,江苏有5个。港口货物通过能力、万吨级以上泊位数、货物吞吐量、亿吨大港数等多项指标全国第一(见表1-2)。江苏省重点发展的沿海港口有三个,即连云港港、南通港和大丰港;内河港口众多,几乎每个靠长江的市(县、区)都发展自己的港口,基本分布在长江两岸,其中包括:南京港、苏州港、南通港、镇江港、扬州港、泰州港、江阴港等亿吨大港。江苏沿江从南京到南通300多千米岸线的集装箱码头就有30多个,货源腹地交叉,同质化竞争严重,难以形成规模效益。港口资源优化配置是大趋势,江苏等沿江省份的港口资源优化配置,能够为上游港口发展带来新机遇,带来规模效益,不仅可以有序投资,科学规划,而且能够避免无序利用岸线等稀缺资源的现象,通过上下游联动,推动整个长江水域经济发展。2017年5月18日,江苏省港口集团有限公司(下文称江苏省港口集团)正式组建成立,标志着江苏港口一体化改革进入了一个新的阶段。组建江苏省港口集团,将全省沿江沿海港口作为一个整体进行统一规划布局,实行一体化经营,是江苏省扬子江城市群建设的重要先手棋。把智慧化作为江苏港口资源优化配置和一体化改革的关键突破口,积极落实交通运输部"智慧港口"建设部署安排,认真谋划江苏"智慧港口"建设的顶层设计,全力推进江苏省港口转型升级一体化改革的发展。

表1-2 2021年1-12月全国港口货物吞吐量前20名

单位:万TEU

港口排名	港口名称	1—12月	同比增长
1	上海港	4 703	8.1%
2	宁波舟山港	3 108	8.2%
3	深圳港	2 877	8.4%
4	广州港	2 447	5.6%
5	青岛港	2 371	7.8%
6	天津港	2 027	10.4%
7	厦门港	1 205	5.6%
8	苏州港(内河)	811	29.0%
9	北部湾港	601	19.0%
10	营口港	521	-7.8%
11	日照港	517	6.4%
12	连云港港	503	4.8%
13	佛山港(内河)	371	-8.5%
14	东莞港	369	-2.9%
15	大连港	367	-28.1%
16	烟台港	365	10.6%
17	福州港	345	-2.2%
18	唐山港	329	5.7%
19	南京港(内河)	311	2.9%
20	武汉港(内河)	248	26.1%

注:东莞港集装箱吞吐量包含东莞港及东莞港内河数据;广州港集装箱吞吐量包含五和、新塘、番禺三个港口数据

第二节　研究目的及意义

一、研究目的

以区域一体化背景下江苏港口资源优化配置问题为研究对象，以产业经济学、管理学、博弈论等理论方法为基础，研究区域一体化背景下江苏港口资源整合中各方利益冲突，江苏港口资源优化配置结构功能定位以及江苏港口资源优化配置效果后评价，依托物联网技术，通过优化配置各港口现有生产服务系统信息资源，聚沙成塔，形成全省港口信息网，进而打造形态齐全的网络大港口，做强上海国际航运中心北翼港口群，促进长三角一体化和江苏经济社会转型发展。

二、研究意义

（一）理论意义

1. 为多港口地区优化配置港口资源提供定量分析思路和工具

当前多港口地区内各港口由于受地方政府直接管辖，为提升自身的吸引力不得不过量投资，港口间的无序、恶性竞争有愈演愈烈之势，这种现象持续下去势必会对我国港口业的健康发展造成诸多负面影响，如降低港口城市的社会福利、为抢夺货源而进一步开展港口价格战和影响本地区的港口与相邻港口竞争时的竞争力。因此找到有效的港口资源优化配置工具对多港口地区港口管理者而言就显得尤为重要了。研究成果可为多港口地区的港口资源优化配置与多港口协同运营提供重要的理论价值和参考意义。

2. 为港口资源优化配置提供理论分析框架

港口资源优化配置机制中，为平衡各方利益以实现最优的社会福利，部分港口需要把自身的吞吐能力逐渐地降低，此时港口管理者或决策者需要考虑的问题是如何发展这些被闲置的吞吐能力或资源。本书拟将契约理论引入港口资源优化配置中，讨论港口资源优化配置的可选路径以及定量地给出港口资源优化配置可能获取的额外利润。之后对港口资源优化配置模型进行评估，最终实证检验，给出港口资源优化配置的机制与方法。全新的港口资源优化配置分析框架是港口企业提升运营和管理效率的重要保障。

（二）实践意义

1. 提升江苏港口竞争力和满足江苏港口统一管理的需要

在港口区域化、区域港口化、需求波动严重和港口过量投资的趋势下，如何准确提出多港口地区门户港口资源优化配置方法是港口管理和航运经济领域亟待解决的关键问题，它涉及地区外向型经济的生产者、内陆运输服务提供商、港口管理决策者、航运公司等多个利益和决策主体。明确各港口的功能定位、优化配置过剩或闲置的港口资源对各利益主体提升自身的运营或管理效率具有重要的意义。与此同时，政府适当干预、引导，重点着力于协调工作，加强港口配置指导，在江苏港口资源优化配置中，加快港口的基础设施建设和信息平台建设，实现江苏港口统一管理。

2. 提升港口运营管理效率和实施精细化管理的需要

优化港口资源配置是减少恶意竞争、提高港口资源利用效率的有效手段。港口资源优化配置既满足政府有效进行宏观经济调控的要求，又满足港口企业可持续开发和健康发展的要求。江苏港口资源优化配置对促进江苏港口功能的完善，实现层次结构错位发展，有效利用有限的长江岸线资源起到了积极的作用。江苏港口资源优化配置可以促进港口间稀有资源的相互使用，增加江苏港口的竞争力。其次，江苏港口间的错位发展可以避免港口之间发生激烈的恶性竞争，更有利于江苏港口资源利用率的提高，实现江苏港口高质量发展。

第三节　研究内容

一、江苏主要港口资源的梳理、配置存在的问题与原因

在区域一体化背景下分析江苏主要港口综合竞争力，尤其要厘清江苏八大港口集团，即南京港（集团）有限公司、镇江港务集团有限公司、苏州港口发展（集团）有限公司、南通港（港口）集团有限公司、江苏江阴港港口集团股份有限公司、江苏省扬州港务集团有限公司、泰州港务集团有限公司、连云港港口控股集团有限公司的资源分配和经营管理现状。明确江苏省港口集团成立动因及江苏省港口集团成立后各港口的资源产权、领导体制、业务体制以及存在的问

题,找出解决问题的对策,选择港口资源优化配置较好的典型国家或地区,比如英国、美国,整理、分析其不同阶段港口资源的优化配置过程与规律,比较并归纳影响与制约江苏港口资源配置的因素;结合江苏港口资源配置实践,进一步分析问题产生的根源,对国外港口资源优化配置模型进行分析、对比和总结,多层次、多角度研究适合推进江苏港口资源优化配置的有效对策。

二、江苏港口资源整合各方利益冲突

区域一体化背景下江苏港口资源整合涉及多方利益主体,包括江苏省政府、各地方政府、江苏省港口集团、各港口企业、金融机构等,在这一部分将通过利益相关者理论确定江苏港口资源整合过程中的参与主体及关键利益主体;通过文献总结、问卷调查、专家访谈等方式明确关键主体的行为准则、决策目标、决策行为选择,以及主体间利益的一致性与冲突性。

港口企业进行跨区域资源整合时,需要理顺跨区域市县的行政关系以及管理体系,而深度资源整合下的信息资源、行政资源、管理体制具有其内在的复杂性,这需要多地政府、企业共同花费大量时间、精力来协调解决,重点把握关键利益主体、决策变量,在不同政策组合情景下构建主体博弈模型;根据不同政策情景下各主体的利益分配和决策目标的变化情况,分析政策组合对主体行为选择的影响机理。

三、江苏港口资源优化配置结构功能定位

江苏港口资源优化配置时可依据层次结构将港口分为主要枢纽港和次要喂给港,这样可以形成立体、有效的港口资源综合集疏运体系,然后再与各地优势产业对接。地方优势产业与港口发展相辅相成,依据各地产业结构进行港口货物运输功能、职能定位,规划各个港口具体货物运输范围。港口资源优化配置的最终目的也就是实现不同层次港口按照货物种类合理集疏运,达到"港尽其力,货尽其用"的整体协调发展。

由于江苏港口资源配置牵扯到的效益指标复杂多样,因此根据研究思想以及实际可行性,本研究拟采用帕累托改进来表示江苏港口资源配置范围及效益情况。帕累托改进主要研究的是如何在没有损害任何个体效益的情况下去改进其中另一个体或者整体的效益。所以江苏港口资源配置的帕累托改进基本原则就是在保证港口原有效益的基础上,提高其他港口或者内河港口整体的效

益，根据港口所处层次结构以及港口职能发展定位提出具有可行性、针对性的策略，最终实现整合规划目标，更有效地促进区域一体化背景下江苏港口资源优化配置。

四、江苏港口资源优化配置效果后评价

江苏港口资源优化配置效果受到主客观多重因素影响，包括资源配置的效率，配置后系统的稳定性，以及配置过程的推进情况。根据江苏港口资源优化配置的特点和目标，选取合适的输入、输出指标，利用指数量化模型评价港口资源优化配置效果。同时，从资源配置力度和稳定性两个角度构建指标体系，利用属性论评价港口资源配置能力。

根据对世界一流港口内涵特征的理解，参考国内外相关强港指标和对港口高质量发展特征的理解，进行研究、梳理和归并，形成涵盖29项指标的世界一流港口评价指标体系（见表1-3）。例如基于担当国际战略"硬核"力量的全球竞争力（国际影响力、航线覆盖度、港口运营主体经营水平和市场地位），基于一流设施的现代港航物流枢纽能级（港口能力与功能适应性、港口货物加权吞吐量、港口作业效率等），基于一流技术的智慧绿色安全港口建设水平（港口技术创新能力与引领性、物流电商平台建设水平、港口岸线利用率等），基于一流管理的治理体系和治理能力（从业人员素质、物流绩效指数、营商便利指数等），基于一流服务的航运服务业发展和港产城融合水平（航运经营服务、航运金融服务、港口供应链整合能力等），通过专家访谈、文献综述、熵值法等方式，使用主客观综合赋权法对指标赋权并构建评价模型。

表1-3 世界一流港口评价指标体系

类别	序号	用于对标的指标（29项）
基于担当国家战略"硬核"力量的全球竞争力	1	国际影响力
	2	航线覆盖度
	3	港口运营主体经营水平和市场地位
基于一流设施的现代港航物流枢纽能级	4	港口能力与功能适应性
	5	港口货物加权吞吐量
	6	港口铁路、水路、管道集疏运比重
	7	港口作业效率

续表

类别	序号	用于对标的指标(29项)
基于一流技术的智慧绿色安全港口建设水平	8	港口技术创新能力与引领性
	9	物流电商平台建设水平
	10	港口污染防治水平
	11	能源节约循环利用水平
	12	港口岸线利用率
	13	百万吨吞吐量死亡率及经济损失
	14	风险分级管控与隐患排查治理双重预防体系建设水平
基于一流管理的治理体系和治理能力	15	从业人员素质
	16	智力支撑能力
	17	政府透明度
	18	政府数字化管理
	19	物流绩效指数
	20	营商便利指数
基于一流服务的航运服务业发展和港产城融合水平	21	航运经纪服务
	22	航运经营服务
	23	海事法律服务
	24	航运金融服务
	25	船舶工程服务
	26	船舶维修服务
	27	航运咨询服务
	28	港口供应链整合能力
	29	经济贡献

五、区域一体化背景下江苏港口资源优化配置的仿真、设计与优化

在上述研究结果的基础上,使用多元规划等方法对结果进行仿真,综合不同政策组合情景下的主体行为选择、港口一体化发展、其他相关行业发展以及社会、经济、环境、效益等要素,基于区域一体化背景下江苏港口资源优化配置的发展目标,探讨有效兼顾整体目标(经济、社会、环境)与各利益主体自身目标(利益最大化)的适合江苏港口资源优化配置的最优政策组合。例如,港口资源的高效统筹、高度统一的物流调度、标准统一的费率价格、科学公平的绩效考

核,提升江苏港口综合服务能力,为更有效地促进江苏港口的发展提出政策建议。

第四节 研究方法与技术路线

一、研究方法

1. 研究内容一:比较研究、SWOT 分析、熵权 TOPSIS 分析

通过查阅文献资料、总结港口管理体制、参考港口资源优化配置领域的国内外文献研究和综述,对相关知识进行储备,从而形成逻辑较为严密的框架,为开展研究、得出结论打下扎实的理论基础;深入调研江苏主要港口及港口集团的经营管理现状,运用熵权 TOPSIS 分析法,剖析各港口及港口集团的股权分配、管理体制、业务体制,找出江苏主要港口资源配置存在的问题。

2. 研究内容二:新产权理论、契约理论、冲突分析、图模型

通过文献总结、专家访谈、问卷调查的方式,建立一个由江苏省政府、地方政府和港口企业共同参与的区域一体化背景下江苏港口资源整合冲突分析图模型,找到江苏港口资源整合冲突中各决策者的均衡点,分析江苏港口资源配置中存在的问题以及冲突实质。

3. 研究内容三:任务分配模型、利益协调模型、博弈模型、帕累托改进模型

将江苏港口利益分配机制、利益协调机制等研究相互关联,通过聚类分析、博弈模型、帕累托改进模型做到在实现区域一体化背景下江苏港口资源优化配置效益最大化的同时也能达到江苏港口效益的均衡。

4. 研究内容四:指标评价模型、双重差分模型、投入产出模型

通过文献总结、专家访谈等确定评价指标及其权重;使用双重差分模型、投入产出模型、系统核算、技术经济分析等方法,分析区域一体化背景下江苏港口资源优化配置水平及成效。

5. 研究内容五:系统动力学、数值仿真、多元规划、标杆分析

通过系统动力学、数值实验、多元规划等方法对结果进行仿真并验证模型结论的有效性;在各种目标约束情况下,通过情景分析、标杆分析等选择适合江苏港口资源优化配置的决策方案。

二、技术路线

根据研究目标、研究内容以及研究方法，本课题的技术路线如图 1-1 所示。

```
现状            江苏主要港口资源及综合运营能力现状              比较研究
问题          · 江苏主要港口资源概况                          SWOT分析
根源          · 江苏主要港口综合运营能力评价                    熵权TOPSIS
              · 江苏省港口集团成立后港口资源配置现状            分析
              · 江苏省港口集团成立后港口资源配置存在问题分析

省政府          江苏港口资源整合中各方利益冲突建模              新产权理论
地方政府      · 江苏港口资源整合中冲突各方的利益                契约理论
港口企业      · 江苏港口资源整合中各方利益冲突模型构建          冲突分析
              · 江苏港口资源整合中各方利益冲突均衡解            图模型

功能            江苏港口资源优化配置结构功能定位                聚类分析
定位          · 江苏港口资源配置帕累托改进                      博弈模型
              · 江苏港口资源优化配置层次聚类分析                帕累托改进
              · 江苏港口资源优化配置功能定位                    模型

多维            江苏港口资源优化配置效果后评价                  指标评价模型
评价          · 江苏港口资源优化配置效果评价方法与思路          双重差分模型
              · 江苏港口资源优化配置效果评价的指标选取          投入产出模型
              · 江苏港口资源优化配置效果评价模型构建
              · 模型求解和结论

政策            区域一体化背景下江苏港口资源优化配置的实证检验    系统动力学
设计          · 区域一体化背景下江苏港口资源优化配置的研究假设  数值仿真
优化          · 区域一体化背景下江苏港口资源优化配置的检验      多元规划
              · 区域一体化背景下江苏港口资源优化配置的模拟      标杆分析
              · 区域一体化背景下江苏港口资源优化配置决策方案组合的选择
```

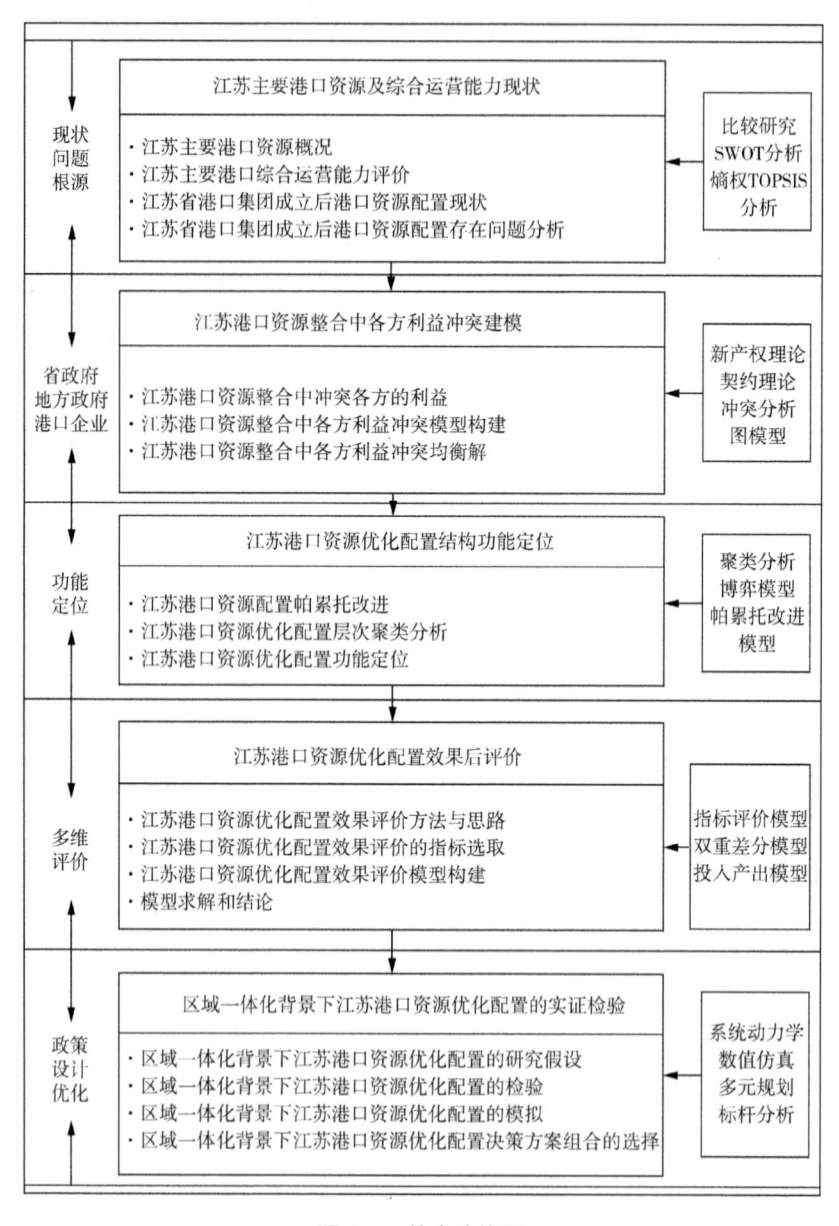

图 1-1　技术路线图

第二章
港口资源优化配置的理论基础

第一节 港口资源构成及分类

一、核心概念界定

（一）港口

不同的历史时期，港口的含义不同。"港"原指与江河湖泊相通的小河，"口"就是出入通过的地方。随着社会经济的发展、对外贸易的扩大，港口所在的城市逐渐发展成商业集散地，港口也发展成商港，从而形成了位于江、河、湖、海或者水库沿岸，具有水陆联运设备以及条件以供船舶安全进出和停泊的运输枢纽港口。港口是水陆交通的集结点和枢纽，是工农业产品和外贸进出口物资的集散地，也是船舶停泊、装卸货物、上下旅客、补充给养的场所。随着港口的不断发展，其功能日益完善，港口的含义进一步丰富。港口已经成为一个地区和国家社会经济发展的基础设施，是城市和腹地经济发展的支柱，具有交通运输、工业、仓储、物流商贸、旅游等多种功能，港口的发展水平也成了衡量一个国家社会经济发展水平的重要标志之一。

港口可以按照多种方法进行分类。按其所在地理位置可以划分为海港、内河港、湖泊港、水库港等等。按性质和用途划分，有商港、军港、工业港、渔港等等。按对进口的外国货物是否办理申报手续，港口可分为报关港和自由港。按港口水域在寒冷季节冻结与否，还可分为冻港和不冻港。

（二）港口群

港口群是指由地理位置相近、存在共同腹地的若干个功能或部分功能可以被相互替代的个体港口系统组成的港口群体大系统。当多个港口地域相近、腹地重叠时，往往就形成港口群。根据研究的目的和所涉及的区域范围不同，可以将港口群进行不同划分。第一，同一个港口内的不同港区组成的港口群。随着港口的不断发展，港口的规模越来越大，很多港口都包括了若干个港区，这些港区隶属于同一家港口，但是地理位置不同、自然条件不同、码头类型不同、临港工业发展状况也有所不同，这些差别使得港口应该对所辖的港区进行统一规划和有效的协调，使港口的功能优化、服务优化，提高港口的竞争力，促进所在城市的经济和社会发展。第二，同一省区内的不同港口组成的港口群。例如，辽宁省内有大连、营口、锦州、丹东等多个港口，从港口对于辽宁省和整个东北地区的经济和社会的促进作用来看，可以将这些港口作为一个港口群大系统进行研究。由于这类港口群的港口同属于一个省区，而且位置相邻，有较多的共同利益，因此在资源优化配置过程中具有一定的便利条件，也受到了较多的关注。第三，同一地区内的不同港口组成的港口群。我国沿海有三个较大的地区性港口群：一是围绕建设"以上海为中心、以江浙为两翼"的国际航运中心而发展起来的长江三角洲与东南沿海港口群；二是以香港国际航运中心为核心，以香港港、深圳港和广州港三港为主体的珠江三角洲港口群；三是以建设东北亚重要国际航运中心为目标，以大连港、天津港和青岛港三港各自形成特色发展为主体的环渤海湾港口群。这三大港口群几乎包含了我国所有沿海地区的大型港口，而且这类港口群的港口分属不同的省、自治区、直辖市，因此进行资源整合的阻力和困难也较大。并且由于这一类港口群所包含的港口数目众多、规模较大、彼此之间的利益冲突也比较明显，因此如何对此类港口群进行有效的整合是我国港口业发展的重大问题。

（三）港口资源

"港口"一词源于法语"port"，是一个区域经济能量强力聚集的空间，由于其体量较大的特性，在周边区域能产生较强的吸引力和辐射力并形成港口腹地，对所在港口城市和腹地经济发展的规模、结构、速度等具有很强的影响，也为这些地区的社会经济发展带来了强大的活力。港口还主导了资源配置，在优化整合国内国外两种资源、国内国际两个市场等方面发挥了重要的作用。根据

2018年最新修订的《中华人民共和国港口法》第三条对港口的定义,"港口是指具有船舶进出、停泊、靠泊、旅客上下、货物装卸、驳运、储存等功能,具有相应的码头设施,由一定范围的水域和陆域组成的区域。港口可以由一个或者多个港区组成。"对于港口类型的划分,目前尚无统一定论,主流的分类方法包括两种:(1) 按照地理位置,划分为海港、河港和岛港;(2) 按照主要用途,分为工业港、商港、渔港、军港等;(3) 按照主要功能,分为枢纽港、干线港、直线港等。

港口资源的概念具有广义和狭义之分。狭义的港口资源是指岸线、水域、陆域、货船、集装箱等实体资源。广义的港口资源除前述内容外,还包括与实体资源有关的信息资源、客户资源、能力资源和社会公共资源等。不同类别资源的具体内容见表2-1。

表2-1 广义的港口资源的类别

资源类别	具体内容
信息资源	港口生产管理系统、港口物流信息平台、港口办公自动化系统等
客户资源	物流企业、航运企业、货主企业等与港口物流链相关的企业
能力资源	资金、技术、人才、基础设施、航线资源等
社会公共资源	腹地经济、营商环境、宏观经济政策、货流等

二、港口群资源的分类

港口群作为资源的集合,并不是区域内各港口资源的简单加和,而是把港口群资源作为一个系统,通过资源整合实现港口群系统要素的重组和升级,实现相互联系和渗透,形成合理的结构,实现整体优化和协调发展,最终实现整体功能和效率的最大化,从而提高港口群的核心竞争力,获得更大的市场份额。港口群的资源包含更广泛的内容,具有不同的资源类型和不同的资源效率,是影响区域港口协调发展的条件和要素的统称,分为容量资源、客户资源、社会公共资源、信息资源及其他资源。

(一)容量资源

港口群的容量资源包括港口群区域范围内的岸线、泊位、水域面积、腹地、装卸设施、资金、港口品牌、人力资源、技术和航线网络。其中岸线和腹地作为港口群最基本和重要的自然资源,在港口群资源优化配置中发挥着重要作用。港口岸线包含维持港口设施正常运营所需的相关水域和陆域,分为港口深水岸线和非深水岸线,港口深水岸线指适宜建设千吨级及以上泊位的港口岸线,港口非深水岸线指适宜建设千吨级以下泊位的港口岸线,港口临时岸线指因港口设施建设、货物装卸等需要,在不新建永久性的港口建筑物、构筑物和设施的前提下临时使用的港口岸线。港口腹地是指港口货物吞吐和旅客集散所及的地区范围。现代化的港口一般具有双向腹地,即面向内陆的陆向腹地和面向海外的海向腹地。港口与腹地是互相依存、相辅相成的。一方面,港口的发展建设必须以腹地范围的开拓和腹地经济的发展为后盾,腹地是港口赖以生存和发展的基础;另一方面,港口是腹地的门户,港口的建设也对腹地经济发展产生重要影响。腹地有直接腹地和混合腹地之分,直接腹地指一港独有的腹地,该区域内所需水运的货物都经由本港运输;混合腹地指两个或两个以上的港口共同拥有的腹地,即数港吸引范围相互重叠的部分。

(二)客户资源

港口群的客户资源包括港口物流供应链的成员,包括航运公司、货主和其他相关物流企业。物流供应链是围绕核心企业,通过对信息流、物流、资金流的控制,从采购原材料开始,支撑中间产品以及最终产品,最后由销售网络把产品送到消费者手中,将供应链、制造商、分销商、零售商直到最终用户建成一个整体的功能网链结构。作为现代港口的供应链,港口资源整合的一项重要内容是多个港口物流链功能的整合。

(三)社会公共资源

港口群的社会公共资源包括交通设施、港口腹地经济、政策体系、港口环境(城市金融、保险、保税区、通关环境等)。港口群的交通设施主要指港区的铁路和道路,指的是布置在港区运输货物用的铁路和道路。大型港口的港区铁路包括港前车站、分区车场和货物装卸线三部分,小型港口可只设港前车站和货物装卸线。货物装卸线布置在码头前方仓库和堆场的前后侧,以便车船直取联运。分区车场靠近码头和前方仓库,来港货运列车在港前车站进行解体和编组,把车辆送往有关分区车场,在分区车场可根据需要对车辆重新编组,以备发往码头和前方库场的装卸线。装卸完毕的车辆返回分区车场,再送往港前车站编组。港区铁路线路的运输能力同港口各装卸环节相适应,并适当留有发展余地。港区道路同港外公路和附近城镇公路相连接,港区道路的布置同各码头的装卸工艺相适应,构成环形,以方便汽车运输和兼顾消防车的运行。

(四)信息资源

港口群的信息资源包括电子信息交互系统、生产管理系统、港口物流信息平台、港口物流交易平台、港口服务知识、信息技术系统。二十世纪七八十年代,随着货物的通关等现代管理理论和方法、信息技术、自动控制等科技的发展,港口在管理、工作监控、信息交流等方面取得了巨大进展,分布式生产、码头工作实时监控、港口自动装卸、港口信息管理等现代化的生产和管理系统相继产生并得到有效应用。现代科技的应用使得港口效率和效益提高,并大力开展增值服务。例如,信息技术使得港口成为集运输、仓储、加工等资源于一体的信息平台;自动化和监控技术促使港口生产流程优化和精益化发展,有利于流程再造,提供客户差异化服务;现代管理方法则使港口摆脱传统限制,开展多元化经营模式等。

(五)其他资源

港口群的文化、港口群成员所遵守的规章制度、港口群在航运市场上的声誉和品牌、成员之间的信任、港口间的有序竞争、港口群运输网络的优化等,都是在港口群长期发展演化过程中逐渐形成的资源。它们是稀缺的战略资源,是港口集群核心竞争力的重要来源。

第二节 港口资源优化配置的内涵

一、港口资源优化配置的概念

(一)资源优化配置

资源优化配置,在企业管理中是一种系统论的思维模式,是指企业通过战略规划,对企业结构进行调整,在一定的时期,经过协调和组织,将企业所属的不同层次、来源、结构的,彼此相对独立的资源进行识别和分析,并通过调整、协调、优化、重组等方式,整合成新的资源分布结构和格局,打造一个基于原有系统的新系统,本质上是资源整合的过程。一般而言,在"看不见的手"的支配下,市场资源在供给机制、价格机制和竞争机制的作用下能够趋向于市场出清状态。但是,现实中总会有各种各样的因素导致市场失灵,比如信息不对称、公共物品、产权模糊等。因此,需要充分发挥政府的宏观调控作用,在加强制度和政策供给的同时,引导市场主体以尽可能低的交易成本完成经济活动。

(二) 港口资源优化配置

港口资源优化配置是指不同港口或同一港口不同港区之间,根据货物特性、地域特性、时间和空间特性等,通过某种特定的纽带来实现资源成果共享,这些纽带包括资本并购、合作经营和行政手段。而共享的资源包括港口的货源和软环境等天然资源,港口的生产经营和基础设施设备等内在资源,人力资源以及在港口经营中各个范畴的资源。在规范各港口(港区)之间的自由市场竞争的基础上,进行港口或港口群之间的合并、兼并、整合,促使同地区港口或港口群间主要以资源再分配为目标的兼并重组,或不同地区同类型港口或港口群间主要以资源共享为基础的兼并重组。使资源优化配置后的港口有更强的竞争力、更好的效益、更优质的可持续性。我国港口的发展水平各不相同,由原来单纯以提供装卸业务为主、以扩大吞吐量为港口考核指标的粗放型发展,转变为能为现代港口提供优质、多功能化的服务,满足港运多层次、个性化需求的质量效益型发展模式,成了必然趋势。以港口资源优化配置为主要手段的转型升级所带来的优势也更为明显。

二、港口资源优化配置的分类

港口资源优化的核心问题是资源的合理配置,资源优化配置一方面是在可能的范围内促进资源最大限度地发展和增长,另一方面也是对有限的资源作出科学合理的分配和使用,以求获得最佳的效益。优化配置资源的消费和使用,要求最大限度地发挥每一种资源产品的作用,把资源产品配置到效率和效益最高而又最为必需的部门和领域,使各个部门和领域都能够在已有资源总供给范围内最大限度地满足自身需求。本书将港口资源的优化配置划分为点、线、面的资源配置。点的资源配置是指港口内部资源的配置。线的资源配置分为纵向和横向的资源配置,在纵向中港口是其中的一个环节,主要起着海陆运输衔接、货物中转、储存及物流服务增值等功能;在横向中,港口作为群体合作的一个单元,重点发展自己的分工项目,在竞争和合作中提高核心能力,包括港口群内各港口之间的资源配置、港口内部子系统之间的资源配置和港口与上下游企业之间的资源配置。面的资源配置则主要指的是区域范围内各港口的全面资源配置。

（一）点的资源配置

点的资源配置是指港口内部的资源配置。有时候，港口内部的资源可能属于几个码头运营商或组织机构。根据运输资源的配置规律，个体所有者可以对这些在相同位置但所有权特征不同的港口资源进行配置，从而形成位于同一或单个港口内的独立运营商或多个运营商之间的配置关系。这一类资源配置的案例有：山东省烟台国际海运公司与烟台渤海国际轮渡有限公司内部整合，以及天津港发展控股有限公司与天津港股份有限公司的内部整合。这一类型的资源配置工作主要由各个企业承担。

（二）线的资源配置

港口资源配置包括三方面主要内容，分别是港口内部各子系统之间的资源配置、港口与上下游企业之间的资源配置以及港口与港口之间的资源配置。根据配置对象在物流链中位置关系的不同，可以将这三方面内容分为纵向一体化的资源配置和横向一体化的资源配置两类。

1. 纵向一体化资源配置

对港口资源进行纵向一体化的配置，根据配置的范围和对象的不同，可以分成两方面的内容：港口内部各子系统之间的资源配置和港口与下游企业之间的资源配置。

对港口内部各子系统之间的资源进行优化配置，就是要提高港口的通过能力，提升港口的核心竞争力。港口通过能力是进行港口内部资源配置的核心。港口通过能力是港口企业的生产能力，它是在外部环境条件一定时，港口各项生产要素和经营管理条件综合作用的结果。港口通过能力是指泊位、库场、装卸、集疏运等各环节通过能力的合理组合而构成的综合能力，是一个多层次的生产力结构，各环节的通过能力保持一定比例关系，彼此协调配合，才能形成港口的综合生产能力。

对港口资源进行纵向一体化的配置，还有一方面重要内容是港口与上下游企业之间的整合。港口企业发展到一定规模后，就要拓展其生存和发展空间，这就不可避免地要求将港口与物流供应链中前、后段向利益主体进行整合。港口与上下游企业之间进行资源整合是现代物流对港口发展的必然要求。现代化的港口不再是一个简单的货物交换、中转和运输的场所，而是全球物流网络中的一个重要节点。现代化港口的发展方向是一个兼备水路、公路、铁路、空运、管道运输等多种运输方式，集运输、仓储、加工、分拨、信息为一体，由多个兼营或专营的物流企业分工合作而有机结合成的服务整体。现代物流最本质的特征是一体化,也就是通过物流链上各个环节之间的平滑衔接,实现物流、信息流、资金流等生产要素的高效流动以及系统成本有效降低的目标。将港口企业与上下游企业进行整合也正是从这一观点出发,在不降低客户服务水平的前提下综合考虑各项物流成本,通过和上下游企业建立战略联盟关系来降低整个物流链的成本,以此来更好地为客户服务。港口与上下游企业之间的整合,表现为港口主营业务的纵向协调和延伸,目的就是使港口群成为高效的物流中心。由此可见,发展现代物流对港口来说具有非常重要的意义,与上下游企业建立合作关系,实现港口纵向资源整合,是发展现代港口物流的客观要求。

2. 横向一体化资源配置

从宏观角度讲,港口对腹地经济的促进作用体现在港口群整体对腹地经济的作用。港口群是一个有机的整体,是一个大的系统,在这个整体中,每一个港口的地理位置不同,自然条件有所差异,倚靠城市的发展水平和经济状况有高有低,这些都使得在港口群中每个港的地位是不同的,有的港口是核心枢纽,有的港口是补充的支线港,有的港口适合发展集装箱业务,有的港口适合发展散货业务,有的港口适合做中转等。因此,港口的横向资源配置指的是从港口群的系统出发,对每一个港口进行合理的定位,不仅确定每个港口的合理地位和规模,而且能确定每个港口的发展方向和主要服务内容,使港口群中各个港口的功能能够相互补充,形成有机的、有层次的、功能齐备的港口群系统,并实现整体资源的最优配置和整体功能的最佳发挥。

为扩大腹地,保障未来货物供应,横向一体化主要指位于区域门户的枢纽港和积极整合同一腹地或相邻海岸线的支线港。上海港曾提出发展支线网络战略,以确保其他沿海港口和内河港口的中转货物运输,从而优化其深海港口设施。上海港已经建立了几家合资企业,以营利为目的整合了武汉、南京、重庆、长沙、江阴、九江、南通、镇江和张家港的支线港口。通过对内陆码头设施的有效开发和利用,上海港为中国港口区域化进程建立了一个成功的模式。北部区域枢纽还成功整合了威海港、日照港等山东省众多小港口。类似地,宁波港的主干港除了在嘉兴建设一个新的码头外,还有效整合了附近的温州港和台州港等支线港口,使过境管理人员能够操作更大的船只,从而与上海港的运营竞争。

由于区域港口群资源配置涉及多方面内容,也牵扯多方主体的利益,因此在实际的运作过程中,应该合理地选择资源配置的策略和措施,以保证资源配置过程的顺利进行和配置目标的最终实现。港口群要进行横向一体化资源整合,各港口必须首先在思想上达成共识,实行差异化战略,进行错位竞争;然后共同做大市场、调整港口结构,加强港口在生产领域的合作,实现港口生产资源的统一配置,政府应积极引导港口群内的企业行为,规范竞争,促进合作。

（三）面的资源配置

对区域内的港口群进行资源优化配置,就是要充分发挥港口群的整体优势,产生区域集聚效益,形成一致对外的核心竞争力。资源优化配置后的港口群系统内各个港口既互相竞争,又互相协作。每个港口有各自的核心竞争力,区域内不同港口的核心竞争力又相互补充,共同为区域经济发展服务。对区域港口群的资源进行优化配置,就是以提高每个港口和整个港口群系统的核心竞争力为目标,以结成战略联盟为指导思想,以构建虚拟企业为手段,实行纵向一体化与横向一体化的资源配置策略。典型的港口资源优化配置往往能够实现同一区域内具有不同地理位置的港口规划、管理、建设和运营的统一。值得注意的是,该类相关的案例大多以政府驱动为特征,例如太仓港、常熟港和张家港港整合形成的苏州港,日照港和兰山港整合形成的日照港,以及烟台港和龙口港整合形成的烟台港。还有的港口整合案例是跨行政管辖区域的整合,这一类的大多数案例是通过将基于政府支持的港口进行合并或基于资本合作的合资企业实施的。它们的典型特征是资源整合的目标各不相同,比如优化海岸线资源或消除不正当竞争,包括烟台与蓬莱的港口企业整合,福州、葫芦岛和营口的港口企业整合,大连和秦皇岛港口企业的整合等。

三、港口资源优化配置的理论基础

（一）企业资源整合理论

1997年,Gleave在期刊 *Journal of Transport Geography* 中提出,企业战略的协同发展与企业的文化底蕴和企业结构息息相关。同时新的战略整合体系应当科学合理,而整合管理也应当具有高效性。企业资源整合的具体内涵为:主体企业A在对目标企业B的情况进行综合分析后,将B企业纳入自身战略中,由主体企业A统一调度目标企业B的资源分配和供给,使之与企业A整体战略步调一致,彼此间取得战略上动态协同效应的过程。

企业资源优化配置是为了让企业适应合并后的未来环境的变化,能把握发展的方向和经营重点,对参与资源优化配置的所有企业的总体战略进行相应的整合、重构和长远性谋划,将各相关企业的经营活动以及正在出现的新机会和潜在的威胁都考虑在战略调整范围内,促进资源优化配置后的企业创造新的价值。企业经过经营战略的优化配置，通过磨合和调整，并经历一定的创新，促进核心竞争力和盈利能力的提高。职能战略优化配置是总体战略优化和职能战略整合的具体结果，为企业总体战略优化配置和经营战略优化配置提供相应的支持。总体战略优化配置和经营战略优化配置可以对职能战略优化配置提供指导与建议，催生企业发展、创新的动力，推进彼此促进、协同配合、互相适应的合作关系。

企业资源优化配置有业务流程优化配置、人力资源优化配置、企业文化优化配置和市场营销优化配置四个方面内容。业务流程优化配置以改善绩效关键指标为目的，使优化配置后的企业具有更强的盈利能力；人力资源优化配置从以人为本的管理角度，使企业通过人力资源的高效整合，从战略高度提高核心竞争力；企业文化优化配置将以企业文化为主体的无形资源经过优化、整合，使企业更适应现代知识的竞争；市场营销优化配置使企业在培养忠诚客户、提高员工素质，巩固原有市场、开拓新市场等方面实现经营战略目标。

（二）空间相互作用理论

国家之间、城市之间和地域之间，为了保证生产、生活能够正常进行，时刻发生着物质、能量、信息等元素的交换。这种彼此间的相互作用，使每一个国家、地区、城市都不会孤立地存在，在空间上把看似分离的国家、地区或城市，通过这些交换元素，有机结合成一定的整体。它们之间，往往具有相同或相似的结构和功能。Haggett在研究空间相互作用理论时，采用物理概念中"热传递原理"作为参照系，指出互补性、中介机会和可运输性是空间作用的基本条件，辐射、传导和对流是物体三种不同形态。区域物品的稀缺性使得地区间产生供需关系，职能差异使它们产生了相互作用并且实现了两个地区间的作用。这种需求关系使两个地区间产生资源流动，这就是空间相互作用的互补性。这种特殊互补性越大，两个地区间的资源流动量也越大。

当货物在A和B两个地区之间进行运输时，它们之间还存在着一个能够提供货物的中转或消费的C地区。A和B两个地区间虽然存在着互补性，但这种互补性有可能会因为C地区的出现而减小，两个地区之间的货物运输也有可能减少甚至消失，而C地区所拥有的就叫作中介机会。中介机会的作用主要体现在两个方面：一是节省运输费用，这是商品流通的基本目标。假设B、C两个地区可以同时向A地区提供某一种商品，但是C地区与比B地区距离A地区要更近一些，这时候，C地区就在A、B两个地区间产生中介机会。商品从C地区运往A地区的费用与从B地区起运相比明显会更加便宜，这就是说，从 C 地区发出的这个商品到达 A 地区时,就会因为更低的价格而比 B 地区的产品更能让人接受。第二,中介机会能够在一定程度上和范围内通过减少长距离的空间相互作用来置换产品的运输量。通信手段和信息发展日益发达的今天,距离因素依然是制约人口流动和物流速度的最主要因素,对物品运输的时间和费用都有直接影响。两个地区之间的距离越大,空间相互作用受到的阻力相对越大。当两个地区间的距离产生的成本超过了物品自身的成本可以接受的程度时,即使存在着互补性,彼此产生的空间相互作用在理论上就不存在了。因而,空间相互作用的个体之间的距离的摩擦效果决定了距离的衰减规律。但需要指出的是,随着运输工具的变革、社会生产力的提高和资源约束的趋紧,货物的可运输性正在不断发生改变。

(三) 劳动地域分工理论

分工是人类社会在不断发展的过程中所形成的一种适应内外部环境变化的社会经济规律。一国或某一地区对其自身具有一定优势的某个部门实行专业化生产,区别于其他地域,带有特定性,从而实现不同地域特点的社会劳动分工。劳动地域分工理论极快地促进了贸易理论从流通领域渗透到生产领域中去。1920—1930 年间,由 Ohlin 提出的"价格是相互依赖"的这一论点,逐步取代了劳动价值论,继而产生"域际分工"的概念。这一概念核心阐述了在发挥地区经济优势中,应把该地区的商品生产视为重要决策因素,因地制宜、扬长避短。

不同区域之间地理、经济、工业化进程、劳动力分布集散度使劳动地域分工形成,在生产力的推动下,以劳动地域分工为调节方式,可以实现各方利益的最大平衡。港口资源优化配置的一个必然因素就是各个港口间的地域差异和各个港口所辐射的腹地区域的差异。每个个体港口的结构和设备投入状况的不同也导致各个港口的专业化程度不尽相同,而专业化又是港口生产的一个主要指标。因此,把劳动地域分工理论引入本文的分析具有重要的意义。

(四) 社会网络理论

巴瑞·威曼把社会网络定义为"由一个社会系统内的不同个体的相互关系所组成的相对稳定的社会关系网络"。社会系统内的某些个人、群体或是他们之间的联合行为主体之间有着一定的社会联系,或是按照一定的纽带组成了社会关系,这些社会结构相对比较稳定,最终慢慢形成一个社会网络。一个企业或是几个企业的联合体都可以被看作是一个社会网络。由此可见,企业知识密度和信息优化能力对社会网络的产生极具意义。网络内的各个成员占有的各种资源是有差别的,其中相当一部分成员占有的资源在网络中是稀缺性的,网络资源流动的方式和效率会受到行动者在网络中的位置、网络成员的数量和密度、成员关系的方向和力量等因素的影响。

强弱联结、社会资本以及结构洞三个要素撑起了"社会网络理论"的基本概念。在一个社会网络中,行为主体通过网络联结产生了联系,是网络的每个节点。联结是网络分析中最基本的单位,强联结和弱联结是网络内部知识和信息不断发生传递的基本外在表现。有些个体在网络群体内部的相似性较高,它们获取的知识和信息相似甚至相同,因此也了解相同的事物或是事件,这些个体间的关系就是强关系,但可能会产生冗余。弱关系孕育于网络群体之中又不断实现跨越,在网络群体间产生了信息桥的作用,其他网络群体的信息、资源也会通过这种关系被带给该群体外的某个个体。一个个体或一个组织对外发生的社会关系产生了社会资本。社会资本的多寡奠定了组织或个体在网络结构中的地位,成为先决条件。不管是组织还是个人,所组成的社会网络都以两种形式表现,一种形式是网络中的任何主体与其他主体之间,都由不同的但不会间断的关系联系着,从整个网络角度来看,这个网络的所有个体都相互联结着,表现为"无洞"结构。这种形式的社会网络只可能存在于较小的群体中。还有一种形式,在社会网络中,其中一些个体之间发生着直接的联系,而网络中的其他个体与它们却没有直接的联系。一个发展成熟的网络整体,在网络联系的时候发生中断,可以将其形象地比喻为网络结构出现"洞穴",并将这个洞穴称为"结构洞"。

港口资源优化配置的每个个体港口或港口企业都可以被视作社会网络的网络成员,他们在长期的经贸往来、业务合作、文化交流的过程中形成了复杂的社会网络关系。特别是对于港务集团而言,数量众多的所辖港口和全资子公司、控股子公司意味着港口资源的优化配置需要处理纷繁复杂的社会网络关系,凸显了社会网络理论的应用价值。

三、港口资源优化配置的主要问题

设计港口资源优化配置方案,可以在实现对有限的港口资源进行整合的基础上突显港口群系统的配置优势进而促进港口群和区域经济的协调发展。所涉及的问题主要表现在以下几个方面:

(一) 合理划分港口群内各港口的功能定位

受经济、社会等多方面效益影响,在发展过程中,各个港口为了维护自身的利益,必定会在港口群系统中尽可能地争取更多的资源,以提高自身的地位。为了避免重复建设和无序竞争,在对港口群进行资源优化配置的过程中,各港口必须分工协作,合理地进行各自的定位,从而保证港口资源得到合理的开发和利用,使港口企业的经济效益最大化。

(二)建立并完善各港口间的合作竞争机制

市场经济所表现出的一个重要特征就是竞争,可以说没有竞争就没有市场经济。而竞争的影响是具有两面性的。一方面,通过竞争可以调节港口群资源配置,提高港口群的服务质量,促进港口群又好又快发展;另一方面,过度和无序竞争则会造成港口群资源的巨大浪费。因此建立合理有序的机制,使各港口之间既相互合作又有序竞争,是港口群资源优化配置方案设计的重点。同时由于涉及多方面的利益,如何引导这一竞争机制落到实处,也成了港口资源优化配置过程中的难点。

(三)促进港口资源优化配置效果的最终实现

港口资源优化配置是一个庞大而复杂的系统工程,涉及港口群内各个港口企业、腹地生产经营企业甚至各港口所在的地方政府的利益,还会影响其他相关各方的发展状况。因此,确定合理的资源优化配置方案,选择适合的合作方式,成为决定港口群资源优化配置方案能否顺利施展并达到预期效果的前提条件。

第三节　港口资源优化配置的目标和原则

一、港口资源优化配置的目标

(一)合理开发和利用岸线资源

港口岸线资源是不可再生的稀缺资源,一个地区和国家的港口岸线资源都是有限的,对港口岸线资源统筹规划以实现合理开发和利用是港口资源整合过程当中一个重要的目标。

(二)降低港口成本,提高港口效益

竞争是市场经济中不可或缺的组成部分,它在港口的发展过程中同样存在并发挥着至关重要的作用。港口为了求得各自利益的最大化,在竞争的过程中不断地加大投资力度,使港口的生产成本显著增加,这样反而会导致港口整体竞争能力不断降低。通过港口资源的优化配置,可以促进临近港口间的合作与协调发展,避免低水平重复建设,能够有效提高港口的资源利用率和综合经营业绩。

(三) 提高港口的市场竞争力

港口竞争力是指港口在参与市场竞争过程中,通过配置和创造资源以及与外部环境的交互作用,在港口持续生存和发展方面形成的相对于其他港口所具有的比较优势。港口市场竞争力的影响因素有很多,主要在港口的综合服务水平上体现,包括航道、泊位、库场、机械设备等基础硬件设施,同时也包括管理人员的业务水准、生产人员的技术水平和港口的口岸环境等软实力。这其中最主要的影响因素包括港口的区位条件、基础设施条件和服务能力。港口企业要提高核心竞争力就必须对有限的港口资源进行全方位优化配置,实现有效配置,在加快硬件建设的同时,不断提高港口的服务水平和服务能力。

二、港口资源优化配置的原则

为了达到资源优化配置的目标,在制定配置策略、实施配置方案的过程中,应遵循以下五项基本原则:

(一) 目标性

必须要有明确的目标作为指导来进行资源优化配置。任何资源配置活动都应该以获得较好的效益作为出发点和归宿。在尊重自然规律和经济规律的前提下,按照人们的意愿安排和配置港口资源,提高投入的回报程度,实现预期的优化配置目标,最终使企业的核心竞争力得到提高。

(二) 系统性

进行港口资源优化配置要求把整个配置活动当作一个系统工程,必须遵循系统的运行规律,作出合理的统筹规划。对各子系统之间的相关性以及有序性进行研究,分清系统架构与层次,用系统工程的观点对各个组成部分进行优化组合,实现整体功能的最佳化。在资源优化配置过程中还要特别注意各个子系统的一致性。

（三）能动性

人的主观能动性主要指创造性和积极性，灵活地思考与处理问题的能力，如果能充分利用人的主观能动性，对港口资源优化配置的实施能起到很重要的促进和保证作用。

（四）客观性

客观性原则就是实事求是。它要求决策者从整合客体、主体和环境的客观实际出发考虑问题，如港口的区位条件、基础设施、服务能力以及港口的口岸环境等。这是对港口资源进行正确的配置规划的重要基础。

（五）动态性

资源优化配置的主体、客体和环境都处于不断的发展变化中，因此在进行资源优化配置时必须把握好配置的时机，紧密联系系统的沿革历程、现存状况和发展趋势，尤其要注意处理好时机与配置效果之间的关系，以动态的观点不断调整方案，寻求资源配置的最佳状态，以求达到最优的配置目标。

第四节 港口资源优化配置的内容和模式

一、港口资源优化配置的内容

（一）投资政策的协调

由于各港口的自然资源、发展潜力等条件的不同，其投资回报也是不相同的，如果没有进行港口资源的优化配置，各港口为了以扩大自身的吞吐能力增强竞争力，都会不断地加大投资，就会造成港口的重复建设。而进行港口资源优化配置之后，港口单位之间能够通过参股、控股等多种方式对港口的建设进行共同投资，实现协调发展。对港口资源优化配置中投资政策的模拟是通过调整各港口的投资比例来实现的，对于发展潜力大的港口要适当地加大投资，对于已经出现供给能力过剩的港口要适当地减少投资。

(二) 码头专业化

码头大型化、专业化是目前港口发展的方向,也是推动港口吞吐能力增长的强劲引擎。港口组合之前,各港口独立发展,货种多而量少,组合之后的港口重新定位各自的功能,码头分工明确,专业性增强,从而能带动港口能力的提升。对码头专业化的政策模拟通过港口功能的重新定位来实现。

(三) 岸线集约化管理

岸线是不可再生的宝贵资源,各港口在组合之前都是为提升自身的能力来规划岸线的使用;港口组合之后,各港口首先要对自身功能作出合理准确的定位,根据自身的自然条件、区位优势以及发展潜力等因素,对岸线的利用进行合理规划,避免出现港口的重复建设和宝贵岸线资源的不合理利用,提升岸线资源的利用效率,处理好远期岸线预留与近期岸线规划的关系,实现港口的可持续发展。对岸线的集约化管理的政策模拟通过岸线的重新分配来实现。

二、港口资源优化配置的模式

随着港口业的快速发展,港口的功能不断提升,更新换代的速度加快,随之而来的是港口群的发展。在港口群的发展进程中,各国都在不断探索适合国情和当地实际情况的港口群整合方式。一般来说,港口群是以区域来划分的,从整个世界的港口体系来看,许多国家的港口群已经发展得十分壮大,拥有很强的竞争力,如美国的纽约和新泽西港口群、日本的东京湾港口群、中国的长三角港口群等。为了应对海运业的快速发展,提升区域间港口群竞争力成为一种必然的选择。在此背景下,港口资源优化配置已经成为国内外港口和区域间港口群发展的大趋势。港口之间不是完全对立的关系,可以在一定条件下寻求共同利益。港口资源优化配置是紧紧围绕着发展资源进行的,优化配置的目的也为了促进各方共同发展,获得双赢或多赢。

(一) 按照港口联合后相互渗透的程度划分

按照港口联合后相互渗透的程度可将港口资源优化配置模式划分为紧密型和松散型两种类型。

紧密型是指不同的港口共同制定发展战略,共同承担经营风险并分享利益,通过联合,各港口在发展中完全可被视为同一港口。紧密型是将不同的港口利益合而为一,这种形式将生产要素、产业信息、人才和技术成果等资源在各港口间完全互通,最大限度地利用了港口资源。同时,原本激烈的甚至是恶性无序的竞争将转变成港口群内部的竞争,更有利于港口群的长期健康发展。因此,紧密型是港口资源优化配置的最高形式。其典型代表有比利时的安特卫普港和泽布吕赫港的联盟、美国的纽约和新泽西港、洛杉矶长滩港等。

松散型按照港口主体间的独立程度又可分为两种。第一种是各主体间保持相对独立,为了某一个共同的目标而结成联盟。如日本东京湾六港,湾内的港口为了在集装箱运输中取得优势地位而结盟。第二种是各主体间完全独立,主体之间只是一种唇齿相依的互补关系。如香港港和深圳港的联合,双方完全独立,但实际上是互惠互利的关系。

(二) 按港口联合后的管理主体划分

按港口联合后的管理主体划分,可以将港口资源优化配置划分为政府主导和企业主导两种类型。

所谓政府主导型是指联合的双方以政府部门作为管理主体。政府主导型的优势在于,政府可以利用权力和政策,充分发挥宏观调控作用,更有效地协调各方面的关系,为港口提供优越的外部环境。如日本东京湾港口群、纽约和新泽西港等。从这些政府主导型联合的港口可以看到,在政府主导型的港口联盟中,政府负责港口的发展战略及发展方向等方面的决策,同时还要承担港口的基础设施建设、生产安全以及港口周围环境保护等方面的工作,而港口的生产经营性活动还是由企业自主决策和完成的。

企业主导型指的是联合的双方均是独立的企业,即联合完全是一种企业行为。由于企业本身对市场变化比较敏感并且反应迅速,加上企业制定的发展策略和经营方式也是灵活多变的,所以企业主导型的联合是一种主动的联合方式。资源的联合是企业通过对市场经济发展规律进行分析而作出的理性选择,联合双方是一种较为牢固的关系。如香港和记黄埔有限公司(下文称和记黄埔)参股开发深圳盐田港区的案例中,和记黄埔在盐田港区开发的初期,每年都会投入大量的资金用于补贴航运公司的亏损,这种行为是理性并且自愿的,而这种选择的结果是投资换来了盐田港区集装箱运输跨越式的发展,给和记黄埔带来了丰厚的回报。

在一些港口资源优化配置过程中,这两个配置方式并不都是独立进行的,有时也可以将两种方式结合起来运用。广西北部湾港实行"港口行政管理资源+港口企业资源"的双重配置方式,完成港口存量资源整合及增量资源的统筹开发。为全面落实国家关于广西北部湾的战略设想,统筹全省沿海岸线开发,省级层面成立了广西北部湾经济区规划建设管理委员会办公室作为组织保障机构,统筹各地市涉海项目的前置审批,将涉海项目的审批权上收至省级层面。依托政府的行政调控,整合钦州港、防城港及北海港国有股权,授权广西北部湾国际港务集团有限公司作为全省港口及临港产业开发、建设及运营的唯一主体。正是由于拥有了全省涉海项目的话语权,广西北部湾国际港务集团有限公司的吞吐量、主营业务收入及净利润等指标突飞猛进。

(三) 按照港口资源优化配置的层次划分

按照港口资源优化配置的层次可以将港口资源配置划分为全面型、单一型和区域型三种类型。

全面型是指原本具有各自的发展优势的相邻港口,在具有同一港域,甚至同一进港航道、相同的港口经济腹地的基础上,将所有的岸线、所有的货种码头均融合到一个港口品牌中,事实上成为一个港口。相邻港口这种全面型的整合是最彻底的,各港口可以充分发挥自己的特点与优势,最大可能地避免了重复建设。各港口的错位发展能够实现港区的统一规划、统一建设、统一管理,最终形成一个统一的品牌,如2005年宁波和舟山两港合一。

单一型是指某一大港和与之相邻近的小港之间的合作,这种合作往往是就某一货种开展的,其目的明确,就是为了提高竞争力。小港通过合作借助大港的力量获得了独立开辟国际航线的能力,而大港也通过小港增加了自己的货源。在这种合作模式下,港口与港口之间是相对独立的,并不存在从属关系,所以各自的决策过程也是独立完成的,如2007年山东港口青岛港集团有限公司与山东港口威海港有限公司的合作。

区域型是指两个以上港口相邻区域深水岸线资源丰富,具有开发大型港口的条件,共同合作开发,形成有效的资源利用,避免了只有一个港口投入开发造成岸线资源的浪费。按照此种类型整合的港口在联合开发的港区形成竞争与合作的关系,而其他港区将仍然独自开发经营,如2007年广西的防城港、钦州港和北海港三港合并。

除了以上介绍的几种港口资源优化配置模式外,在港口业的发展过程中还出现了新的配置方式——资本纽带型。资本纽带型是按照市场的运行规律,在政府的推动下,港口之间根据各自经营和运输货种的特色,通过兼并、收购以及资产重组等方式来调整竞争格局,实现资源优化配置,其本身也是一种紧密型组合。如张家港港区和扬州港的木材竞争十分激烈,在各级政府的引导推动下,两个港口(或两个码头)可以通过建立木材码头合资公司等形式实现资产重组和整合,实现有序竞争,从而提高整体竞争力。

通过分析以上几种港口资源优化配置方式,我们可以归纳出国内外港口(群)资源优化配置的基本方式是组织优化配置、业务优化配置、资本优化配置、产业优化配置。从广义上讲,组织、业务、资本和产业都是构成港口发展的基本资源,因此,从国内外港口(群)资源优化配置的成功经验来看,发展资源已经成为国内外港口资源优化配置的主流趋势。

三、港口资源优化配置模式评价

港口资源优化配置完成之后,一部分重要的工作就是对配置效果进行合理的评价,以此来判断港口资源优化配置的成果。截至目前,国内外诸多学者对港口优化配置的效果进行了评价,比如赵楠和真虹认为,港口资源配置效果的体现是多方面的,包括资源配置效率的提升,配置后系统的稳定性,以及资源优化配置过程的推进情况(邢相锋等)。张新洁建立了港口发展的系统动力学模型,模拟了港口资源优化配置后的效果。李婧通过建立港口 C-D 生产函数模型,并根据丹尼森对科技进步率的分解,对山东沿海港口群资源配置状况进行了评价,由此找出了山东沿海港口群资源整合和配置中存在的问题。李兰冰等通过考虑各地港口的竞争地位和竞争态势,用 DEA-Malmquist 全要素生产率指数作为理论工具,对我国主要沿海港口的动态效率予以评价。此外,在早期港口资源配置整合的相关研究中,学者大多采用 DEA 模型进行有效性评价,如刘大镕用基于因子分析法的 DEA 模型对我国交通运输部所属的若干港口集装箱码头进行了效率评价。约瑟运用 DEA-CCR 模型和 DEA 可加性模型分析了 1996 年四个澳大利亚港口和其他 12 个国际集装箱港口的效率。庞瑞芝利用 Malmquist 生产率指数对 1999—2002 年沿海港口的效率变动进行了分析与评价。

综上所述,港口资源优化配置的最终目的是促进港口的发展,所以目前对于港口资源配置效果的评价多立足于腹地经济,以市场需求为导向,合理地利用自然资源,从而提升港口能力。因此,基于上述资源配置效果评价的相关研究,一般从以下三个方面来综合考量配置效果:

1. 是否提升港口资源供给

港口的自然资源是不可再生的,港口供给能力的增加必然需要占用更多的岸线资源,而岸线资源的消耗会给港口的发展带来压力,甚至会影响港口供给能力的发展,因此整合和协调岸线资源能提升港口功能。

2. 是否能促进腹地经济发展与港口运输需求增长

港口的运输需求源于社会经济的发展要求,而运输需求反过来也会影响社会经济的发展。一方面,随着腹地经济的发展,港口的需求呈现增长的态势,港口的实际吞吐量增加,港口效益得到提高,从而又带动了腹地经济的发展;另一方面,腹地经济的发展带来了运输需求的不断增长,但同时也可能加剧港口运输能力短缺的情况,而港口这种能力的短缺会造成大量货物积压,不利于腹地经济的发展。

3. 是否能促进腹地经济发展与港口供给能力提升

港口腹地经济的不断发展会带来交通投资的增加,相应的港口投资也会增加,港口投资的增加将带来港口供给能力的增加,能够提高港口吞吐能力,从而带动腹地经济的发展。同时由于港口的供给能力增加,相应的港口吞吐量增加,港口收益增加,港口相应的投资增加,而投资增加又促进了港口供给的增加。

第五节　国内外港口资源成功优化配置案例

一、国外港口资源成功优化配置的案例

(一) 纽约和新泽西港

美国东、西海岸港口众多,自然条件相近,且服务的腹地互有重叠,因此相互间竞争十分激烈。纽约和新泽西港口群位于哈德逊河(Hudson River)入海口,是北美东海沿岸最大的港口群,每年处理货物 2500 万吨,其中集装箱 450 万 TEU(Twenty-feet Equivalent Unit,国际标准集装箱),是北美重要的海运集散中心。此外,纽约和新泽西港口群位于美国东大西洋中部全球最富裕的消费市场中心,在半径 402 千米范围内有 6 000 万名消费者,年消费总额达 8 000 亿美元以上。

纽约港和新泽西港原本是两个独立的港口,两港位于哈德逊河入海口,使用同一航道,但在行政上则分属于纽约州和新泽西州。纽约和新泽西两个州的港口设施都分布在纽约湾沿岸,近距离的地理位置曾造成两州之间严重的经济利益冲突。因此两港早期发展并没有整体的合作规划,甚至两州政府就港口和

航道边界问题曾经争论不休。进入20世纪后,随着货物吞吐量的急剧增加,两港分割管理模式的弊端日益凸显,尤其是"一战"爆发以后,大批物资要运往欧洲,而纽约港效率低下的驳运体系根本无力担此重任,使得等待卸货的列车堵在新泽西一侧的铁路上,绵延几百千米直到宾夕法尼亚州。面对日益紧迫的交通压力,两州政府决定打破行政区划的约束,于1921年4月30日联合成立纽约州港务局,对海港进行统一开发和管理,1972年正式更名为纽约和新泽西港务局(Port Authority of New York and New Jersey)。

纽约和新泽西港务局由一个12人组成的港口委员会管理,其中6人来自纽约,6人来自新泽西,港务局的主要任务是促进和保护纽约及新泽西港口地区内的商业业务,负责监管两州的陆、海、空运输网络系统以及组合港的港口资源整合。

美国港口经营运作以地主模式为主,美国有34个公共港口属于地主型港口模式,其中包括纽约和新泽西、长滩、洛杉矶、新奥尔良、迈阿密等的港务局。美国的纽约和新泽西港是典型的地主型港口模式,这种模式最大的特点是共同建立管理机构,实现统一规划、开发和管理,比较适合在较小的区域范围内,特别是港口位置非常接近、港口数量有限的情况下实行整合。在纽约和新泽西港务局(以下称港务局)管理的90多年中,其职责主要有以下几个方面:

1. 港口码头建设与维护

港务局依据联邦和州的法律,负责码头的规划、融资、建设和航道疏浚等基础设施建设(包括围海造地)。码头建成后由港务局租给船公司经营,一般租期为25—30年,港务局收取码头的租赁和管理费用。船公司除了调度、安排挂靠码头的班轮航线外,并不直接经营码头的装卸业务,而是委托给专门的码头公司去管理。码头公司没有直接雇佣码头工人的权力,码头上的每个就业岗位及其待遇都控制在码头工会手中,码头公司要使用多少工人及支付他们多少薪水,均需得到码头工会的同意。这种环环相扣的管理体制充分发挥了船公司、码头公司等企业在市场竞争中的经营活力,港口在基础设施、经营设施、投资营运和管理方面都能够得到良性发展,同时还能保证码头工人享有良好的生活待遇。

2. 两港公共基础设施的统一建造、维护

20世纪早期港务局主持建设了乔治·华盛顿大桥(George Washington Bridge)、巴约纳大桥(Bayonne Bridge)、戈瑟尔斯大桥(Goethals Bridge)以及奥特布里奇通道(Outerbridge Crossing)等四座大桥,随后还建造了林肯隧道(Lincoln Tunnel)和荷兰隧道(Holland Tunnel)。这些交通设施的建设使得两港更紧密地连接在一起,港务局还出资建造了世界上最繁忙的公共汽车站以及先进的轨道运输系统,为在港区内工作往来的市民提供便利。

3. 两港信息系统建设

1986年启用的信息港成为世界上第一个高科技企业园区和通信中心;2001年建成了实时货运信息系统,为码头公司、船公司、海关、海岸警卫队提供港口货运情况的第一手资料。

4. 港口区域内的经济建设

港务局实行以港养港,独立核算,自收自支,不向政府纳税,也不上缴利润,获利部分全部用于港口的进一步发展的建设模式。美国港口的建设和营运费用原则上从港口收入中支付,但港界以外进港航道及有关设施的建设和维护一般则由联邦政府和州政府投资。

纽约和新泽西港口群建设都是由港务局通过销售债券的方式筹集建设资金,不依赖于州政府的预算,也不为地区纳税人增加负担。由于港务局没有股东也没有征税权,其收入主要是债券的销售、桥梁和隧道的通行费、对机场和海港用户的收费、轻轨系统的车票费、办公楼、消费服务及零售商店的租金等。所有的收入扣除折旧、贷款、公债的本息以及其他开支后都归港务局所有,用于港口发展或兴办公共福利事业。港务局的收入也不必交纳给州政府,具备自主经营、自负盈亏的鲜明特点。港务局一般设有会计中心(Accounting Center),其任务是监督承租码头的运营商的财务运作,包括吞吐量、收费标准、应缴税收等。方法是港务局从海关拿到承租码头运营商的进出口资料,根据事先定好的标准算出应收的租金。

为了促进港口贸易,1970年港务局主持建造了著名的世界贸易中心——双子塔,吸引了众多私营和国有企业聚集在此发展国际贸易业务,纽约双子塔也一度成为纽约市乃至美国的地标之一。

5. 港口安全

1928年成立了隶属于港务局的警察机关,主要职责由保证四座大桥的安全扩展到保护港区内所有基础设施的安全、货物运输及公民的人身安全以及预防和处理火灾、应对船舶碰撞事件等。

除此之外,美国在港口建设中十分注重环境保护以及港口与城市功能的协调,政府严格限制港口产生的各种污染物以及对生态环境的破坏。纽约和新泽西港务局和洛杉矶港务局为了取得社会对港口的支持,都主动在部分岸线建设可供公众休憩的花园式港区,而且还将部分货物码头改造成可供私人游艇靠泊的休闲型码头,改变了码头的形象。

纽约港和新泽西港联合后,充分发挥了各港区的优势,形成统一的竞争实体,在与北大西洋海岸线其他港口的竞争中取得了主动地位,发挥了强大的枢纽作用。

在美国,除了纽约港和新泽西港合并为纽约和新泽西港以外,美西地区的洛杉矶与长滩港也合并为组合港,建立了洛杉矶和长滩港港务局。洛杉矶和长滩港港务局作为市政府下属的公益性管理部门,其主要职责与纽约和新泽西港务局类似。

(二)西雅图港和塔科马港

西雅图港和塔科马港位于美国北部华盛顿州,两港相距不远,是美国西海岸的两大重要港口。20 世纪 70 年代,西雅图港曾经是美国西海岸的第二大集装箱港,仅次于奥克兰港。几年以后,洛杉矶和长滩港超越了西雅图港,到 80 年代,塔科马港迅速崛起,成为西雅图港的又一有力竞争对手。与西雅图港相比,塔科马港有两个相对优势:一方面是较低的土地成本,塔科马港通过低廉的土地价格吸引了许多港口投资者,并成功地将许多著名船公司,如海陆马士基、川崎汽船、长荣、现代商船等从西雅图港吸引到本港;另一方面,塔科马港有完善的集疏运系统,发达的铁路与港区直接相连,货物的集疏效率非常高,深受船东和货主欢迎。

随着亚太地区的经济持续、快速发展,远东—美西航线的集装箱货量大幅度增长,美国西海岸的港口竞争日趋激烈。西雅图港和塔科马港两港之间既存在竞争,还要共同面对温哥华港以及奥克兰港、洛杉矶和长滩港等本土港口竞争。为了增强本地区港口的整体竞争力,两港采取了竞争与合作的战略,在竞争的同时积极开展合作,以吸引更多的船公司和货主。

两港合作主要体现在两个方面:

第一,港口基础设施合作。通过修建更多的地下通道、桥梁以及其他运输路线来缓解该地区交通压力。如两港共同投资建设了疏港铁路,促进了该地区多式联运的发展;同时港口效率的提高吸引了更多的船公司和货主,两港的吞吐量显著提高。

第二,融资方面合作。为了适应未来的市场需求,两港的现有通过能力都需要提高,即需要扩建码头规模。面对巨额建设资金,光靠两港各自的码头营业收入是远远不够的,为此,两港超越了各自利益,在华盛顿州港口公共协会的协调下,共同从其他渠道筹集资金,解决了资金短缺问题。

塔科马港和西雅图港之间的健康竞争有助于提高该地区港口的竞争力,并利用各港的服务差异性,吸引了更多的船公司和货主。

(三) 日本东京湾港口群

1. 东京湾港口群简介

东京湾港口群占有极好的地理位置,地处日本本州岛南部海湾,由三浦、房总两个半岛合抱,以浦贺水道连太平洋。海湾南北长80千米,东西宽20—30千米,湾口仅6千米,为陷落海湾。大部分水深30米左右,久里滨深100米左右,沿岸深10—20米,是个掩护极好的袋状海湾。港口群所处的东京湾沿岸有京滨、京叶两大工业地带,形成了日本最大的港口工业区和城市群。湾内有东京港、千叶港、川崎港、横滨港、木更津港、横须贺港6个重要港口,其中千叶港、横滨港、川崎港都是排在世界前列的港口。整个东京湾港口群年吞吐能力逾8亿吨,在世界上首屈一指。

东京港作为首都圈地区与日本国内、海外各地运输的节点,其腹地为拥有3 000万人口的东京圈及其周边的关东北部、甲信越等广大地区。它包括海域面积5 453公顷,陆域面积1 080公顷,内外贸码头共计24个,泊位总数为115个,其中集装箱码头4个,集装箱泊位16个。东京港引人注目的是与腹地等的交通手段和公路交通网,令人关注的东京临海公路经由中央防波堤外侧新生地和新海面处理场,将青海集装箱码头与大井码头连接起来。由于这一临海公路的启用,与原来只能利用收费的东京港隧道为青海码头集疏运集装箱相比,又多了一个新的选择。日本政府计划在将来建设大井到若洲的环状公路,届时交通将更为便利。

横滨位于日本本州岛中部东京湾西岸,仅次于东京、大阪,是日本的第三大城市,面积435平方千米,1993年人口已达330万人。横滨港是日本最大的海港,也是亚洲最大的港口之一。横滨地理环境为北、西、南三面丘陵环绕,东面为太平洋。横滨港北起京滨运河,南至金泽,长约40千米,港内水域面积7 500多万平方米,港湾伸入陆地,水深8—20米,水深港阔,很少受太平洋风浪影响。港区中部为商港区,与闹市相连,两翼为工业港区,背后为两个工业地带。商港区拥有本牧、山下、大栈桥、新港、高岛等码头,共计91个泊位,水深多在12米以内,通常停靠2.5万吨级以上的货轮。此外有专用码头,水深达17米,可泊15万吨级的大型散货船。每年约有8—9万艘船泊入港,1991年吞吐量1.22亿吨。港内有仓库面积11万平方米,货物装卸高度机械化。由于大都修建了自己的专用码头,运来原料的船舶可以直接靠岸卸货,出口的成品出厂后可以从另一个码头直接装船运走,这样既节省了运输时间和费用,也提高了效率、降低了成本。横滨港已与60多个国家和地区有贸易往来,主要是美国、中国和东南亚地区以及中东各国。横滨港以输出业务为主,出口额占贸易额的三分之二以上。出口商品主要是工业制成品,有机器、汽车、钢铁、化工品、日用品等;进口货物主要有原油、重油、铁矿石等工业原料和粮食。日本是个"加工贸易型"国家,对外贸易在国民经济中有着极为重要的地位,虽然横滨港货物吞吐量低于神户港和千叶港,但是港口贸易额却居全国首位,成为日本最大的国际贸易港。

千叶港位于日本本州南部东京湾东北岸,南至木更津港、西至东京港均为9海里,西南至横滨港23海里,至东京港口32海里。港口以千叶市为中心,西北至船桥江户川,西南至市原神浦镇,水域面积约25平方千米,分为千叶和船桥两个主要港区。千叶港区北起千叶市,主要有中央公共码头、丸善石油化工码头、宇部兴户码头、川崎钢铁码头、三井船厂码头、市原公共码头。极东石油码头、出光兴户码头、富士石油码头、南至神浦发电厂码头等,共计20多座,60多个泊位。码头线总长大于13千米,其中深水泊位50多个,最大能停靠25万吨级船。船桥港区在千叶和东京之间,港市之南,船舶由南入港,主要码头有日本通运码头、日新运输码头、京叶加美码头、船桥东码头、日出码头、共同石油码头和中央码头等10多座近40个泊位,码头线总长5.6千米,最大能停靠3.7万载重吨。

川崎港位于东京港和横滨港中间,与两港首尾相连,三者被合称为京滨港。川崎港拥有部分远洋泊位,但深水码头较少,且主要为企业专用码头。货物以进口为主,川崎港年货物吞吐量在8 000万吨以上。

木更津港原是地方港口,1968年被指定为重要港口。港口有近40个泊位,其中深水泊位9个,最大可停靠20万吨级矿石船,主要为当地的君津钢铁厂进口原料和出口钢铁产品服务。

横须贺港北面与横滨港紧密相连,第二次世界大战后为美国海军基地,1948年被定为贸易港。港内工业以造船、汽车工业为主,港口以内贸商品输入为主,兼营外贸工业品输出。

2. 东京湾港口群整合

在日本,港口被看作是国家和地区发展的核心。因此,日本政府高度重视港口的发展,一般都把港口发展项目提高到国家和地区的发展战略高度加以规划和实施。

早在1950年,日本政府就制定了《港湾法》,加强政府在港口(群)总体规划当中的权利。《港湾法》规定由中央政府(运输省)制定全国港口发展的五年计划,决定整个国家港口发展的数量、规模和政策,港口管理机构在五年计划的范围内制定港口发展的年度预算和长远规划。1967 年,日本运输省港湾局提出了《东京湾港湾计划的基本构想》的提案,建议把该地区包括东京港、千叶港、川崎港、横滨港、横须贺港、木更津港、船桥港在内的 7 个港口整合为一个分工不同的有机群体,形成一个"广域港湾"。这一构想的实施很好地解决了东京湾内的港口竞争问题,将各港口的竞争转换成了整体合力。1995 年,千叶港、横滨港、川崎港、东京港吞吐量分别为 17 620 万吨、13 148 万吨、10 037 万吨、7 900 万吨,分别排名世界第三、第六、第十二、第二十三位,这种发展速度证明了构想的成功。

经过多年的发展,东京湾港口群已经形成了越来越鲜明的职能分工体系,各主要港口根据自身基础和特色承担不同的职能(见表 2-2 的归纳),在分工合作、优势互补的基础上形成组合,虽然仍保持各自独立经营,但在对外竞争中形成一个整体,共同揽货,整体宣传,整体对外竞争,通过政府和港口管理者的统一管理实现。经过整合,六个港口形成了一个港口群内港口竞争与合作的复合体,充分利用了资源,增强了竞争力。

表 2-2 东京湾港口群各港的产业基础与职能定位

港口	港口级别	产业基础	职能定位
东京港	特别重要港口	依托东京,是日本最大的经济中心、金融中心和交通中心;较新的港口	输入型港口;商品进出口港;内贸港口;集装箱港;国际贸易港;工业品输出港;集装箱货物集散港
横滨港	特别重要港口	依托京滨工业区,以重化工业和机械为主	国际贸易港;工业品输出港,集装箱货物集散港
千叶港	特别重要港口	依托京叶工业区,日本的重化工业基地	能源输入港;工业港
川崎港	特别重要港口	多为企业码头,深水泊位少	原料进口与成品输出港
木更津港	地方港口,1968 年改为重要港口	以服务君津钢铁厂为主,旅游资源丰富	地方商港;旅游港
横须贺港	重要港口	主要为军事港口,少部分服务当地企业	军港兼贸易港

日本东京湾港口群内港口竞争与合作的主要特点是:

(1) 运输省协调港口群内港口的发展,港口管理权下放给地方港口管理机构

20 世纪 40 年代以前,日本运输行业分别由国家各部门集权管理,港口属内务省管辖。第二次世界大战结束后,日本政府组建了运输省,并将港口管理

权下放给地方政府及其港口管理机构。日本是个岛国,陡峭的山脉横贯全国,适于人类的活动地只限于海岸线。地域狭小与资源匮乏,使得日本不得不进口几乎所有的原材料,然后再将成品出口到世界各地。所以,港口的发展与运营不仅仅涉及港口自身或是地方政府利益,而是关乎国家经济存亡。因此,港口管理机构仅拥有港口基本管理权,运输省掌握了港口群规划协调的最终权力,从而确保国家利益,避免港口之间恶性竞争。

日本《港湾法》规定了港口发展和经营管理的机构框架,确定了运输省以及地方港口管理机构各自的职责。运输省的主要职能在于:制定国家港口发展政策、为港口管理和发展制定必要的法律和规章制度、就港口管理和发展向港口管理机构提出忠告、审核协调重要港口的发展规划、为港口投资项目融资、开发和维护港区外航道以及为港口规划设计和建设制定技术性标准。港口管理机构的主要职能在于:制定港口发展规划、港口设施的建设和维护、保持和改善港口的环境、保障港区安全、制定港口费率以及向港口用户收取费用等。各港口的发展计划由港口所在的地方政府向交通省港湾局提交议案,由交通省进行审查,如提案获得通过,国家负责拨款。如果是大项目,由交通省直接进行监督,小项目由交通省提供补贴,地方政府负责实施。

(2) 内联外争

东京湾港口群内港口在运输省的协调下,实施整体宣传、错位发展、共同揽货的发展策略,以提高整体知名度,同国外港口相抗衡。

为了控制日本主要大港之间在价格上的自由竞争,缓解各个港口之间的竞争压力,1985年运输省同船东协会商定后,规定对在东京、川崎、横滨、名古屋、大阪、神户、门司、北九州港口的入港费和岸壁使用费采取统一的征收标准。这一政策的出台使得日本港口将对内的竞争转向对外的竞争。日本政府为了同釜山港(韩国)和高雄港(中国台湾)争夺中转货源,2004年7月决定大幅降低港口收费达四成,并大举简化繁复的商船进出手续,从而重振东京湾、阪神和伊势湾三大港口群的转运功能,并指定这三个港口群为超级枢纽港湾,集中投资建设。

(3) 分工明确

东京湾港口群注重将港口建设与定位同临港工业相联系,从而达到港口群内各个港口的错位发展,避免港口间的过度竞争。

东京湾西岸的京滨工业带以重工业和化学工业为主,包括东京、川崎、横滨等城市海湾地带。在这条宽6千米,长60余千米的带状地区内分布着大型企业200多家,如日产汽车、石川造船、日本钢管、日本石油和三菱重工等跨国公司,工业产值占全国40%。这些企业主要是炼油厂、钢铁厂、造船厂以及电机厂等。

京叶工业带位于东京湾东测,1955年以前这里还是自然海岸,经过20多年的填海造田已形成了人工海岸,现在已经成为一个长60多千米,宽5千米的工业带。工业带中有两座大型炼钢厂和四座大型石油化工厂以及三井造船厂,其中千叶炼油厂居日本全国第二位,君津钢铁厂是世界十大钢铁厂之一。

根据临港工业带不同的布局,港口定位和发展也有所不同。东京港拥有世界先进的外贸集装箱码头,主要承担着东京产业活动和居民生活必需的物资流通;横滨港和川崎港主要进口原油、铁矿石等工业原料和粮食,出口工业制成品;千叶港则以进口石油和天然气为主,以铁矿石、煤炭和木材为辅,出口货物以汽车为主,其次为钢铁和船舶等。

日本东京湾港口群之间的职能分工的成功,一方面是由于日本政府的合理管理,另一方面也在于各个港口的历史与现实条件的不同。两大工业带的存在决定了工业带中港口的兴盛,工业带的结构不同也就决定了工业带中港口的业务职能不同。

(4) 三大港整合发展为一个单体超级大港

在促进东京湾内六个重要港口合作发展过程中,日本政府也加强了对东京港、横滨港和川崎港三大港口的联合。

2009年1月初,京滨区港口协会举行第一次会议,集中讨论当前日本和世界港口市场形势,深入分析京滨地区两大港口面临的金融危机等严峻挑战,起草三大港口合而为一的方案,其主要内容是:

(1) 进一步强调京滨地区三大港口无缝协调经营管理,确保落实港口为一方,承运人、集装箱班轮公司、托运人以及经纪人等用户为另一方的互利共赢和谐共生措施。

(2) 京滨区港口协会制订三大港口机构统一细则,下设工作组,开展日常业务。同时汲取海外多港合而为一的宝贵经验和教训,为东京港、川崎港和横滨港三大港口总部的正式成立做好从理论到实践的充分准备。

(3) 只有进一步提高三大港口经营管理效率,最大化降低港口码头和堆场等基础设施运营成本,让港口码头用户获得实惠,才能达到广大客户近悦远来的最佳市场经济效果。

为此,京滨地区三大港口所涉及的公有或私营港口码头经营人和相关服务供应方,只要是与日本京滨区三大港口业务有紧密型或松散型联系的,必须共同探讨彻底消除京滨地区东京港、川崎港和横滨港三大港口相互之间固有的矛盾、摩擦和障碍的各种措施。京滨区港口协会将至少每隔2—3个月举行一次会议，如果需要，可以每个月举行一次，或者更加频繁。

（四）比荷海港系统

从布局上看，比荷海港系统类似于我国的长三角和珠三角地区。比荷港口群濒临英吉利海峡与北海，地跨莱茵河-马斯河-斯凯尔特河三角洲，在欧洲综合运输系统中发挥了重要的水上运输功能，是欧洲综合运输系统的中心，它拥有四个大的集装箱港：鹿特丹港、安特卫普港、泽布鲁赫港和阿姆斯特丹港。可见，集装箱在海港系统中发挥了重要作用，比荷海港系统作为欧洲的门户也发挥了应有的重要作用。

比荷海港系统包括两个著名大港——鹿特丹港和安特卫普港，还有一系列专业港以及许多小港。这些不同规模、不同专业的港口构成一个系统，大致分为四个层次。

第一层次是鹿特丹港。鹿特丹港位于荷兰莱茵河、马斯河入海汇合处，由于地理区位上的优势以及深广腹地提供的货源，鹿特丹港成为世界上货物吞吐量最大的港口之一，成为西欧的商品集散中心。鹿特丹港作为商品集散中心，不仅是荷兰的国际贸易门户，而且是整个欧洲的物资流通基地。北美、远东、东南亚远洋船舶一般直接挂靠鹿特丹港，美国向欧洲出口货物的43%，日本向西欧市场出口货物的34%都经过鹿特丹港中转，德国经过鹿特丹港的进出口货物量几乎超过了其国内港口的总吞吐量。作为欧洲最大的海港，鹿特丹港的工业主要有炼油、造船、石油化工、钢铁、食品和机械等，拥有大型炼油厂，其炼油能力占荷兰总能力的一半以上，是世界三大炼油中心之一，所有码头都有管道与港内的炼油厂以及阿姆斯特丹和弗利辛恩的炼油厂相通，并可直达比利时的安特卫普和德国的法兰克福炼油厂。

第二层次是安特卫普港。安特卫普港位于比利时北部沿海，跨斯凯尔特河两岸，有两条河底隧道通车，西距北海约80千米，东有阿尔贝特运河直通马斯河，是比利时最大的海港。安特卫普港是比利时第二大工业中心，20世纪70年代已成为综合石化基地，世界上著名的前40家化学公司中至少有14家布局在此。安特卫普还是国际钻石的重要贸易地。因潮沙限制了大型集装箱船舶的停泊，安特卫普港每年至少有300万吨集装箱货物经过内陆运输方式输送到鹿特丹，另外有100万吨集装箱货物通过内陆运输方式输送到泽布鲁赫。

第三层次的港口包括阿姆斯特丹-艾默伊登组合港和泽布鲁赫港。阿姆斯特丹港位于荷兰西部沿海的北海运河上，是荷兰第二大海港。艾默伊登港是河口海港,也是荷兰主要港口之一。它位于荷兰西部沿海的北海运河出海口处,有海闸与北海沟通,是荷兰西部矿石和煤的进口港和荷兰的主要渔港。阿姆斯特丹港和艾默伊登港因地理上的临近组成复合港,货物运输以干散货为主。泽布鲁赫港位于北海东南侧,是比利时的第二大港,距荷兰边界约10千米,是欧洲大陆与英国联系的枢纽,因港口发展了旅游业。为避免环境破坏,影响旅游业的发展,泽布鲁赫港未发展工业,是一个纯粹的商业港。泽布鲁赫港比安特卫普港距海更近,港口又不受潮沙限制,因而更便捷,已成为能够装卸散杂货、集装箱、滚装船及大型油船的综合性港口,其中又以件杂货运输为主。泽布鲁赫港运输的散货限于四种主要物品:液化天然气、矿砂、煤和海沙。

第四层次是其他中等港和一些小港,例如根特港、奥斯坦德港等港口。根特港位于比利时西北部斯海尔德河与利斯河汇合处,由人工运河自根特港至荷兰的泰尔纳曾港出海,两港组合成一个复合港。根特港是比利时的第三大港,是全国最大的纺织工业中心,港口建有炼油厂,有管道直通泽布鲁赫港,货物运输也是以干散货为主。奥斯坦德港位于比利时西北沿海,临北海东南侧,有运河直通泽布鲁赫港,以滚装运输为主。

铁路建设方面,鹿特丹和安特卫普之间建立了一条新的铁路线,并进一步向南延伸到根特和里尔,在欧洲超级铁路网络的核心处未连接的地方架起新的桥梁;在泽布鲁赫将建一条支线通到根特,与欧洲超级铁路网连接;安特卫普和鹿特丹联合建一条新的南北向货物铁路线连接法国北部,将从里尔一直通到巴黎、里昂,并建支线进一步伸向意大利北部、马赛和西班牙边界;鹿特丹还建设一条货运铁路线通往德国边界再通向鲁尔区。

内河运输方面,对莱茵河的几条支流进行了改造,使之适应大规模的内河航运,如马斯河、美茵河、莱克河、萨尔河都建立了河道。

铁路建设的加强和内河运输的改善增强了比荷海港系统的集疏运功能,提高了港口系统的竞争能力,同时,运输方式的改变也减少了对环境的污染。

二、国内港口资源成功优化配置的案例

(一)长三角港口群

长江三角洲包括上海、江苏、浙江三省市,位于我国东部沿海地区沿江产业密集带结合部,江海交汇,南北居中,具有得天独厚的区位条件,是我国经济最发达、最具活力与竞争力的区域之一,三省市各港口组成了具有强大发展潜力的长江三角洲港口群。

长江三角洲地区港口群依托上海国际航运中心,以上海港、宁波港、连云港港为主,充分发挥舟山港、温州港、南京港、镇江港、南通港、苏州港等沿海和长江下游港口的作用,服务于长江三角洲以及长江沿线地区的经济社会发展。长江三角洲地区港口群集装箱运输布局以上海港、宁波港、苏州港为干线港,包括南京港、南通港、镇江港等长江下游港口共同组成的上海国际航运中心集装箱运输系统,相应布局连云港港、嘉兴港、温州港、台州港等支线和喂给港口;进口石油、天然气接卸中转储运系统以上海港、南通港、宁波港、舟山港为主,相应布局南京港等港口;进口铁矿石中转运输系统以宁波港、舟山港、连云港港为主,相应布局上海港、苏州港、南通港、镇江港、南京港等港口;煤炭接卸及转运系统以连云港港为主布局,煤炭装船港由该地区公用码头、能源等企业自用码头共同组成;粮食中转储运系统以上海港、南通港、连云港港、舟山港和嘉兴港等港口组成;以上海港、南京港等港口为主布局商品汽车运输系统,以宁波港、舟山港、温州港等港口为主,布局陆岛滚装运输系统;以上海港为主,布局国内、外旅客中转及游轮运输设施。根据地区经济发展需要,在连云港港适当布局进口原油接卸设施。

根据各个港口的地理位置和发展特点,可将上述港口大致划分为上海港、参加沿岸港口、宁波舟山港三大片,其中,资源成功优化配置的是宁波-舟山港和上海港。

1. 宁波港

宁波港是我国沿海 20 个主枢纽港和 4 个国际深水中转港之一,它由北仑港区、镇海港区、宁波港区、大棚港区、穿山港区组成,是一个集内河港、河口港和远洋海港于一体的多功能、综合性的现代化深水大港。自然条件得天独厚,北仑港区航道水深一般在 30 米至 100 米,可满足 20 万吨至 30 万吨巨型船舶进港的需要,可开发的深水岸线达 120 千米,具有广阔的开发建设前景。宁波港地处中国沿海和长江黄金水道型航线交汇点,位置适中,内外辐射便捷;北仑港区的北面以舟山群岛为天然屏障,港域内风平浪静,建港成本低、效益高,且深水岸线后方陆域平坦宽阔,发展港口堆存、仓储和滨海工业极为有利。优越的港口条件是国家的宝贵资源,1989 年国家确定宁波港的北仑港区为中国大陆重点开发建设的四个国际深水中转港之一。宁波港建设进口铁矿中转、国际集装箱远洋中转、大型原油成品油中转、大型煤炭储存中转、大型液体化工产品储存中转 5 个基地,加速建成现代化的国际大港。现有生产性泊位 191 座,其中万吨级以上深水泊位 39 座。最大的有 25 万吨级原油码头,20 万吨级(可停泊 30 万吨级船)的卸矿码头,第六代国际集装箱专用泊位以及 5 万吨级液体化工专用泊位。

2. 舟山港

舟山港位于浙江省舟山群岛舟山市,地处我国南北航线与长江航线的"T"型交界点,水运交通十分便利,背靠经济发达的长江三角洲,是江浙和长江流域诸省的海上门户。港口具有丰富的深水岸线资源和优越的建港自然条件,可建码头岸线有 1 538 千米,其中水深大于 10 米的深水岸线 183.2 千米;水深大于 20 米的深水岸线为 82.8 千米。1987 年 4 月国务院批准舟山港对外开放,已与日本、美国、俄罗斯、朝鲜、马来西亚、新加坡等国有外贸运输往来,并开通了国际集装箱班轮。进口货物主要有石油、煤炭、矿砂、木料、粮食等。随着不断的开发建设,舟山港已逐步成为以水水中转为主要功能的综合性港口。全港有北仑、洋山、六横、衢山、穿山、金塘、大榭、岑港、梅山等十九个港区,共有生产性泊位 352 个,其中万吨级以上 11 个。

3. 宁波舟山港整合

2005 年 12 月,浙江省政府将宁波港和舟山港两港合一,设立宁波—舟山港管理委员会,主要负责宁波港、舟山港的规划管理和深水岸线的有序开发,协调两港一体化重大项目建设和两港经营秩序以及有关规章制度的制定、执行,负责两港统计数据的汇总、上报和统一发布,以及协调两港对外宣传和招商引资工作。

整合以后,宁波舟山港拥有了更加得天独厚的自然条件,北起杭州湾东部的花鸟山岛,南至石浦的牛头山岛,南北长 220 千米;大陆岸线长 1 547 千米,岛屿岸线长 3 203 千米。岸线曲折、岛屿众多,港口岸线资源丰富,拥有深水岸线约 333 千米,港口建设可用岸线约 223 千米,其中尚未开发的深水岸线约 184 千米。其北仑港区的北面、东面和南面被舟山群岛环绕,形成天然屏障,港内水深浪小,不冻不淤,年均作业时间超过 350 天。进港航道水深在 18.2 米以下,25 万载重吨级以下船舶可以自由进出,25—30 万载重吨级超大型船舶可以候潮进港,是建设深水大港的理想之地。

经过多年发展,宁波舟山港已成为我国重要的集装箱干线港,铁矿石、原油、液体化学品、煤炭、粮食等散杂货的中转、储存基地,上海国际航运中心的重要组成部分以及浙江省发展外向型经济的主要门户。现有生产性泊位 643 个,其中万吨级以上深水泊位 100 个,包括液体化工泊位、集装箱专用泊位、矿石中转泊位和原油泊位等,是我国内地拥有大型和特大型深水泊位最多的港口。

4. 上海港

上海港地处长江与东海交汇处,地理位置优越,北连接连云港、南衔接温州港,成为南北运输的交汇点,是我国沿海主要的枢纽港。港区由分布在长江入海口南岸的宝山码头、东昌路码头、民生码头、高阳路码头等组成,为了缓解泊位拥挤局面,港区逐步向南岸黄浦江畔扩展。

上海港腹地辐射长江三角洲和长江流域,市场、集疏运等优势显著。上海港官方网站中划定其直接经济腹地是长三角地区,包括上海、苏南和浙北地区;间接经济腹地包括浙南、苏北、安徽、江西、湖南以及湖北、四川等地区。其经济腹地属于经济比较发达的地区,具有共同的特点,例如:加工生产能力较强,钢铁、石化、电力以及纺织工业较为发达,但是矿藏资源较少,很多工业需要的燃料、原材料等大部分都从区外购进或国外进口。水运资源利用比较充分,沿江设厂比较多,例如宝山钢铁、上海钢铁等基本位于沿海沿江地带,对发展水运起到很大带动作用。

上海港的交通运输条件发达便捷,铁路方面有沪杭、沪宁等铁路干线与其相连,公路有沪宁、沪杭等高速公路与江苏、浙江对接。内河航道有225条,有8条通向省外的干线航道,海上客、货运航线遍及沿海主要港口。

上海港依托政府行政力量推动,实施跨行政区划整合,实现对港口增量资源的统筹开发。洋山港行政区划上隶属浙江省,经国家及上海市政府协调,委托上海市开发建设。洋山港有着优良的深水岸线资源,按照适应船舶大型化的发展趋势,上海国际港务(集团)股份有限公司(后文称上港集团)正着力发展洋山港并推进其资源整合。考虑到上港集团为国有控股的上市公司,洋山港的开发采用了投资、建设、运营三分开模式,即上海同盛投资(集团)有限公司(后文称同盛集团;国有全资,是上港集团股东之一)作为投资主体,同盛集团下设的3个全资子公司作为建设主体,具备运营条件时,由上港集团以资产收购和定向增发的方式获得股权并作为唯一运营主体。三分开政策使码头开发收益留在了国有全资企业,实现了国有资本收益最大化。上海港突破水深条件的局限性,吞吐能力和作业效率大大提高,集装箱吞吐量快速增长,上海港作为国际中转枢纽港的地位进一步增强。

杭州湾跨海大桥的建成使得宁波舟山港与上海港的交叉腹地范围进一步扩大,传统货源格局面临重新洗牌。加强港口之间尤其是港口集群内部的合作是合理利用港口资源、防止港口过度竞争的有效手段和必然选择。为此,宁波舟山港加强与上海港的战略合作,提升自身作为上海国际航运中心重要组成部分的地位,具体措施如下:继续推进高层互访机制,深化资本、技术、业务等多个层面的战略合作关系,进一步建立以股权为纽带的战略合作关系,共同优化航线组合,有序开展货源竞争,共同进行码头建设和投资,拓展国内外码头资源。目前,两港在合作方面已取得重大成果。

5. 长江三角洲港口群整合

长江三角洲港口群以上海、宁波和连云港为主。其依托上海国际航运中心经济、贸易、金融、口岸、服务、管理等优势,服务于我国长江三角洲以及长江沿线经济的发展。

经济快速发展的长江三角洲需要的港口不是一个单点的港口,而是一个港口群。更重要的是,洋山港的建设旨在使上海乃至整个长江三角洲成为东北亚的国际航运中心,而宁波舟山港的一体化,又将给上海国际航运中心插上腾飞的翅膀。洋山港建设与宁波舟山港发展并不是"你兴我衰",而是相互促进、共同发展。上海港和宁波舟山港都有各自传统的经济腹地和货物来源,两港一直呈快速发展态势。国际航运中心具有很强的辐射作用,建设洋山港反而可以起到巨大带动作用。洋山港的优势在于其较为完善的各项软件服务体系和综合实力;而宁波舟山港则有着洋山港不具备的更优良的自然条件和进行水水中转及大吨位散货、国家战略物资储运的能力。

从长江三角洲和长江中下游地区经济发展的势头以及对集装箱运输的需求预测来看,上海港(包括洋山港)、宁波舟山港和江苏沿江诸港口的运能在相当长时期内还是严重不足的。所以,这些港口之间的关系是竞争中的合作与合作中的竞争。而且,宁波港和舟山港跨行政区域进行强强联合,取得了实质性的进展,为长江三角洲港口之间跨区域合作提供了很好的范例。

(二)山东半岛港口群

山东半岛港口群地理位置优越,是环渤海地区港口的重要组成部分,岸线资源丰富,位于全国综合运输大通道的交汇处,集疏运体系发达,腹地进出口货源充足,是我国沿海能源、外贸及原材料运输的重要港口群。山东半岛港口群经济腹地范围包括省内和省外两部分,省内包括山东省十六个市;省外主要包括河北中南部的衡水、石家庄、邢台、邯郸等,河南北部的新乡、焦作、鹤壁、安阳等,山西中南部的阳泉、晋中、太原、忻州、吕梁、长治、晋城、临汾、运城等。省内自然资源丰富,经济发展尤其是外向型经济发展速度较快,产业布局基本合理。省外腹地是我国能源生产基地,矿产资源丰富,开发力度加大,外向型经济逐步加快。

随着经济的快速发展,各港口吞吐量高速增长,港口规模不断扩大,已初步形成了青岛港、烟台港、日照港为主的三大枢纽港,龙口港、威海港为两大区域性重要港口,蓬莱港、莱州港、潍坊港等中小港口为补充的港口群体。

1. 青岛港

青岛港是中国山东省青岛市港口,位于山东半岛胶州湾畔,濒临黄海,与日本和朝鲜半岛隔海相望,是中国沿黄河流域和环太平洋西岸的国际贸易口岸和中转枢纽。

2004年相关信息显示,青岛港港口水域面积420平方千米,青岛港分大港港区、中港港区、黄岛油港区和前湾港区四大部分。青岛港业务覆盖山东,辐射沿黄地区,直达中亚地区。截至2011年,青岛港拥有18座码头、69个泊位。截至2018年底,青岛港有集装箱航线160多条。2019年,青岛港货物吞吐量突破5.15亿吨,同比增长6.1%,集装箱吞吐量2101万TEU,同比增长8.8%;实现营业收入121.64亿元,同比增长3.6%;归属于上市公司股东的净利润37.90亿元,同比增长5.5%。主要从事集装箱、煤炭、原油、铁矿、粮食等各类进出口货物的装卸服务和国际国内客运服务,与世界上130多个国家和地区的450多个港口有贸易往来,是太平洋西海岸重要的国际贸易口岸和海上运输枢纽。

2. 烟台港

烟台港位于山东半岛北侧,扼守渤海湾口,隔海与辽东半岛相望,与日本、韩国一衣带水,位于东北亚国际经济圈的核心地带,是中国沿海南北大通道(同江至三亚)的重要枢纽和贯通日韩至欧洲新欧亚大陆桥的重要节点。烟台港北由芝罘岛与市区相连,形成天然屏障,港区水域面积867.4平方千米,水深域阔,不冻不淤。

烟台港对外与世界70多个国家和地区的100多个港口通航,已经开辟了到日本、韩国、美国、新加坡等国的定期集装箱运输业务,中国远洋集装箱运输公司(后文称中远公司)东南亚航线的"秀河"轮首航至烟台港的烟台环球码头,开辟了烟台市通往东南亚的海上运输渠道,航线可直达新加坡港、马来西亚的巴生港、印尼的雅加达港等东南亚港口,并可以用直通的方式接载世界各地的货物,利用中远公司遍布全球的航线网络实现中转,为烟台市及周边地区的广大货主提供了一条通往东南亚及欧美地区方便快捷的运输通道。

3. 日照港

日照港位于山东半岛南翼,东临黄海,北与青岛港、南与连云港港毗邻,隔海与日本、韩国、朝鲜相望。港区湾阔水深,陆域宽广,不冻不淤,可建设包括20—30万吨级泊位在内的各类泊位100余个,为名副其实的天然深水良港。经过近30年的建设,日照港已发展成为一个集货物装卸、港湾建设、机械制造、房地产开发等为一体的现代企业集团。全港拥有日照东港区、日照中港区、日照西港区、岚山港区、岚山北港区五个港区。

日照港拥有发达的交通运输网络,连接港口的兖石铁路、坪岚铁路向西经新乡、侯马、西安直达新疆的阿拉山口,形成平行于陇海铁路,与京沪、京九、京广、焦柳、同蒲铁路相交的纵横交错的铁路网络,把日照港与华东、中原、西北广大地区连接在一起。胶州新沂铁路的建成及东都—平邑、枣庄—临沂铁路的建成进一步提高了日照港的铁路集疏运能力。

4. 山东半岛港口群整合

环山东半岛的青岛港、烟台港、威海港、日照港、龙口港、岚山港等港口构成了一个弧形的港口群,长期以来,行政分割下的"诸侯经济"使港口低水平重复建设,现有基础设施不能被充分利用;货物分流,窝里斗,不能集中力量建设大港口;不少中小港口服务差、效率差,而且山东省大中型港口普遍超负荷运作。由于缺乏相应的经济协调机制,缺少统一规划与管理,山东半岛上港口物流的发展缺乏战略规划,港口之间的重复建设与无序竞争严重;各个港口建设步伐不一导致物流能力受限;港口群的综合物流平台建设不足;现代口岸物流服务市场不够完善。

为实现优势互补,使港口整体竞争力有所提升,山东省早在2004年就提出要系统性、开放性实施半岛港口群资源整合,在青岛国际航运中心框架下实行集群化发展。通过加快集装箱泊位建设,形成以青岛港为干线港,烟台港、日照港为支线港,威海港、龙口港等为喂给港的集装箱运输格局,同时还要重点建设一批大型和超大型散货码头、油码头,将山东半岛建设成全国最主要的原油装卸和储备基地、主要的矿石运输基地及主要的煤炭出口基地。

在健全和完善口岸综合服务方面,山东推行大通关模式,建成青岛、日照、烟台、威海四个航运服务交易中心,通过交易中心培育发达的航运市场,实现海关、检验检疫、边检、海事等部门与港航企业联合办公,实行"一站式"通关。完善大型集装箱、矿石、煤炭和原油四大运输系统,力争建成以青岛港为龙头,以日照港、烟台港为两翼,以半岛港口群为基础的东北亚国际航运中心。

(三)珠江三角洲港口群

1. 深圳港

深圳港是中国广东省深圳市港口,位于广东省珠江三角洲南部,珠江入海口,伶仃洋东岸,毗邻中国香港,是珠江三角洲地区出海口之一。20世纪80年代,深圳港建设散杂货专业泊位和通用码头泊位。2003年开始,深圳港开展海铁联运工作。2006年起,深圳港主要集装箱码头进行轮胎式龙门起重机(简称RTG)"油改电"项目的试验和建设。2016年底,深圳推出"深圳组合港-绿色港口链"项目。据2005年相关信息,深圳港拥有蛇口、赤湾、妈湾、东角头、盐田、福永机场、沙鱼涌、内河8个港区,港口水域面积106平方千米,陆域面积16平方千米。截至2018年10月,深圳港共开通国际集装箱班轮航线239条,覆盖了世界十二大航区,通往100多个国家和地区的300多个港口。2018年,深圳港货物吞吐量2.51亿吨。2022年深圳港液化天燃气(Liquefied Natural Gas, LNG)接卸量1 210.95万吨,同比增长1%,稳居全国港口首位。

2. 香港港

香港港是我国的天然良港,远东的航运中心,位于珠江口外东侧,香港岛和九龙半岛之间。香港港地处我国与邻近亚洲国家的要冲,既在珠三角入口,又位于经济增长骄人的亚洲太平洋周边的中心,可谓是占尽地利。香港港是全球最繁忙和效率最高的国际集装箱港口之一,也是全球供应链上的主要枢纽港。目前有80多条国际班轮每周提供约500班集装箱班轮服务,连接香港港至世界各地500多个目的地。

香港港的直接经济腹地是目前的珠三角地区,为了增强自身实力和竞争力,香港港的经济腹地从珠三角地区扩展至泛珠三角其他八个省份,包括湖南、广西、江西、四川、云南、贵州、福建和海南。另外,港深及港粤之间合作的升级,亦有可能使珠三角经济的腹地效应得以重振。

3. 香港港与深圳港整合

珠江三角洲港口群拥有三大综合性主枢纽港,即香港港、广州港、深圳港,目前已形成以香港港为国际航运中心,广州港和深圳港为主枢纽港,珠江三角洲其他港口为补充的港口群基本格局。同时,各主枢纽港又分别拥有与自身实际相符合的一批专业性泊位码头,形成多样性和互补性的优势。目前深圳港盐田港区、蛇口港区和广州的南沙港区乃至珠江三角洲各港口之间的地理位置虽然十分接近,但是,各港口的定位和功能并没有相互重叠。因此,不会造成珠江三角洲港口群的资源浪费,这样反而更有可能各司其职,各自发展。

4. 广州港

广州港是中国广东省广州市港口,地处珠江入海口和珠江三角洲地区中心地带,濒临南海,毗邻香港和澳门,东江、西江、北江在此汇流入海。广州港是华南地区最大的综合性主枢纽港和集装箱干线港口,现已开通国际集装箱班轮航线131条,2020年完成货物吞吐量6.36亿吨,位居全球第四。秦汉时期,广州古港是中国对外贸易的港口。唐宋时期,"广州通海夷道"是远洋航线。清朝,广州成为中国对外通商口岸和对外贸易的港口。1978年以来,广州港发展成为中国综合运输体系的重要枢纽和华南地区对外贸易的重要口岸。据2017年相关信息,广州港由海港和内河港组成。广州海港包括内港港区、黄埔港区、新沙港区、南沙港区等四大港区和珠江口水域锚地,广州内河港由番禺、五和、新塘三个港区组成。截至2018年8月,广州港已通达世界100多个国家和地区的400多个港口。

5. 珠江三角洲港口群整合

广州港以大宗散货、原材料运输为主,应发展成为华南地区主枢纽港;珠江三角洲内其他港作为支线港或喂给港、作为集疏运或补充通道,将进一步强化一个中心和两个枢纽的核心地位,使区域内港口定位分明,配套齐全,有力地促进区域经济协调发展;深圳港作为集装箱干线港,是香港港的补充,其地位也将不断提高,包括广州港、中山港、虎门港在内的集装箱运输将在一定程度上实现与香港港的融合。珠江三角洲外向型经济将依托香港的自由港政策及大量的物流运输需求而得到飞速发展,珠江三角洲其他内河港口,包括中山港、江门港、佛山港等,货物吞吐量持续增长,将继续成为香港国际航运中心、广州港和深圳枢纽港不可缺少的集疏运通道和喂给港。珠江三角洲港口群的功能提升,无疑是维护香港国际航运中心的重要力量,同时也是区域经济可持续发展的重要保障。

(四)广西北部湾港群

广西是中国西部唯一拥有沿海港口的省区。2006年3月,在广西壮族自治区政府的大力推进下,广西北部湾经济区规划建设管理委员会宣告成立。2007年2月,广西北部湾国际港务集团有限公司成立,防城港、钦州港、北海港三港统一规划建设、统一经营调度,充分发挥港口一体化和港铁一体化的整体规模经营优势,加快广西壮族自治区沿海港口资源整合,结束了过去三港无序竞争的局面,形成广西北部湾经济区。2008年1月,国务院批准实施《广西北部湾经济区发展规划》。

1. 钦州港

钦州港,国家级经济技术开发区,位于中国南方沿海,北部湾的钦州湾内,其背靠大西南,面向东南亚,地理位置十分优越。曾是孙中山先生《建国方略》规划中的南方第二大港,仅次于广州港。钦州港是我国西南海岸上的天然深水良港,水域宽阔,风浪小,来沙量少,岸滩稳定,具有建设深水泊位的有利条件。近年来,钦州港发展非常迅速。2008年5月,国务院批准在钦州港设立中国第六个沿海保税港区——钦州保税港区。至此,钦州港成为中国西部沿海唯一的保税港区。2009年12月7日,获国务院批准列为整车进口口岸,2011年11月1日通过国家验收。由此,钦州港成为全国第五个沿海整车进口口岸。2021年

7月9日,广西北部湾钦州港30万吨级油码头获准正式对外开放。

2. 防城港

防城港区位优势得天独厚,既沿海又沿边,全市有4个国家一类口岸,1个国家二类口岸,市内交通便捷,铁路和高速公路均直达港口,是国内尤其是西南、中南、华南地区便捷的出海出边通道。目前防城港已经和80多个国家和地区220多个港口建立了业务往来关系,成为北部湾区域国际航运中心,在构筑中国-东盟自由贸易区战略格局中发挥着重要作用。防城港现拥有泊位35个,其中万吨级以上深水泊位21个,泊位最大靠泊能力为20万吨级。防城港的主要功能是:集装箱专业码头,铁矿石、煤炭和硫黄储运中转的重要基地,20万吨级矿石码头,全国唯一的硫磷专业码头,5万吨级液体化工码头。

3. 北海港

北海港按地理环境可划分为8个港区,港口现有70个泊位,其中万吨级以上泊位7个,集装箱综合性码头1个,设计吞吐能力为710万吨。2011年,北海港港口货物吞吐量累计完成4 322万吨,同比增长15.17%,货物吞吐量快速增长。

三个港口各有侧重,防城港主攻转口贸易,钦州打造中石油基地,而北海则是着眼于出口加工业。

4. 北部湾港口整合

2007年,广西的防城港、钦州港和北海港三港合并成立广西北部湾国际港务集团有限公司。从整合历程来看,广西沿海港口资源整合大致可以分为3个阶段。

第一阶段,三港合一,跨行政区域的港口横向整合。2007年2月14日,由原防城港务集团有限公司、钦州市港口(集团)有限责任公司、北海市北海港股份有限公司和广西沿海铁路股份有限公司的国有产权重组整合成立广西北部湾国际港务集团有限公司(下称北部湾集团),总部设在广西南宁。总部对所辖三个港口子公司按照统一规划、统一建设、统一运营、统一管理的模式进行管理,三个子公司注册地不变,税收仍按原来方式征收,保证了地方的利益不受损失。各公司独立经营,并无需向总部上缴利润或任何形式的管理费。总部对三个子公司有人事任命权,三个港口新建项目由总部统一规划、建设、投资。三个子公司在功能布局上各有侧重,例如在集装箱业务方面,防城港、钦州港以内贸集装箱为主;北海港侧重外贸,并且在三个港口之间开通了防城港到北海港以及钦州到北海港的内支线运输,将外贸集装箱喂给到北海港,避免了内部的恶性竞争。

第二阶段，以港口平台为依托，积极拓展业务板块。成立后的北部湾集团总部在职能上并没有趋于行政化，而是充分利用三个港口平台，致力于新业务的拓展。在整合后的大港口平台基础上，逐步开拓了综合物流、临港工业、商贸物流以及物流地产板块业务，并成立了与三个港口子公司并列的子公司共70余家。

第三阶段，将港口板块在集团层面进一步纵向整合。北部湾集团将借助旗下上市公司北海市北海港股份有限公司，对三个港口子公司进行再整合，将港口板块整体上市，进一步打破三个子公司在地域上的约束与隔阂，实现更深层次的融合与合作。

港口资源整合是广西北部湾沿海港口走上振兴之路的开始，没有资源整合，就不能形成广西北部湾地区港口发展的一股合力，港口之间基于货源的低水平竞争会越发激烈。在港口资源整合的基础上，北部湾集团实现了自身发展方式的转型，使得港口在资源配置方面的能力大幅提升，在带动区域经济发展方面发挥了更大的作用。可以说，北部湾地区的港口资源整合取得了共赢的效果。

第三章
江苏主要港口资源及综合运营能力现状

第一节 江苏主要港口资源概况

一、江苏港口概况

江苏港口资源条件得天独厚,滨江临海、河湖密布,境内长江横贯东西、运河纵穿南北,是全国为数不多的江海河湖兼具的省份之一。

江苏是港口大省。全省沿江沿海地区共10个港口,其中,连云港港、南京港、镇江港、苏州港、南通港为国家主要港口,扬州港、无锡(江阴)港、泰州港、常州港、盐城港为地区性重要港口。全省内河共13个港口,其中,徐州港、淮安港、无锡内河港为国家主要港口,宿迁港、扬州内河港、镇江内河港、常州内河港、苏州内河港为地区性重要港口。

江苏省港口货物通过能力、万吨级以上泊位数、货物吞吐量、亿吨大港数等多项指标均位列全国第一。全省共有一类港口口岸17个,直接与世界上100多个国家和地区港口有贸易往来。截至2021年底,全省拥有港口生产性泊位数5 909个,万吨级以上泊位数529个,港口综合年通过能力达23.8亿吨。

2021年,全省港口完成货物吞吐量32.1亿吨,完成集装箱吞吐量2 180.1万标准集装箱,分别同比增长8.2%、15%。苏州港、泰州港、无锡(江阴)港、南通港吞吐量超3亿吨,连云港港、南京港、镇江港港口吞吐量超2亿吨,盐城港、扬州港、苏州内河港港口吞吐量超1亿吨。内河集装箱吞吐量达81万标箱,同比增长36%。

[以上摘自江苏省人民政府网]

2017年5月22日，江苏省港口集团有限公司正式挂牌，在挂牌成立仪式上，江苏省港口集团与中国远洋海运集团有限公司、上海国际港务(集团)股份有限公司、浙江省海港投资运营集团有限公司同时签订了战略合作协议，这标志着江苏省港口集团开始实质性运作，标志着江苏港口一体化改革进入"深水区"。通过整合省内各大沿江沿海港口资源，建设长江南京以下江海联运港区、连云港区域性国际枢纽港、南京长江区域性航运物流中心和太仓集装箱干线港，实现江苏由港口大省向港口强省的跨越。

江苏省港口集团的定位是成为江苏沿江沿海港口、岸线及相关资源优化配置的重要平台，沿江沿海主要港口、省级航运企业和临港产业等领域的国有资本投资运营主体，具有区域枢纽功能的重要港口集群，全省航运服务中心、大宗物资储运交易中心和现代物流中心。集团经营范围主要包括：港口运营管理，港口基础设施建设，远洋、沿海、长江及内河航运，陆上货物运输，仓储物流，大宗商品交易，港口和航运配套服务，沿江沿海涉港资产管理，股权和基金的投资、管理和运营。通过3—5年的努力，使港口集团达到智慧型、国际化港口应当具备的条件和综合服务水平，做强上海国际航运中心北翼港口群，更好地促进长三角一体化和全省经济社会转型发展。

二、江苏沿江沿海地区港口资源概况

(一) 苏州港

苏州组合港地处长江入海口的咽喉地带，背靠经济发达的苏、锡、常地区，东南紧邻上海，是由原国家一类开放口岸张家港港、常熟港和太仓港三港合一组建成的新兴港口，原来的三个港口相应成为苏州港张家港港区、常熟港区和太仓港区。苏州港是江苏省最重要的集装箱干线港之一，是长江三角洲对外开放的重要依托，是长江中上游地区和西部大开发的重要平台，是江海河联运，内外贸货物运输、装卸与仓储的多功能综合性港口。2021年苏州港口货物吞吐量达56 590万吨，外贸货物吞吐量达17 100万吨，集装箱吞吐量达811万TEU。

苏州港地处我国南北海运大通道和长江黄金水道的交汇处，对外交通十分便捷。张家港港、常熟港和太仓港三个港区陆路距上海市区分别为169 km、80 km和50 km；距苏州市区分别为106 km、60 km和75 km，地理位置非常优越。港区内综合交通系统发达，境内有沪宁铁路、沪宁高速、沿江高速和苏昆太高速公路贯穿东西，312国道、204国道、318国道和锡太一级公路在此交会；京杭大运河、苏嘉杭高速公路和苏通长江大桥连接南北，水陆交通四通八达，横卧北侧的长江更是通江达海的重要水运干道。在苏州港中,太仓港区紧邻上海,拥有可供成片开发的优良深水岸线资源,符合集装箱枢纽港"成规模、大型化"的特性;紧靠集装箱生成地,箱源充足,形成集装箱枢纽的需求迫切;是长江口航道整治后可以满足集装箱运输船型"大型化、全天候"作业要求的港口。

(二) 南京港

南京港是亚洲最大内河港口之一,也是主枢纽港和对外开放一类口岸,是我国沿海主要的港口,也是长江流域水陆联运和江海中转的枢纽港。南京港是长三角唯一实现集装箱铁路与水路无缝对接的港口,国家实施 12.5 米深水航道延伸至南京工程后,南京一跃成为最深入内陆的国际型深水海港,变成长江中上游最直接、最快捷的出海口,也是中国连结全球的江海转运综合枢纽。2021 年南京港口货物吞吐量达 26 855 万吨,外贸货物吞吐量达 3 211 万吨,集装箱吞吐量达 311 万 TEU。

南京港是长江下游水陆联运和江海中转的枢纽港,处于铁路、公路、管道、航空和水运的交汇点。南京港位于江苏省南京市,距吴淞口 400 余千米,航道水深,港区宽阔,自然条件良好。南京港早在三国时就成为军港和商港,元代和明代起是南粮北运起运港口之一,也是明代航海家郑和下西洋的基地港。中华人民共和国成立后,对南京港进行改造与大规模扩建工程。1961 年在浦口建成机械化装卸的煤码头,1971 年建成原油中转码头。此后又新建了新生圩港区。港区长 98 千米,港口沿江两岸布置,拥有 7 个港务公司和 50 多座码头,其中有万吨级深水泊位 13 个,万吨级以上锚地泊位 6 个。所处江面最宽处达 2.5 千米,最窄处 1.5 千米,主槽水深 5—30 米。在南京长江大桥下的主航道水深超过 10 米,万吨级船舶可常年通航。南京港进出口货物主要有煤炭、石油、矿石、钢铁、杂货和集装箱。港内有至上海、芜湖、九江、武汉、重庆等沿江城市客运班轮往来,也有至中国香港的江海旅游航线。

(三) 镇江港

镇江港位于长江三角洲暨江苏省南部的镇江市,地处京杭大运河与长江十字交汇处。上距南京 87 千米,下距长江入海口 279 千米。镇江港是我国的主要港口之一,是长江三角洲地区对外开放的重要贸易口岸之一,港口分为高资港区、龙门港区、新民洲港区、谏壁港区、大港港区、高桥港区、扬中港区。镇江港主要为镇江市、江苏省的经济发展和对外贸易服务,为镇江市沿江经济带的开发服务,为长江中、上游地区大宗原材料和外贸物资中转运输服务。2021 年镇江港口货物吞吐量达 23 706 万吨,外贸货物吞吐量达 4 892 万吨,集装箱吞吐量达 44 万 TEU。

镇江港辖区内的主要水道自西向东依次有仪征水道下段、仪征捷水道、集山水道、丹徒直水道、口岸直水道、太平洲捷水道、泰兴水道。主要沙洲有世业洲、征润州（定易洲）、焦山、和畅洲、太平洲、落成洲、新洲等。界内水道弯曲多变，支流较多。由于河道的冲测，部分地区淤积严重，主航道及有关标志经常变动。镇江港内整个辖区均为长江内河船舶的 B 级航区，长江航道的维护尺度为水深 10.5 米，宽 200 米，实际航道水深多为 13 米以上，局部为 10.5 米，不冻不淤，可满足 25 000 吨级海船不减载常年通航。镇江港由于其特殊的地理位置，水路、陆路交通四通八达，是江苏省对外贸易的重要口岸，有苏南、苏北交通枢纽之称。水路方面，西距南京港 45 海里，东距上海港 158 海里，内河以京杭运河为南北主通道，北上常年可通航至苏、皖、鲁三省，南下可穿越江南工业走廊的苏州、无锡、常州及浙江嘉兴、湖州和杭州市，沟通太湖水系和钱塘江水系。海运方面，经长江入海口可与国内外各港通航。航空方面，东距常州机场 45 千米，西距南京机场 60 千米。公路有沪宁高速公路及 312、104 国道，铁路有京沪线等，交通十分便利。港口现已开通了直达中国香港的货运班轮，与日本、新加坡、美国、加拿大、德国等国家和地区的 50 多个港口有通航贸易往来。

（四）连云港港

连云港港位于我国东部沿海地区中部，江苏省东北部，黄海海州湾东南岸，是我国中西部地区的便捷出海口，是国家规划的能源和原材料运输的重要口岸和重要的煤炭装船港，也是横贯中国东西的铁路大动脉——陇海铁路的东部终点港，被誉为新亚欧大陆桥东桥头堡和新丝绸之路东端起点。连云港港南距上海港 388 海里，北距大连港 346 海里，东距韩国的釜山港 522 海里、日本的长崎港 587 海里。通过陇海铁路西连我国中西部地区（陆路方面，西距乌鲁木齐 3 626 千米）以至中亚诸国。港口地理位置得天独厚，区位优势显著，对新亚欧大陆桥沿线地区经济发展发挥着巨大作用，是我国以外贸运输为主的综合性国际贸易运输主枢纽港之一。2021 年连云港港口货物吞吐量达 2.77 亿吨，外贸货物吞吐量达 1.38 亿吨，集装箱吞吐量达 503 万 TEU。

连云港港由连云港区、赣榆港区、前三岛港区、徐圩港区和灌河港区组成。拥有包括集装箱、散粮、焦炭、煤炭、矿石、氧化铝、液体化工产品、客滚、件杂货在内的各类码头泊位 35 个，其中万吨级以上泊位 30 个；与 160 多个国家和地区的港口建立通航关系，辟有至欧洲、美洲、中东、东北亚、东南亚等集装箱和货运班轮航线 40 多条，并开通了至韩国仁川、平泽两条大型客箱班轮航线。连云港区为该港的主体港区，位于西大堤与后云台山之间，该港区以集装箱和大宗散货运输为主，兼顾客运和通用散杂货运输。港区划分五个作业区，现主要生产作业区为马腰、庙岭、墟沟三个作业区。马腰作业区，位于磨刀塘以西，建有万吨级泊位13个，装卸货物主要有煤炭、液体化工产品和杂货等。庙岭作业区，位于马腰作业区西侧，建有万吨级泊位17个，装卸货物主要有集装箱、粮食、煤炭、木材和杂货等。墟沟作业区，位于庙岭作业区西侧，建有万吨级泊位9个，装卸货物主要有集装箱、杂货、矿石等。赣榆港区，位于连云港区北侧海州湾内，绣针河口与龙王河口之间。港区是为腹地经济发展和后方临港工业服务的综合性港区，以干散货、液体散货和散杂货运输为主，并预留远期发展集装箱运输的功能。前三岛港区，位于连云港东北海域，三岛分别为平山岛、达念山岛和车牛山岛。港区以石油运输为主、主要为大型石化产业发展服务。徐圩港区，位于连云港市城区东南部，埒子口河以北。港区依托临港工业，并预留远期发展大宗散货、集装箱等货物转运的功能。灌河港区，位于连云港市灌南县与盐城响水县交界处的灌河北畔。港区现有千吨级泊位3个，万吨级泊位1个，以散杂货、化工品运输为主，兼顾修造船功能，主要为地方经济发展服务。

（五）南通港

南通港区东濒黄海，西南临长江，处于海、江、河联运的枢纽地位。南通口岸是对外开放的一类口岸，下属吕四一类口岸。南通市是我国14个对外开放沿海港口城市之一。长江南通段江面开阔，河势稳定，具有发展造、修船业的良好条件。南通已成为我国重要的修船基地。南通港是国家一类开放口岸，国家沿海主要港口，上海国际航运中心组合港北翼重要港口，国际港口协会成员港。1982年批准对外国籍船舶开放，现与世界上100多个国家和地区的300多个港口通航。2021年南通港口货物吞吐量达30 851万吨，外贸货物吞吐量达5 382万吨，集装箱吞吐量达203万TEU。

南通市位于长江入海口北岸，长江三角洲上海经济区的北翼，陆域面积8 001平方千米，人口774万。辖启东、海安、如皋三市（县级市），如东县、崇川、通州、海门区。南通港区东濒黄海，西南临长江，是海轮进入长江的第一个港口，离上海吴淞104千米，距长江口191千米，拥有海、江、河联运的枢纽地位。东出大海可与我国南北沿海各港及世界各国和地区通航；通过长江可联系上游苏、皖、赣、鄂、湘、川六省和云、贵、陕等地。南通港区后方港池引河与通吕、通扬运河，苏中、苏北河网及京杭大运河相贯通。港区陆域与市县公路相连，204国道、328国道纵横全市。通过宁通一级公路沟通苏中、苏北。经横跨长江的常通、通沙、海太汽渡与沪宁高速公路和苏南公路网相衔接，公路四通八达。

（六）扬州港

扬州港1985年建于京杭大运河与长江中北岸交汇处，直接经济腹地为高邮市和邗江区、广陵区、江都区4个市辖区和宝应县，间接腹地辐射苏、鲁、皖、川、鄂、赣、沪等省市，通达世界十多个国家和地区。1992年成为国家一类对外开放港口。扬州港分港区有高邮港区、江都港区、六圩港区、仪征港区。扬州港港口设施齐全，助航标志完善，万吨级船舶四季均能通航。船舶装卸货物以靠泊码头作业为主，其中在木材运输中，扬州港成为仅次于苏州港的全国第二大海运木材中转港。2021年扬州港口货物吞吐量达13 078.8万吨，外贸货物吞吐量达1 367.2万吨，集装箱吞吐量达63.13万TEU。

扬州港位于长江下游北岸江苏省中部的扬州市境内，地处长江与京杭大运河这两条内河运输最繁忙的水运主通道交汇处。港口北倚广袤的苏北大平原，南邻长江，与镇江市隔江相望，西通南京，东接泰州，地理位置十分优越，是江苏省沿江地区的重要港口。长江扬州段主航道水域以新河口过河标与仪征十二圩测点的连线为上界，以口岸直水道嘶马树锥形岸标与对岸垂直连线北岸一侧为下界。沿长江下行300多千米可直达上海，上溯100多千米可到南京，经京杭运河、通扬河、芒稻河等航道与长江三角洲内河水网相连。公路有京沪高速、宁通高速、238国道、沿江高速、232省道等，分别通往南京、盐城、泰州、镇江等周边地区，其中润扬大桥已成为长江南北两岸直接沟通的重要纽带。铁路可通过宁启线与沪宁线和新长线相连。良好的交通环境为扬州港的发展提供了便利条件。2005年12月，扬州港港口管理局正式成立，对原仪征港区、扬州港区和江都港区实施统一管理，形成了"一港三区"的总体格局。目前该港已形成以扬州港区为龙头，仪征港区、江都港区为两翼的港口群。港口将以能源、原材料和通用散杂货运输为主，带动和促进临港工业发展，加快发展集装箱运输，成为江苏中部、长江北岸的区域物流中心和长江三角洲地区的现代化、多功能综合性港口。

（七）无锡港

无锡港是国家内河主要港口。无锡港主要承担无锡市及周边地区经济建设所需各类物资中转、储存、流通服务，主要作为上海港的衔接转运港。无锡港地理位置优越、港口设施齐全，服务功能配套，区域辐射强劲。主要港区处京杭运河无锡段南北两端及铁路无锡站新货场区段。312国道及市区主干通道直达港区，可进行铁路、公路、水路各类物资直装直卸及中转换装。无锡港主要经济腹地为宜兴、武进、溧阳、金坛等30个邻近市县。2021年无锡港口货物吞吐量达41065万吨,外贸货物吞吐量达6700万吨,集装箱吞吐量达66万TEU。

无锡是全国水运港口枢纽城市,无锡(江阴)港是我国一类水运开放口岸,无锡内河港是全国28个内河主要港口之一,随着江苏省内河水运网络的加快完善,水路承担的大宗货物运输量持续提高。近年来,无锡交通港航部门深化港口规划研究,推动无锡(江阴)港形成"一港四区"发展格局,其中石利港区以化工原料和产成品运输中转为主,申夏港区主要发展散货、杂货、集装箱专业化运输,黄田港港区调整为生活性岸线,长山港区以临港工业服务及石油制品运输中转为主。至2021年底,无锡(江阴)港共有港口企业30家(其中对外开放企业22家),生产性泊位118个,年设计通过能力1.1亿吨,成为长三角最大的外贸钢材转运中心和江苏省石化产品集散中心之一。通过多年发展,无锡内河港现有城郊、惠山、锡山、宜兴、江阴五个港区,形成了以"新安大桥作业区二类口岸、宜兴旺达集装箱码头二类口岸"为两翼的发展格局。2021年无锡全市港口累计完成货物吞吐量4.1亿吨,集装箱吞吐量65.7万TEU。无锡(江阴)港完成港口货物吞吐量3.37亿吨,集装箱吞吐量60.5万TEU,在全国各大港口中名列第12位。2021年新开辟江阴—宁波集装箱航线,无锡港货物吞吐量总体保持稳健上升态势,成为社会经济发展的重要依托和临港临河工业发展的重要支撑,有力促进了长江经济带建设与长三角一体化,发挥了水运港口的重要作用。

(八)泰州港

泰州港位于江苏省泰州市高港区,属于长江中下游,是长江中上游西部地区物资中转运输的重要口岸;是江海河联运、铁公水中转、内外贸运输的节点;是上海组合港中的配套港,是国际集装箱运输的支线港和喂给港;是具有装卸、仓储、物流服务等综合化功能的港口。泰州港位于长江下游北岸,上距南京约145千米,下离上海约247千米,处于沿海经济带与沿江经济带T形交汇处,地理位置优越,是长江进入B级航区的第一个港口。2021年泰州港口货物吞吐量达35291万吨,外贸货物吞吐量达2726万吨,集装箱吞吐量达32万TEU。

泰州市位于江苏中部,长江下游东北岸,西面连接扬州市,东北毗邻盐城市,东面紧靠南通市,南、西南面与苏州、无锡、常州、镇江四市隔江相望。泰州市是长三角地区中心城市,上海经济辐射通达地区。泰州市沿江港口分布于沿江的高港区和泰兴、靖江两市境内,水网密布,通扬线、姜东线、姜十线、兴东线等干线航道在此交会,京沪高速公路、宁通高速公路、宁启铁路贯穿全市,新长铁路、江阴长江大桥、泰州长江大桥连接南北,公路、铁路、水路交通条件得天独厚,南侧蜿蜒而过的长江更是通江达海的水运干道。泰州港主要作业港区都从事件杂货的装卸、中转,主要货种有:钢材,包括方钢、钢坯、盘元、型钢、废钢等;袋装的饲料、化肥等;散装灌包的粮食、硫黄、水泥熟料、沥青、化工原料、白云石等。泰州港拥有长江港口起重最大的 40 吨门机、40 吨台架、530 浮吊和铲车等各类机械设备,能满足大件货物的装卸、中转。泰州港拥有专业从事煤炭装卸运输的港区(泰兴市永安港务有限公司),该司主要从事国家电网有限公司的燃料接卸和建材等物资的中转。另有泰州高港港务有限公司、泰州杨湾益嘉港务有限公司、泰州海陵港务有限公司从事江煤、海煤、地销煤等的装卸、中转工作,拥有足够多的堆场和丰富的操作经验。港口拥有木材作业专用码头、木材堆场、木材专用装载机、运输机械和专用索具,并具备内河驳船运输条件。近年来,港口不仅提供了快速、优质的装卸中转服务,而且已成为长江下游重要的进口木材交易地。

（九）常州港

常州港是国家一类开放口岸,港口位于常州市新北区,东临江阴市,与泰兴市隔江相望,经济腹地为富庶的长江三角洲,其地理位置优越,交通便捷,距 338 省道约 1 千米,距沪宁高速公路约 14 千米,可方便通达南京、上海,常州机场、京沪铁路、京杭大运河和正在建设的高速公路网为常州港提供了多层次的集疏运输网络。常州口岸分为长江常州港口岸和常州陆路口岸两部分。2021 年常州港口货物吞吐量达 5 202 万吨,外贸货物吞吐量达 1 206 万吨,集装箱吞吐量达 36 万 TEU。

录安洲是长江泥沙冲积而成的江心洲,与常州市规划的沿江化工区隔江相望,东西长 4.6 千米、南北宽 0.8 千米,总面积为 3.06 平方千米,堤内面积 2.8 平方千米。录安洲北侧临近长江主航道,其东段岸线(约 2 千米)水流较均平顺,前沿水深为 −16 米,适宜建设万吨级以上深水泊位;录安洲夹江江面宽 300—400 米,从其水域条件分析,夹江两岸可建 3 000—5 000 吨级以下的海轮和内河泊位。常州港口岸是 2001 年 4 月 25 日经国务院批准对外开放的一类口岸。口岸位于常州市高新开发区,有码头 4 个,泊位 11 个,具有集装箱、件杂、散货、液体化工产品等综合通过能力。其中,常州港通用码头全长 527 米,水深 10.5 米,有万吨级泊位 3 个,最大可停靠 7 万吨级船舶,设计年吞吐量 135 万吨(散货 80 万吨、件杂货 55 万吨),同时具备集装箱年吞吐能力 2.8 万标箱;石化码头全长 301 米,有万吨级海轮泊位(水工结构兼 2 万吨级海轮) 1 个,3 000 吨级泊位 1 个,设计年吞吐量 65 万吨,可接卸甲醇、乙二醇等 10 多种液体化工原料。常州港口岸机构完善,有海事、海关、检验检疫、边防等查验单位和众多的运输、代理、服务单位,能为出入境船舶、人员及货物提供全方位的服务。常州陆路口岸又称常州高新区直通式海关监管点(简称直通点),距沪宁高速公路常州出入口约3千米、常州港15千米。直通点内建有标准型库房5 400平方米,室外集装箱堆场10 000平方米;设有海关报关厅和国检报检厅;配备林德公司装卸机械、梅特勒-托利多60吨电子汽车衡、奇利公司集装箱升降操作平台;装备先进的电脑网络系统、监控报警系统和消防喷淋系统;直通点具有报关、三检和办理货物交接手续等各项口岸功能,可满足客户"快速、安全、方便通关"的要求。

(十) 盐城港

盐城港,江苏省沿海地区中部中心港口。盐城港是长三角地区的集装箱喂给港,有四个港区,即射阳港区、滨海港区、响水港区和大丰港区。射阳港区以散杂货、石油化工和集装箱运输为主,逐步发展临港工业和现代物流;滨海港区以服务后方临港工业开发为主,逐步发展部分公用货物运输功能;响水港区以承担散杂货和化工品运输为主。大丰港区是盐城港的主港区,以集装箱、散杂货、粮油、石化和汽车滚装运输为主。2021年盐城港口货物吞吐量达15 818.5万吨,外贸货物吞吐量达3 029.7万吨,集装箱吞吐量达41.3万TEU。

盐城市位于江苏中部沿海地区,海岸线全长582千米,约占全省的56%,其中宜建港岸线134千米。盐城港是江苏省沿海区域性重要港口,是上海国际航运中心的喂给港和连云港港的组合港,是盐城市和苏北地区实施沿海开发战略、加快发展外向型经济及推进工业化进程的重要依托,以通用散杂货、石油化工和集装箱运输为主,有条件发展成为多功能、综合性的现代化港口。

第二节 江苏主要港口综合运营能力评价

随着经济全球化的快速发展和港口资源优化配置的持续推进,港口行业面临着新的机遇和挑战,同时,港口间腹地重合、同质化竞争以及结构性的产能过剩等问题日益显现。因此,在港口资源整合背景下,分析港口综合运营能力,可以为港口和港口集团准确定位港口功能、合理优化配置港口资源、高效制定港口决策提供理论依据。

中外学者在港口竞争力方面的研究颇多,现有研究一般从地域角度对我国港口作出评价,所用方法主要包括熵权TOPSIS法、灰色关联度分析法、复杂网络分析法等,但更多是针对效率评价或者综合竞争力评价。史大伟、王文铭和殷凤朝运用DEA、SE-DEA效率测度模型对环渤海地区港口效率进行了研究。华欣和常继莹运用引力模型测度了环渤海主要港口的引力。周宇、马仁锋等运用熵权TOPSIS法分析了我国沿海主要港口群的竞争力水平。也有学者从国内外对比的角度提出关于提升港口竞争力的建议。Kim和Jing Lu发现上海港在吞吐量标准上比韩国釜山港更具竞争力,而釜山港在港口设施标准上具有优势。杨忍和牟乃夏评价了"一带一路"沿线51个国家的99个港口,发现港口综合竞争力有显著的空间区域化特点,且与所在国家的经济发展水平显著相关。针对港口高质量发展程度的分析或测评,主要有顾恩凯、魏东泽和王世军,他们以舟山市为例,运用专家咨询法和层次分析法构建了港口企业高质量发展的评价体系;潘岑欣和周春应研究了扬州市的港口经济高质量发展的原因,提出了一系列策略建议。总体观察,目前对于我国港口高质量发展的评价,存在研究力量投入不足、研究维度相对单一、数据期限较短等问题。

总体而言,现有研究对港口综合运营能力的评价已经达成共识,并且从不同角度采用不同的方法对港口综合竞争力或集装箱港、邮轮港等专业化港口竞争力进行评价,同时评价指标的组合赋权方法已相对成熟。为了能够准确定位港口功能,优化港口资源配置,结合港口资源整合背景和港口货类组成,本书从港口吞吐能力、港口发展潜力、港口基础设施以及城市腹地支撑4个方面构建港口综合运营能力的评价指标体系,并采用熵权TOPSIS法对江苏沿江沿海地区的10个港口作出综合评价。

一、港口综合运营能力评价指标体系

(一)评价指标体系

港口综合运营能力是港口凭借装卸某一货种的码头基础设施、吞吐能力、发展潜力及城市腹地支持度,并优化生产和航运要素配置,在吸引区域内货源、提高市场占有率等方面的能力相对于其他港口所具有的比较优势。港口综合运营能力与港口各货种的营运特点、港口硬件设施和软实力密切相关。构建港口综合运营能力评价指标体系遵循客观性、可比性、稳定性和代表性的原则,由反映生产能力的指标、反映作业能力的指标以及反映发展潜力的指标构成,如表3-1所示。

表 3-1　评价指标体系

一级指标	二级指标	简称	单位
港口吞吐能力	港口货物吞吐量	货物	万吨
	港口集装箱吞吐量	集装箱	万 TEU
	外贸货物吞吐量	外贸货	万吨
	旅客吞吐量	客运	万人次
港口发展潜力	港口货物吞吐量增长率	货增率	—
	港口集装箱吞吐量增长率	箱增率	—
	外贸货物吞吐量增长率	外增率	—
	旅客吞吐量增长率	客增率	—
港口基础设施	码头长度	码头长	米
	码头泊位数	泊位数	个
城市腹地支撑	地区生产总值	GDP	万元
	实际利用外资金额	外资额	亿美元
	人均可支配收入	人增率	元

生产能力反映港口分货类经营状况，吞吐量的多少是港口分货类竞争力的重要体现，具体包括港口货物吞吐量、港口集装箱吞吐量、外贸货物吞吐量及其旅客吞吐量；发展潜力反映港口的发展活力，以及港口综合运营能力是否具有提高的空间，具体包括港口货物吞吐量增长率、港口集装箱吞吐量增长率、外贸货物吞吐量增长率及旅客吞吐量增长率；作业能力反映港口装卸不同货种的基础设施建设和作业能力水平，具体包括码头泊位数和码头长度；城市腹地支持度是指港口的发展建设必须以腹地范围的开拓和腹地经济的发展为后盾，腹地是港口赖以生存和发展的基础，具体包括地区生产总值、实际利用外资金额及人均可支配收入。

（二）数据来源

本书样本数据为江苏沿江沿海地区 10 个港口及其腹地的经济数据，为保证数据的完整性和真实性，数据统计的时间跨度为 2015—2019 年共计 5 年的数据。数据来源为《中国港口年鉴》《江苏统计年鉴》《中国交通年鉴》。

在数据处理中，首先对旅客吞吐量进行剔除，由于只有连云港港、常州港等少数港口有客运服务，数据插值无分析意义，因此进行剔除。同时，衡量港口发展潜力的旅客吞吐量增长率也由于旅客吞吐量数据的缺失而被剔除，保留剩余的 11 个指标。为使研究更具客观性，本文从截面和时间序列两个维度出发，以面板数据的方式呈现，如表 3-2 所示。

表 3-2　江苏沿江沿海地区 10 个港口及其腹地的经济数据

年份	港口	港口货物吞吐量	港口集装箱吞吐量	外贸货物吞吐量	港口货物吞吐量增长率	港口集装箱吞吐量增长率	外贸货物吞吐量增长率	码头长度	码头泊位数	地区生产总值	实际利用外资金额	人均可支配收入
2015	南京港	22 217	294	2 251	105.8%	106.50%	114.0%	31 151	291	9 720.77	33.35	46 104
2016	南京港	22 768	308.4	2 369	102.4%	104.9%	105.2%	32 464	289	10 503.02	34.79	49 997
2017	南京港	24 215	316.7	2 454	106.4%	102.7%	103.6%	31 243	268	11 715.1	36.73	54 538
2018	南京港	25 411	320.5	3 103	104.9%	101.2%	126.4%	30 752	258	12 820.4	38.53	59 308
2019	南京港	26 566	330.5	3 311	104.5%	103.1%	106.7%	27 694	63	14 030.15	41.01	64 372
2015	连云港港	21 074.9	500.9	9 992	100.3%	98.8%	90.5%	15 900	77	2 160.64	8.01	25 728
2016	连云港港	22 134.9	470.3	11 233	105.0%	93.9%	112.4%	16 450	80	2 405.16	5.50	21 230
2017	连云港港	22 840.5	471	12 042	103.2%	100.1%	107.2%	16 760	81	2 640.31	7.09	23 302
2018	连云港港	23 560.3	474.56	11 884	103.2%	100.76%	98.7	17 540	84	2 771.70	6.03	25 864
2019	连云港港	24 432	478.11	12 923.43	103.7%	100.7%	108.7%	17 540	84	3 139.29	6.14	28 094
2015	苏州港	53 990	510.19	14 091	113.5%	114.3%	114.5%	12 064	290	14 504.07	70.19	50 390
2016	苏州港	57 936.59	547.92	15 142	107.3%	107.4%	107.5%	41 663	290	15 475.09	60.03	54 341
2017	苏州港	60 455.9	587.5	15 434	104.3%	107.2%	101.9%	45 031	292	17 319.51	45.04	58 806
2018	苏州港	53 226.85	635.5	13 893	88.0%	108.2%	90.0%	45 597	298	18 597.47	45.25	63 481
2019	苏州港	52 274.71	626.7	14 653	98.2%	98.6%	105.5%	45 597	298	19 235.8	46.15	68 629
2015	南通港	21 827.4	75.85	5 151.5	99.1%	106.7%	107.0%	17 540	115	6 256.10	23.16	32 503
2016	南通港	22 613.8	82.69	5 811.2	103.6%	109.0%	112.8%	18 219	118	6 885.15	23.87	35 332

续表

年份	港口	港口货物吞吐量	港口集装箱吞吐量	外贸货物吞吐量	港口货物吞吐量增长率	港口集装箱吞吐量增长率	外贸货物吞吐量增长率	码头长度	码头泊位数	地区生产总值	实际利用外资金额	人均可支配收入
2017	南通港	23 572	100.7	5 945.2	104.2%	121.8%	102.3%	18 399	113	7 734.64	24.23	38 668
2018	南通港	26 702.1	96.79	6 063.1	113.3%	96.1%	102.0%	19 357	116	8 427.0	28.59	37 071
2019	南通港	33 620.4	154.2	5 055.5	125.9%	159.3%	83.4%	20 186	121	9 383.39	28.40	40 320
2015	泰州港	16 803.4	21.17	1 492	107.2%	110.6%	102.40%	25 408.2	145	3 687.9	10.66	34 092
2016	泰州港	17 000.06	25.32	1 784	101.2%	119.6%	116.8%	21 489	161	4 101.78	13.44	36 828
2017	泰州港	19 942.3	33.03	2 137.23	117.3%	118.6%	123.1%	21 489	164	4 744.53	16.18	40 059
2018	泰州港	24 509.06	35.6	2 196	122.9%	107.8%	102.7%	23 385	174	5 107.63	15.07	43 452
2019	泰州港	28 243	35.08	2 655	115.2%	98.5%	95.5%	20 989	175	5 133.36	14.86	47 216
2015	无锡（江阴）港	19 864	48.6	24	92.3%	88.4%	98.10%	26 130	654	8 518.26	32.11	45 129
2016	无锡（江阴）港	18 815.07	50.22	25	94.7%	103.3%	104.2%	54 009	862	9 210.02	34.13	48 628
2017	无锡（江阴）港	21 367	57.09	34	113.6%	113.7%	136.0%	79 900	1 043	10 511.8	36.75	52 659
2018	无锡（江阴）港	23 240.08	61.55	72	108.8%	107.8%	211.8%	82 200	1 195	11 438.62	37.15	56 989
2019	无锡（江阴）港	28 757	58.61	185	123.7%	95.2%	256.9%	51 630	792	11 852.32	36.2	61 915
2015	镇江港	14 788	40.71	2 274	93.1%	108.6%	98.3%	30 706	362	3 502.48	13.1	38 666
2016	镇江港	14 887	37.3	2 750	100.6%	91.6%	120.9%	31 002	362	3 833.84	13.5	41 794
2017	镇江港	15 689	40.5	3 377	105.4%	108.6%	122.8%	31 867	366	4 010.36	13.5	45 386
2018	镇江港	16 265	43.2	3 750	103.7%	106.7%	111.0%	30 946	344	4 050.0	8.68	48 903

续表

年份	港口	港口货物吞吐量	港口集装箱吞吐量	外贸货物吞吐量	港口货物吞吐量增长率	港口集装箱吞吐量增长率	外贸货物吞吐量增长率	码头长度	码头泊位数	地区生产总值	实际利用外资金额	人均可支配收入
2019	镇江港	34 009	41.5	4 307	209.1%	96.1%	114.9%	31 263	331	4 127.32	6.59	52 713
2015	扬州港	11 027	62	902.7	90.8%	110.7%	127.1%	19 709	298	4 016.84	8.48	32 946
2016	扬州港	12 159.7	51.4	915.0	110.3%	82.9%	101.4%	19 724	297	4 449.38	12.04	35 659
2017	扬州港	13 223	51	1 132.2	108.7%	100.7%	80.8%	30 900	249	5 064.92	10.87	38 828
2018	扬州港	14 132	50.77	1 114.0	106.9%	99.5%	98.4%	30 900	324	5 478.74	12.2	41 999
2019	扬州港	13 917	52.34	1 132.0	98.5%	103.1%	101.6%	28 000	192	5 850.08	13.88	45 550
2015	常州港	8 984	21.7	409	96.90%	112.40%	73.50%	3 488	857	5 273.15	24.87	42 710
2016	常州港	9 385	21.5	569.3	104.5%	99.1%	139.2%	4 134	827	5 773.86	25.0	46 058
2017	常州港	10 428	25.4	692	111.1%	118.1%	121.6%	4 134	827	6 618.42	25.51	49 955
2018	常州港	10 170	31.2	950	97.5%	122.8%	137.3%	4 134	664	7 050.27	23.1	54 000
2019	常州港	7 613	32	1 199	74.9%	102.6%	126.2%	4 134	334	7 400.86	23.28	58 345
2015	盐城港	11 251	17.21	1 745.15	124.10%	166.80%	127.40%	8 770	86	4 212.5	7.95	28 200
2016	盐城港	11 776	19.65	2 138.9	104.7%	114.2%	122.6%	8 924	87	4 576.08	7.07	30 496
2017	盐城港	12 707	20.8	2 453.66	107.9%	105.9%	114.7%	8 924	92	5 082.69	7.89	33 115
2018	盐城港	14 358	20.9	1 801	113.0%	100.5%	73.4%	10 362	85	5 487.08	9.13	35 896
2019	盐城港	12 252	26	1 995	85.3%	124.4%	110.8%	10 362	85	5 702.26	9.2	38 816

二、评价方法:熵权 TOPSIS 法

(一) 模型原理

TOPSIS 法的基本思路是定义决策问题的理想解和负理想解,然后在可行方案中找到一个方案,使其距理想解的距离最近,而距负理想解的距离最远。理想解一般是设想最好的方案,它所对应的各个属性至少达到各个方案中的最好值;负理想解是假定最坏的方案,其对应的各个属性至少不优于各个方案中的最劣值。方案排队的决策规则是把实际可行解和正理想解与负理想解作比较,通过计算某一方案与最好方案和最劣方案间的加权欧氏距离,得出该方案与最好方案的接近程度,以此作为评价各方案优劣的依据。若某个可行解最靠近理想解,同时又最远离负理想解,则此解是方案集的满意解。

(二) 模型计算步骤

1. 形成决策矩阵设多指标决策问题的方案集

$M=(M_1,M_2,\cdots,M_m)$,指标集为 $C=(C_1,C_2,\cdots,C_n)$,方案 M_j 对指标 Ci 的值记为 $x_{ij}(i=1,2,\cdots,m;j=1,2,\cdots,n)$,则可形成多目标决策矩阵 $\boldsymbol{X}$:

$$\boldsymbol{X} = \begin{bmatrix} & C_1 & C_2 & \cdots & C_n \\ M_1 & x_{11} & x_{12} & \cdots & x_{1n} \\ M_2 & x_{21} & x_{22} & \cdots & x_{2n} \\ \vdots & \vdots & \vdots & & \vdots \\ M_m & x_{m1} & x_{m2} & \cdots & x_{mn} \end{bmatrix} \quad (1)$$

2. 无量纲化决策矩阵

为了消除各指标量纲的不同对方案决策带来的影响,需要对形成的决策矩阵进行无量纲化处理,构建标准化决策矩阵 $\boldsymbol{V}=(v_{ij})_{m\times n}$,无量纲化处理可以采用以下形式:

对越大越优型指标:

$$v_{ij}=(x_{ij}-\min x_j)/(\max x_j-\min x_j) \quad (2)$$

对越小越优型指标:

$$v_{ij}=(\max x_j-x_{ij})/(\max x_j-\min x_j) \quad (3)$$

式中 v_{ij} 为指标特征值归一化值;$\min x_j$、$\max x_j$ 分别为方案集中第 j 个评价指

标的最小值和最大值。

通过式(2)和式(3)得到的 x_{ij} 统一为[0,1]区间上的评价指标。

3. 构建加权决策矩阵

将形成的无量纲化矩阵与各指标的权重相乘,可得到加权决策矩阵:

$$\boldsymbol{R}=(r_{ij})_{m\times n}$$
$$r_{ij}=w_i v_{ij}(i=1,2,\cdots,m;j=1,2,\cdots,n) \tag{4}$$

4. 计算理想解和负理想解

根据已构建的加权决策矩阵,可以确定各方案的理想解 S^+ 与负理想解 S^-:

$$S^+=\begin{cases}\max_{1\leqslant i\leqslant m}\{r_{ij}\},(j=1,2,\cdots,n)\\Cj\ 为越大越优型指标\\\min_{1\leqslant i\leqslant m}\{r_{ij}\},(j=1,2,\cdots,n)\\Cj\ 为越小越优型指标\end{cases} \tag{5}$$

$$S^-=\begin{cases}\min_{1\leqslant i\leqslant m}\{r_{ij}\},(j=1,2,\cdots,n)\\Cj\ 为越大越优型指标\\\max_{1\leqslant i\leqslant m}\{r_{ij}\},(j=1,2,\cdots,n)\\Cj\ 为越小越优型指标\end{cases} \tag{6}$$

5. 距离的计算

在计算与理想解和负理想解的距离时,一般采用欧氏距离,其计算公式如下:

$$Sd_i^+=\sqrt{\sum_{j=1}^n(S_j^+-r_{ij})^2}\quad(i=1,2,\cdots,m;j=1,2,\cdots,n)$$

$$Sd_i^-=\sqrt{\sum_{j=1}^n(S_j^--r_{ij})^2}\quad(i=1,2,\cdots,m;j=1,2,\cdots,n)$$

6. 贴近度的计算及方案决策

根据数学模型计算相对接近程度值 ξ_i,其值在 0 与 1 之间,该值越接近于 1,表示评价对象越接近最优水平。根据相对接近程度值 ξ_i 对多个评价对象进行评价排序:

$$\xi_i=\frac{Sd_i^-}{Sd_i^-+Sd_i^+}$$

根据 ξ_i 值的大小排序，ξ_i 越大则方案 Mi 越接近理想解，方案越优。

（三）权重的确定

从上面的分析可知，应用改进理想解法进行评价必须先确定各指标的权重。确定指标权重通常有两类方法：一类是主观方法，如专家打分法、层次分析法、经验判断法等；另一类是客观方法，如熵权计算法、主成分分析法等。因评标过程中，指标的权重对被评价对象的最后得分影响很大，要做到评标尽可能客观，所以采用客观计算法来计算指标的权重比较合适。而熵值法可以客观地确定权重，因此我们选用熵值法来确定每个指标的权重。

熵权法是一种客观赋权方法。在具体使用过程中，熵权法根据各指标的变异程度，利用信息熵计算出各指标的熵权，再通过熵权对各指标的权重进行修正，从而得出较为客观的指标权重。此方法相对于那些主观赋值法精度较高，客观性更强，能够更好地解释所得到的结果。某个指标的熵值越小，说明其指标值的变异程度越大，提供的信息量越多，在综合评价中该指标起的作用越大，其权重应该越大。在具体应用时，可根据各指标值的变异程度，利用熵来计算各指标的熵权，利用各指标的熵权对所有的指标进行加权，从而得出较为客观的评价结果。根据信息论的基本原理，信息是系统有序程度的一个度量，而熵是系统无序程度的一个度量。

熵值法的一般步骤为：

现有 m 个待评项目，n 个评价指标，形成原始数据矩阵 $\boldsymbol{R}=(r_{ij})_{m\times n}$：

$$\boldsymbol{R}=\begin{pmatrix} r_{11} & r_{12} & \cdots & r_{1n} \\ r_{21} & r_{22} & \cdots & r_{2n} \\ \vdots & \vdots & & \vdots \\ r_{m1} & r_{m2} & \cdots & r_{mn} \end{pmatrix}_{m\times n}$$

其中 r_{ij} 为第 j 个指标下第 i 个项目的评价值。

求各指标值权重的过程为：

1. 计算第 j 个指标下第 i 个项目的指标值的比重 p_{ij}：

$$p_{ij}=r_{ij}/\sum_{i=1}^{m}r_{ij}$$

2. 计算第 j 个指标的熵值 e_j：

$$e_j=-k\sum_{i=1}^{m}p_{ij}\cdot\ln p_{ij}$$

其中：

$$k = 1/\ln m$$

3. 计算第 j 个指标的熵权 W_j：

$$W_j = (1 - e_j) / \sum_{j=1}^{n} (1 - e_j)$$

三、评价结果与分析

（一）总体排名

根据上述公式，计算各个评价指标的熵权（组合权重）及权重，各维度因素对港口综合运营能力的影响由大到小依次是（见表 3-3）：港口吞吐能力（0.395 2）、城市腹地支撑（0.246 0）、港口基础设施（0.244 7）和港口发展潜力（0.114 2）。

表 3-3　熵值法计算权重结果汇总

项	信息熵值 e	信息效用值 d	权重系数 w
S_港口货物吞吐量	0.946 3	0.053 7	5.69%
S_港口集装箱吞吐量	0.808 6	0.191 4	20.27%
S_外贸货物吞吐量	0.872 0	0.128 0	13.56%
S_港口货物吞吐量增长率	0.975 3	0.024 7	2.61%
S_港口集装箱吞吐量增长率	0.965 3	0.034 7	3.68%
S_外贸货物吞吐量增长率	0.951 6	0.048 4	5.13%
S_码头长度	0.927 5	0.072 5	7.68%
S_码头泊位数	0.841 5	0.158 5	16.79%
S_地区生产总值	0.915 6	0.084 4	8.94%
S_实际利用外资金额	0.893 0	0.107 0	11.33%
S_人均可支配收入	0.959 1	0.040 9	4.33%

依据公式再计算出 TOPSIS 贴近度（见表 3-4），根据贴近度排名得到港口综合运营能力排名，具体见图 3-1。总体来看，江苏省港口综合运营能力水平在逐渐提高。其中苏州港、无锡（江阴）港、连云港港、南京港、南通港的评分较高；扬州港、常州港、镇江港、泰州港和盐城港的评分较低。

表 3-4　TOPSIS 评价计算结果

项	正理想解距离 $D+$	负理想解距离 $D-$	相对接近度 C	排序结果
评价对象 1	1.025	0.493	0.325	20
评价对象 2	1.023	0.510	0.333	18
评价对象 3	0.996	0.548	0.355	16
评价对象 4	0.993	0.573	0.366	13
评价对象 5	0.994	0.604	0.378	10
评价对象 6	1.038	0.592	0.363	14
评价对象 7	1.048	0.574	0.354	17
评价对象 8	1.040	0.580	0.358	15
评价对象 9	1.030	0.601	0.368	12
评价对象 10	1.028	0.610	0.373	11
评价对象 11	0.889	0.831	0.483	7
评价对象 12	0.746	0.871	0.539	4
评价对象 13	0.739	0.872	0.541	3
评价对象 14	0.720	0.923	0.562	2
评价对象 15	0.719	0.945	0.568	1
评价对象 16	1.141	0.260	0.186	31
评价对象 17	1.137	0.267	0.190	30
评价对象 18	1.113	0.301	0.213	23
评价对象 19	1.129	0.284	0.201	26
评价对象 20	1.064	0.389	0.268	21
评价对象 21	1.220	0.184	0.131	45
评价对象 22	1.192	0.208	0.148	44
评价对象 23	1.172	0.228	0.163	39
评价对象 24	1.150	0.257	0.183	32
评价对象 25	1.176	0.228	0.163	40
评价对象 26	1.002	0.491	0.329	19
评价对象 27	0.918	0.655	0.416	9
评价对象 28	0.852	0.817	0.490	6
评价对象 29	0.814	0.936	0.535	5
评价对象 30	0.860	0.723	0.457	8

续表

项	正理想解距离 D+	负理想解距离 D-	相对接近度 C	排序结果
评价对象 31	1.173	0.215	0.155	42
评价对象 32	1.160	0.232	0.167	37
评价对象 33	1.182	0.213	0.153	43
评价对象 34	1.159	0.248	0.176	34
评价对象 35	1.146	0.303	0.209	24
评价对象 36	1.230	0.156	0.112	48
评价对象 37	1.126	0.273	0.195	28
评价对象 38	1.116	0.283	0.202	25
评价对象 39	1.117	0.279	0.200	27
评价对象 40	1.142	0.248	0.178	33
评价对象 41	1.262	0.245	0.163	41
评价对象 42	1.237	0.255	0.171	36
评价对象 43	1.241	0.247	0.166	38
评价对象 44	1.225	0.295	0.194	29
评价对象 45	1.211	0.344	0.221	22
评价对象 46	1.246	0.258	0.171	35
评价对象 47	1.249	0.160	0.114	47
评价对象 48	1.243	0.156	0.112	49
评价对象 49	1.261	0.132	0.095	50
评价对象 50	1.235	0.178	0.126	46

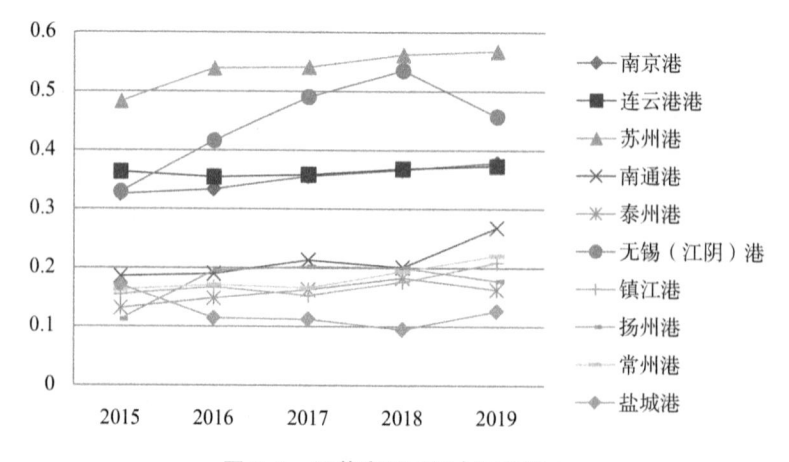

图 3-1 江苏省港口综合运营能力

(二) 分项评价

依据对港口高质量发展的影响大小,下面依次比较城市腹地支撑、港口吞吐能力、港口基础设施、港口发展潜力的分项排名。如图3-2所示,从城市腹地支撑来看,各港口的腹地支撑能力总体都在上升,且城市腹地环境分布特征明显,各港口间腹地环境差距较大。南京港、苏州港和无锡(江阴)港分别依托省会城市和副省级城市,腹地支撑力较强;常州港、南通港、扬州港、泰州港、镇江港、盐城港和连云港港的腹地条件较弱,对于港口高质量发展的贡献相对较小。

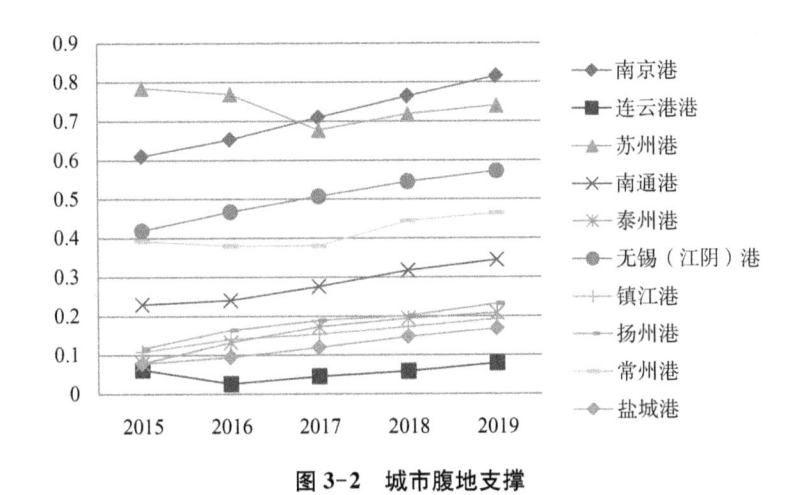

图 3-2 城市腹地支撑

如图3-3所示,从港口吞吐能力来看,各港口的吞吐能力总体呈现上升态势,而且增速都比较快。其中苏州港和连云港港的吞吐能力高位增长,南通港、扬州港、镇江港和无锡(江阴)港的吞吐能力增长也很迅速,泰州港和盐城港在近两年呈现出下降趋势。南京港和常州港的港口吞吐能力有所提升,幅度较小。

如图3-4所示,从港口基础设施来看,江苏省各港口的规模前4年都在不断扩张,2019年出现收缩,但规模差距较大,发展不均衡。无锡(江阴)港的基础设施体量最大,为高质量发展提供了长足动力。苏州港和扬州港的基础设施规模在2016年出现大幅提升,近4年稍有回落。镇江港、南京港、泰州港、南通港、连云港港、盐城港和常州港的港口设施在低位稳定增长,但是明显弱于周边港口。

图 3-3　港口吞吐能力

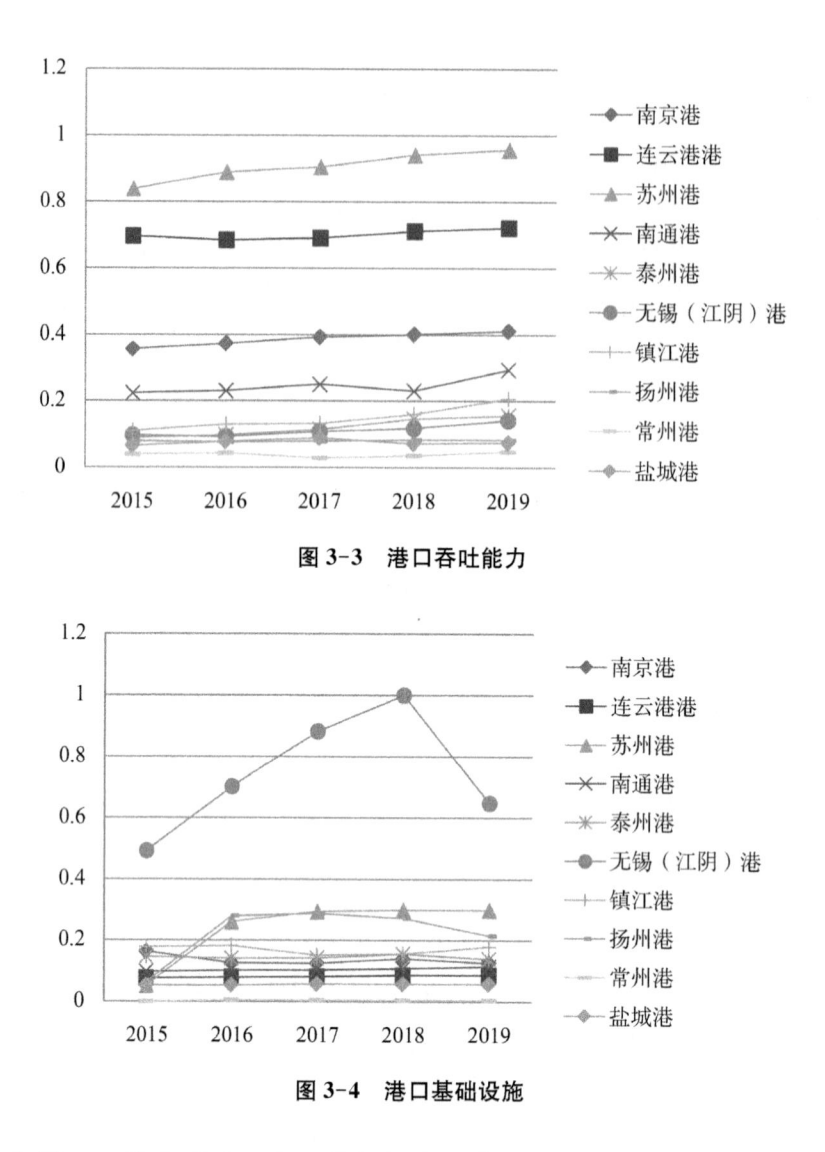

图 3-4　港口基础设施

如图 3-5 所示,从港口发展潜力来看,除苏州港、连云港港和扬州港发展潜力较为稳定,江苏其他各港口都出现了一定波动。其中,无锡(江阴)港的发展潜力近几年出现了较大提升,常州港和镇江港发展潜力也较高。南京港、泰州港在出现突然提升的情况后,又出现回落,盐城港的起伏最大。

在研究期限内,当部分港口在四个维度的得分均较高或是表现出升高态势,那么港口的总体评分也较为靠前。比如苏州港、南京港和无锡(江阴)港在吞吐能力、基础设施和城市腹地支撑的维度上得分均较高,且整体表现出良好

图 3-5　港口发展潜力

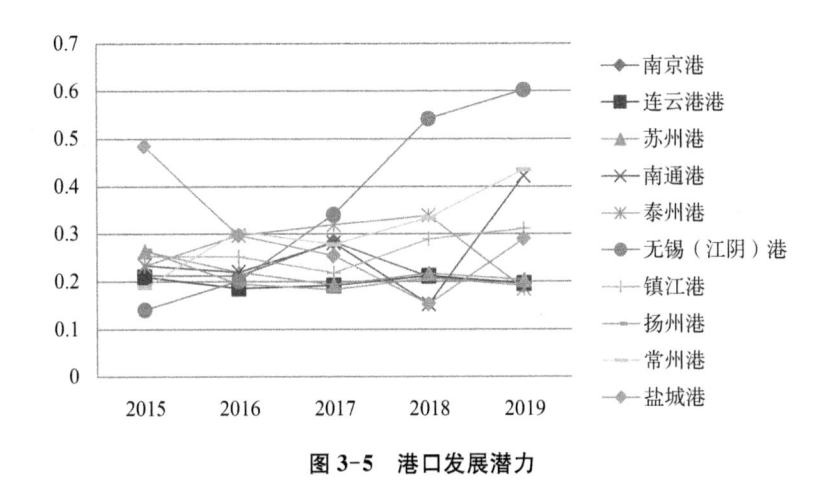

的发展潜力,于是总体评分也位居前列。反观只在单个维度上表现优异的港口,其总体评分则相对靠后。

第三节　江苏港口资源优化配置存在的问题及 SWOT 分析

一、江苏港口资源优化配置存在的主要问题

(一)总体定位模糊,整体意识薄弱

长江中下游航道条件优良,5 000 吨级船舶理论上可上溯至中游的武汉。但由于下游南京长江大桥 24 米净空形成的航运阻隔,南京成为 5 000 吨级海轮进江上溯的终点,长江下游江苏段因此形成更加完整的港口体系。2016 年国家出台的《长江经济带发展规划纲要》形成了"生态优先、流域互动、集约发展"的思路,提出了"一轴、两翼、三极、多点"的格局,是推动长江经济带发展重大国家战略的纲领性文件。《淮河生态经济带发展战略规划研究报告》提出要建设国家第三条出海黄金水道,通过构建淮河经济带,统筹规划淮河干线航道及重要支流航道的整治工程,疏通淮河直接入海航道,将淮河打造成一条惠及整个流域的黄金水道,带动整个流域经济融入全球航运体系与供应链。

然而,长期以来江苏沿江港口各自为战,缺乏整体意识。目前不仅沿江与

沿海港口统筹发展有限,而且在上海国际航运中心北翼的发展定位上一直比较模糊;南翼宁波舟山港中心地位突出,形成与上海港强势竞争的态势;交通运输部规划的长江北翼主枢纽港——南京港、镇江港、苏州港、南通港四港,连同沿海连云港港,力量分散、发展迟缓。长三角北翼港口群"群龙无首",缺少中心,尤其集装箱运输与江苏外向型经济大省的地位极不匹配,沿江港口多为支线港、喂给港,极大制约了港口体系总体竞争力的发挥。

（二）同质竞争普遍,综合能力不强

首先,江苏省港口总体上是以县域为主要单元推进开发,基本上是"一县(市)一港区"的发展格局,这种发展模式层次偏低、存在一定程度的盲目性,地方为了产业项目落户、项目推进的需要,对港口资源的高效利用重视度不够,一定程度上导致了港口资源开发集约化、专业化程度不高、同质竞争等现象,例如:江苏省绝大部分公用港口企业以从事大宗干散货和液体散货装卸转运为主,同质化现象比较普遍,沿江43%的煤炭、78%的铁矿石通过通用码头泊位运输,港口专业化水平不高。此外,与全国沿海及长三角其他省市沿海港口发展相比,缺乏具有较强综合竞争力的龙头型港口和龙头港口企业,在区域港口体系中的综合竞争力不强,例如:江苏省港口总规模全国领先,但吞吐量超过3亿吨且进入全国10强行列的仅苏州港1个;沿江沿海港口分布着几百家港口企业,但是沿江没有1家企业吞吐量超过1亿吨,与上海港以上港集团为主、宁波舟山港以宁波港集团为主、青岛港以青岛港集团为主的周边港口发展态势相比,江苏省沿江沿海港口主体过多,在区域港口竞争以及区域物流资源配置中能力有限,综合竞争力不强。

（三）港口规划随意,环保压力较大

岸线方面,江苏省沿江沿海港口岸线利用率不及全国平均水平,沿江港口岸线开发利用率仅60%,可成片开发的深水港口岸线资源已经不多。沿海港口岸线已开发20%,储备规模相对丰富,但开发成本高、难度大。土地方面,港口规划土地资源保护不力,规划港口用地挪作他用的现象比较普遍,且土地指标对港口建设的限制越来越大。海域方面,沿海港口发展面临的海域指标、海洋环评等方面的制约越来越大。锚地方面,沿江港口锚地资源十分紧张,剩余的水域资源难以满足锚地建设需求。港城矛盾方面,随着临港地区城市化程度的不断提高,港口发展面临的城市空间挤压越来越大,南京港、镇江港、江阴港、张家港港、南通港、连云港港等多个港口面临"退港还城"的压力。资金方面,沿海港口建设尤其是公共基础设施建设面临的资金压力越来越大,且进港航道等公共基础设施维护资金来源和渠道尚不明晰。此外,随着港口开发的不断深入,港口管理体制和运行机制也难以适应发展要求。

(四)体制障碍仍存,集运效率较低

主要原因:交通基础设施不配套,不少城市尚无连接港口的专用铁路(例如南通狼山港区、太仓港、扬州港),港口货物须经公路中转至铁路,且铁路部门与港口企业的合作存在一些体制性障碍,集装箱铁路货运站能力严重不足,与水运不配套,加上水水中转的可靠性较低,物流成本难以降低;企业物流理念落后,稍具规模的企业从原材料到产品运输极少外包,致使物流效率低,增加了物流成本;港口物流企业负担过重和物流用地价格偏高进一步提升了物流成本。

(五)人才缺失严重,吸引力度不够

如今市场经济发展十分迅速,并且有着明确的分工。但是有个严峻的问题,港口企业的员工当中只有小部分是专业人才,绝大部分员工是没有经过良好培训的。随着港口企业业务的不断增加,运输需求也在增加,这就需要有更多专业的人才投入港口企业中。否则,这一行业人才的缺少将会制约贸易经济的迅速发展。一些海港城市的发展能够带动并促进港口企业的发展,因此人才显得越发重要。港口企业通常主要涉及海运企业、国际物流企业、堆场和港口经营企业四种类型。这几类企业的规模一般都为100多人,但是招聘人数却有很大差别。有些企业每年招聘二三十个员工,真正的专业人才、高技能人才、高学历人才很难被引进,而且员工在港口留的时间很短,离职现象时常发生,最后造成员工老化、素质能力低,断层严重。港口所在地方规模大小、个人发展前景远近和岗位工资高低是造成这种现象的主要原因。

(六)设备要素贬值,服务水平不高

主要表现在:港口的装卸设备、堆场、仓库、土地等生产要素的整合度较低,增值能力较弱,港口对区域产业的支撑效应、乘数效应、极化效应、扩散效应、出口竞争效应与名片效应均较弱,对港城一体化与区域经济一体化的促进作用尚未充分发挥;同时未形成以信息技术为支撑的一体化物流服务链,港口大多只能提供传统的物流服务,综合物流服务供应商较少且服务能力不足,加之缺乏国际港口物流营运商的高效服务,港口服务水平不高。

二、江苏港口资源优化配置的 SWOT 分析

（一）优势因素分析

优越的地理位置具有潜在的建港优势。江苏省作为地域上的海洋大省拥有1 000千米海岸线，处于长江三角洲经济圈内，南部毗邻我国最大的经济中心上海，易于利用上海的经济辐射作用加速自身经济发展；北部拥有新亚欧大陆桥东桥头堡连云港，是陇海——兰新地区的重要出海门户；东与韩国、日本隔海相望，占据十分重要的枢纽地位。长江贯穿江苏省，使其兼有河港和海港两者的优势。

江苏省经济发达，多年来综合经济实力一直处于我国各省份前列。近年来，江苏省政府越来越重视沿江经济带、沿江地区的协调、可持续发展，同时得力于上海国际航运中心建设的带动效应，江苏省的航运发展水平得到显著提高。2021年，全省港口完成货物吞吐量32.1亿吨，比上年增长8.2%，其中外贸货物吞吐量5.9亿吨，增长6.6%；集装箱吞吐量2 180.1万标准集装箱，增长15%。港口货物吞吐量连续五年居全国第一。

2021年8月，江苏省政府办公厅正式印发实施《江苏省"十四五"现代物流业发展规划》，明确提出要实现物流高质量发展、加强物流数字化建设、推进降本增效改革的目标。同时，江苏地处"一带一路"建设、长江经济带发展、长三角区域一体化等多重国家战略的交汇处。因此，江苏省港口物流的发展得到了有力的政策支持。

（二）劣势因素分析

地形条件限制导致建港成本增加。通常情况下，岩质海岸利于天然良港的形成，江苏海港群除了连云港港以外，绝大多数是淤泥质海岸港口，这类港口存在着诸多问题，例如：航道浅、淤积重、拦门沙等。巨大的人力、物力、财力需要被投入到疏通航道、修建栈桥等基础设施建设上。这会加重江苏沿江港口建设经济上的负担，从而限制港口的发展。

港口吞吐能力不足。江苏港口建设的速度明显落后于货物吞吐量增长的速度，公用码头长期处于严重超负荷状态，不能适应江苏省经济发展对海港运输的需要，结构性矛盾突出。江苏港口的非一体化造成江苏港口功能雷同、布局分散、结构不够合理等问题突出。另一方面，港航相关产业粗放式的发展模式和缺乏创新驱动力的现象严重制约了江苏港口的健康可持续发展。

港口之间缺乏合作机制，恶性竞价激烈。由于求富心切，江苏沿江港口建

设布点过多,缺乏整体规划,一哄而上,导致资金不集中,严重浪费,重复建设,大小港数量不合理。江苏沿江港口各成体系、各自为政,区域港口利益摩擦始终存在。

(三)机遇因素分析

上海自贸区的建立带来的发展良机。江苏毗邻上海,经济发达,有着得天独厚的地理优势和经济腹地优势。随着上海国际航运中心地位的逐渐稳固,国际集装箱远洋运输任务将被上海港更多地承担。受吞吐能力、岸线资源制约,近洋集装箱运输和内外贸易大宗散货中转任务将不可避免地从上海港向南、北两翼溢出。而江苏沿江港口群应该努力构建成上海国际航运中心的港口枢纽,建成全国原油、液体化工、集装箱、煤炭、矿石五大中转基地和物流中心。江苏省经济发达,总体生活环境良好、工资待遇较高;城际铁路项目进展顺利,未来江苏省交通便利程度将进一步提升,省内外人才流动将更小程度上受限于距离问题。因此,江苏省对省外人才的吸引力不断提升,有利于引进港口物流相关专业人才。

国家政策带来的发展机遇。江苏省处于国家发展战略的重点地区,例如2019 年中共中央、国务院印发的《长江三角洲区域一体化发展规划纲要》推动了江苏港口与长江三角洲区域其他城市港口的合作,2021 年江苏省政府办公厅印发的《江苏省"十四五"现代物流业发展规划》指明了江苏省港口物流发展新目标与新方向。国家的重视给江苏省港口物流带来了极佳的发展机会。

物联网、5G、WiFi6 等技术的发展和成熟,能够推动江苏省港口物流向着信息化发展,提高港口物流运转的效率;无人驾驶技术赋能港口物流,能够使其向着自动化的方向发展,提高港口物流的安全性、降低江苏省港口物流的成本;人工智能算法优化港口物流中船舶运输的路线,能够显著地降低港口物流船舶运输的运营成本。

(四)威胁因素分析

近年来,国际贸易摩擦持续不断,呈现出常态化、复杂化、长期化的趋势,其中最直接、最主要的形式是关税壁垒的提高。一些国家实行了对华商品加征关税的政策,限制着我国产品出口规模的扩大和外贸企业的发展,这对我国多类商品的出口产生了显著的负面影响,尤其是《中国制造 2025》的十大重点领域遭受了严重的冲击,我国港口物流的发展也因此受到一定的阻碍。

长三角港口之间激烈竞争的威胁。上海、宁波港口的迅猛发展给江苏港口带来了巨大的压力。整个长江流域被上海港洋山深水港纳入其腹地;宁波港集装箱吞吐量四分之一来自江苏。由此可知上海慢慢垄断了来自江苏港口的大量物流与财源,并且,宁波舟山港等周边大港也在一定程度上限制了江苏港口的发展。同时长江三角洲港口群包括上海、浙江、杭州的恶性竞争也在逐渐升温,港口之间的利益纠葛使得争夺码头泊位、乱占岸线的现象频发,甚至出现了恶意降低港口收费以争取货源的情况。

表 3-5　江苏港口资源优化配置的 SWOT 分析

项目	优势(S)	劣势(W)
	1. 区位资源优势。 2. 江苏沿海沿江港口实力雄厚。 3. 政策叠加优势。 4. 航运软实力建设取得显著成效,主要表现在制度、法治、航运服务、航运信息化、航运人才队伍、航运文化等方面。	1. 同质化过度竞争。 2. 重复建设。
机遇(O)	S—O:策略	W—O:策略
1. 上海国际航运中心建设带来的发展良机。 2. "海洋强国""一带一路"、长江经济带、长三角一体化等发展战略带来的机遇。	抓住上海国际航运中心建设以及其他国家带来的机遇,充分发挥自身优势,加快航运软实力建设。	1. 抓住发展机遇,提高制度的协调性和创新性。 2. 向国内外先进港口学习,提升航运服务能力。 3. 培养航运人才,打造航运文化,提升航运发展吸引力。
挑战(T)	S—T:策略	W—T:策略
1. 来自内外经济环境的挑战。 2. 来自国内其他省份(港口城市)的竞争。	认清角色,找准定位,结合江苏省的实际情况和发展特色,发挥优势,加强统筹规划,提升航运软实力,助推航运整体脱颖而出。	1. 找准定位,加强统筹规划。 2. 改进不足,强化创新驱动。

第四节　江苏省港口集团资源配置现状

一、腹地与港口

江苏地处东南沿海,内河资源丰富,纵向有京杭大运河,横向有淮河和长江。地理格局加之吴越文化和楚文化的圈层直接将江苏省划分成苏南、苏中、苏北三个部分。从经济上看,江苏整体经济实力居于全国前例,区域内部经济发展水平虽有差异,但差距不大。其中,苏南临近上海,借助高铁和长江的便利,形成了密切的经济圈层(南京都市圈、苏锡常都市圈),在人口老龄化的趋势下,苏南保持着较高的人口的净流入;苏北受限于耕地红线,经济水平弱于省内其他区域,近年来人口呈现出净流出的态势,区域发展受到产业引擎单一的限制,主要产业化工近年因为响水事故一度发展受挫;苏中存在感较弱,但得益于高铁的建设,其与上海的联系日益密切。

经济文化上的"强但散装"形态也反映在港口上。从宏观上看,江苏省多项港口资源指标居于全国前列。2020年,江苏省亿吨级规模港口数量居全国第一,全国港口货物吞吐量排名前20的港口中,江苏占7个,排名最高的为苏州港(6),货物吞吐量为宁波舟山港的一半,较前一位的青岛港尚有5 000万吨的差距;全国港口集装箱吞吐量排名前20的港口中,江苏占3个,排名最高的为苏州港(8;629万TEU),距前一位的厦门港(7;1141万TEU)仍有明显差距。

分类来看,江苏省水运呈现出明显的内河强、海港弱的局面。江苏省内河运输发达,贡献了全国半数的内河货物吞吐量、四成的内河集装箱吞吐量。江苏内河港共有13个(见图3-6),内河吞吐量占据江苏省吞吐总量的九成。沿海港仅有连云港港、盐城港、南通港,其中连云港港规模最大,2020年货物吞吐量超2.5亿吨,外贸占比52.67%;集装箱吞吐量480万TEU,居江苏省第二位。

分货种来看,江苏省货物吞吐能力优于集装箱吞吐能力。2020年,江苏省货物吞吐量29.66亿吨,其中外贸货物吞吐量5.58亿吨,占比18.81%,外贸货物主要经连云港港、苏州港入境。集装箱方面,2020年江苏省集装箱吞吐量累计1 895万TEU,不足浙江的六成(见图3-7)。同时,受疫情影响,2020年货物与集装箱吞吐量的增速均出现不同程度的下跌。

从空间分布上看,江苏港口数量虽然多,但空间聚集程度并不高,主要分布于京杭大运河、长江入海口周围,整体呈现南密北疏的格局,北方仅有徐州港、宿迁港、淮安港、连云港港(含连云港内河港)四港;南方则主要分布于长江入海口周围。从吞吐量上看,南京港、苏州港、镇江港、南通港等港口的吞吐能力明显优于北方四港,并且苏南港口的外贸货物(集装箱)占比更高,区域对外开放程度更高。从港口相对重要程度来看,《江苏省沿江沿海港口布局规划(2015—2030年)》将江苏省内10大港口分为主要港口和地区性重要港口:连云港港、南京港、镇江港、苏州港、南通港为主要港口;扬州港、无锡(江

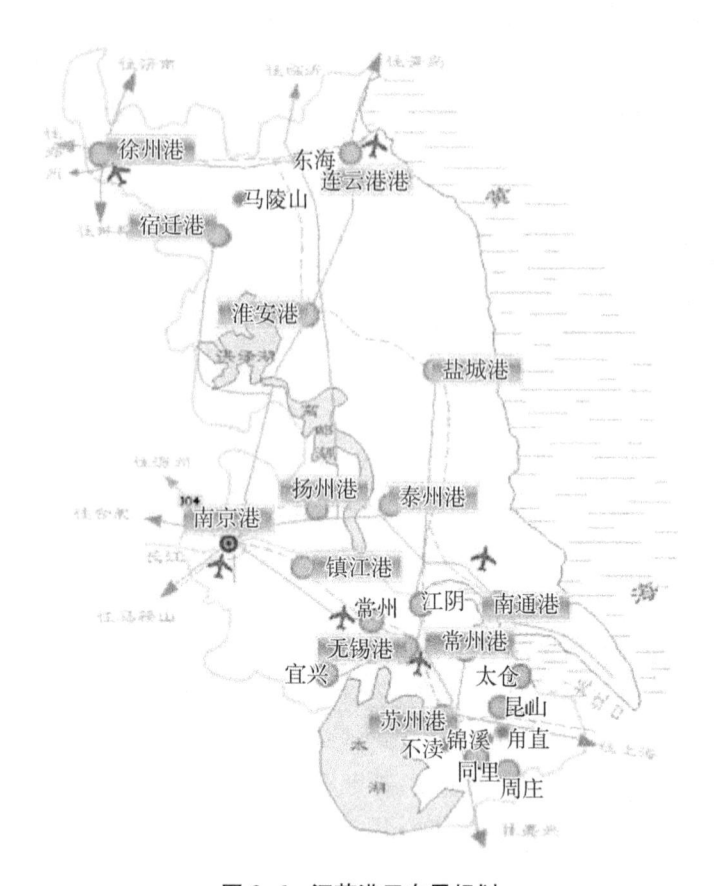

图 3-6 江苏港口布局规划

阴)港、泰州港、常州港、盐城港为地区性重要港口。主要港口除连云港港、南通港外,均位于苏南。

核心港口多位于苏南主要是由水文和地理的自然资源禀赋决定的,想要苏北融入长江三角洲的圈层、想要江苏由散变整,则必须要人为开发航线。内河方面,在 2018 年出台的《江苏干线航道网规划(2017—2035 年)》中,江苏规划建立"两纵五横"的布局,干线航道网中的"两纵",分别是京杭运河通道和连申线通道;"五横"具体为徐宿连通道、淮河出海通道、通扬线通道、长江通道和芜申线通道。海运方面,加快建设连云港港,开拓海运市场。同时,为了减少同质化竞争问题,江苏省针对不同的港口进行了不同的规划,维持区域之间的平衡发展。

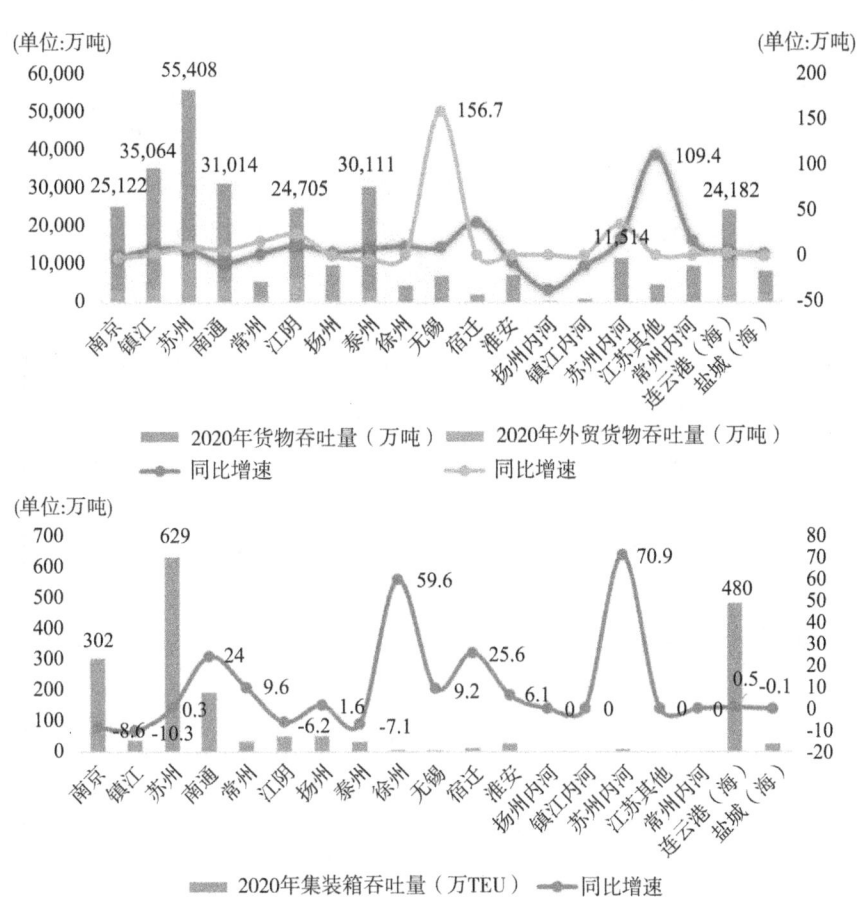

图 3-7　2020 年江苏各市的货物吞吐量与集装箱吞吐量

数据来源：交通运输部网站

二、江苏省港口集团成立动因

在"一带一路"倡议和长江经济带战略大力推进的背景下，主要区域港口正迎来整合大潮。广东、辽宁等地以及环渤海、长江上游等区域港口整合正在加速推进。江苏沿江从南京到南通 300 多千米岸线集装箱码头就有 30 多个，货源腹地交叉，同质化竞争严重，难以形成规模效益。港口整合是大趋势，江苏等沿江省份港口整合能够为上游港口发展带来新机遇。港口整合可以带来规模效益，不仅可以有序投资、科学规划，而且能够避免无序利用岸线等稀缺资源，通过上下游联动，推动整个长江水域经济发展。

推动港口资源整合的行政主体上升至省级政府，传统的"一城一港"正在调整为"一省一港"。通过省交投或港口集团进行整合,形成实力比较强的整体,除提升自身实力外,跟外部合作时平台更高,也更有讨价还价余地。

在2017年3月底,江苏港口整合大幕正式拉开。江苏省政府提出,为加大江苏省沿江沿海港口整合力度,深化沿江沿海港口一体化改革要求,拟将江苏省沿江沿海各设区市国有港口集团或码头企业股权整合成立江苏省港口集团。江苏交通控股有限公司联合连云港市国资委、南京市交通建设投资控股(集团)有限责任公司、苏州市城市建设投资发展有限公司、南通市国有资产投资管理有限公司、镇江国有投资集团有限公司、常州市交通产业集团有限公司、泰州市交通产业集团有限公司、扬州市交通产业集团有限公司共同出资组建省港口集团,由江苏省港口集团来整合全省港口,2017年5月22日,酝酿已久的江苏省港口集团成立,2018年8月27日,南京市国有资产监督管理委员会将其持有的南京港集团55%的股权划转至江苏省港口集团,2018年12月19日,江苏省港口集团收购国投交通控股公司所持镇江港务集团65.2%股权、苏州港集团收购北京国投交通控股公司所持张家港港务集团37%股权,江苏省港口资源整合一步步向前推进。截至2021年3月,相关股权结构如图3-8:

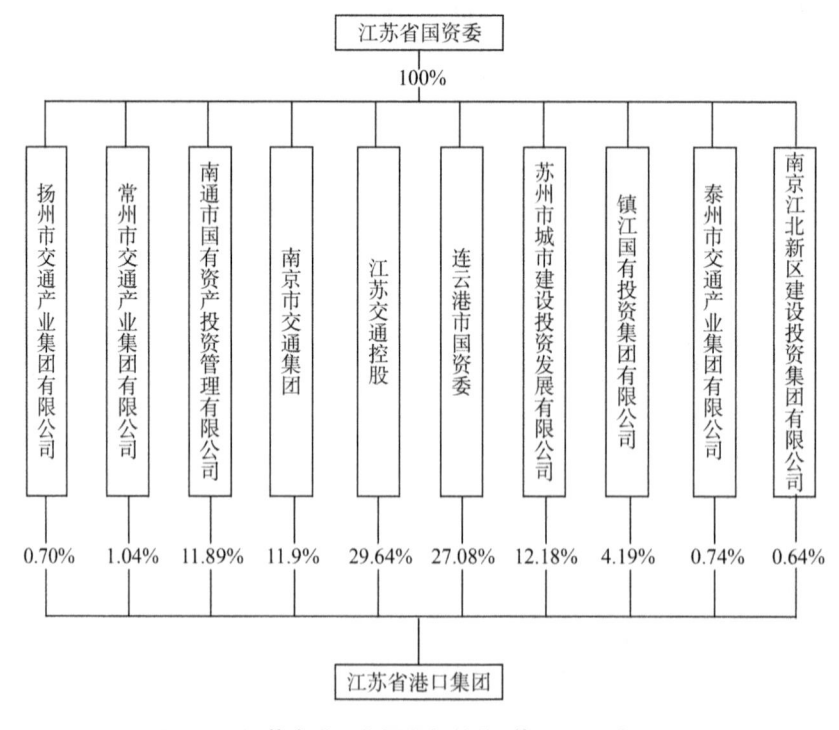

图3-8 江苏省港口集团股权结构(截至2021年3月)

三、江苏省港口集团资源配置现状

(一)江苏港口集团资源配置进度

江苏省港口集团的实际控制人为江苏省政府。作为江苏省的港口整合推进平台,江苏省港口集团是由江苏省国资委和连云港、南京、苏州、南通、镇江、常州、泰州、扬州 8 市地方国有涉港资产共同出资,并整合省属 3 家航运企业组建而成。按照公司章程,其控股股东为江苏交通控股有限公司。从股东构成来看,远期连云港和南通也有较大的概率并入。

江苏省港口集团成立后,陆续推进了相关港口资产的整合工作,目前已经完成了对南京港集团(旗下控股的南京港股份有限公司为上市企业)、苏州港集团、镇江港务集团、扬州港务集团、常州录安洲长江码头公司、泰州高港港务公司、江苏远洋运输有限公司、太仓港集装箱海运有限公司、江苏远东海运有限公司等部分省内港口及航运资产的整合。目前江苏港口资产整合进程仍在推进之中,从已经整合的港口企业来看,南京、苏州、镇江、扬州的主要港口集团已经完成了股权划转,泰州、常州的部分港口已经并入江苏省港口集团,南通、连云港主要港口集团股权暂未并入江苏省港口集团。

已经合并的主要港口中,苏州港股权结构相对复杂。苏州港由张家港港区、常熟港区和太仓港区三个港区组成,其中太仓港为集装箱干线港,太仓港港务集团有限公司为太仓港主要运营主体。由于太仓港区位优势明显,通江达海且可以与上海港形成良性互动,因此股权结构复杂。即使在合并后,江苏省港口集团(持股比例约为 45.68%)也无法完全掌控太仓港,太仓市国资委、苏州各级政府、昆山国资委合计持股比例约为 46%,地方政府和地方国资仍具有一定的话语权。

目前暂未合并的港口中,泰州港务集团 70% 的股东为个人,合并较为困难;常州长江港口开发有限公司的大股东为常州交运系统,其背后实际控制人虽均为常州市人民政府,但是国企之间复杂的股权结构仍为合并带来一定的困难;南通港和连云港港的股权结构相对单一,但连云港港为上市企业,其合并过程或将参考南京港的合并思路,通过"连云港控股无偿划转连云港股权至江苏省港口集团,连云港国资委无偿划转江苏省港口集团股权至连云港控股"完成合并。

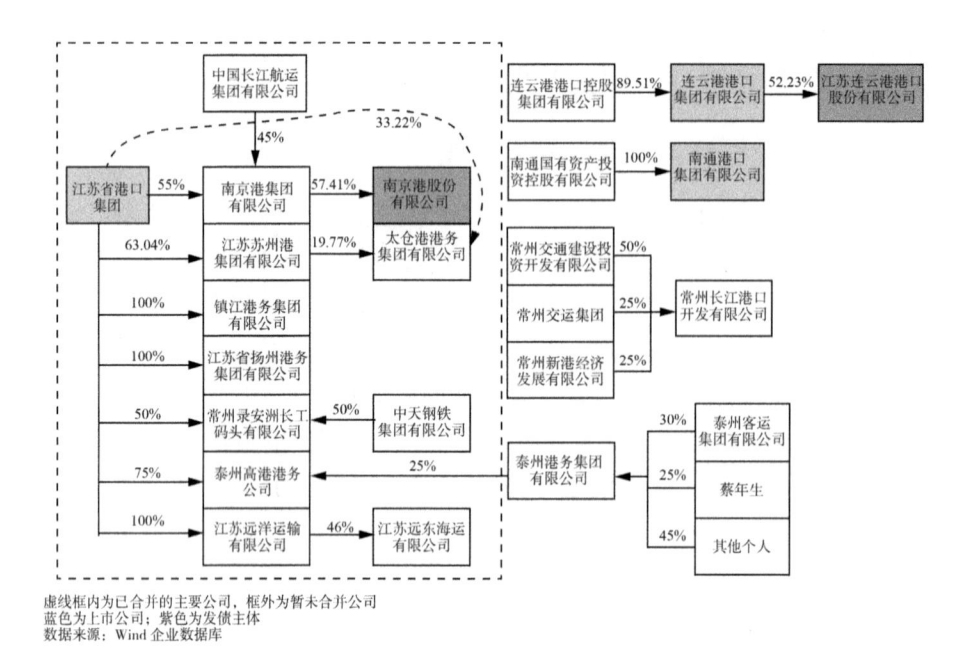

图 3-9　江苏省港口集团股权结构

（二）江苏省港口集团将控制的主要企业情况

江苏省港口集团是江苏省沿江沿海主要港口、省级航运企业、临港企业和涉港涉航服务等领域的国有资本投资运营主体，沿江沿海港口、岸线及陆域资源整合的平台。根据江苏省港口集团《公司章程》的相关约定，江苏省港口集团各股东将以其持有的下属公司股权、现金或其他资产出资。江苏省港口集团各股东实缴出资完成后，预计控制的主要企业主营业务情况如下：

名称	持股比例	主要营业范围
江苏苏州港集团有限公司	69.36%	港口、码头建设、管理；港口经营；港口机械及电器设备的维修、安装、租赁；船舶代理、货运代理；国内水路运输；道路货运经营；仓储服务（不含危险化学品）；房地产开发、物业管理；停车场服务；自有房屋租赁；软件开发；自营和代理各类商品及技术的进出口业务（国家限定企业经营或禁止进出口的商品和技术除外）。
镇江市港口发展集团有限公司	100%	长江及内河岸线港口码头及相关基础设施的投资、建设、运营管理；特许经营（锚地管理、水上建材市场、政策允许范围内有序采砂）；涉江涉港国有资产经营管理；国内外货物装卸、仓储、中转、运输及物流配送、大宗商品交易；沿江运河岸线及陆域资源收储和开发利用；港口产业投资、管理和运营（不得开展吸收公众存款、投资担保、设立资金池、待客理财等经营活动）；会计服务。

续表

名称	持股比例	主要营业范围
江苏省扬州港务集团有限公司	100%	普通货运、大型物件运输、货物专用运输(集装箱);综合货站(场)(二级);二类汽车维修(大型货车)(限汽车修理厂经营)。装卸货物;无需行政许可的货运代理配载;货物仓储;水陆联运;水路运输信息咨询;货轮供应服务、港口机械制造与修理,汽车配件、五金交电、非危险品的化工产品、日杂、百货、金属材料、建材、木材、水暖器材、装潢材料、港口机械及配件的批发、零售;钢结构制作、安装;港口机械安装;车辆年审及牌证业务代理(限汽车修理厂经营);物业服务;保洁服务;境内劳务派遣经营;驳船服务;船舶港口服务业经营(浮吊船舶装卸作业)。
泰州高港港务有限公司	75%	国内水路运输(包含汽渡运输、货物运输),普通货物装卸,港口装卸机械修理、制造、销售。
江苏远洋运输有限公司	90%	国际船舶普通货物运输,船员服务,向境外派遣各类劳务人员(含海员)长江干线外贸集装箱内支线班轮航线运输,国际船舶管理,国际货运代理,外轮供应,技术咨询,技术服务,租船、船舶买卖,海轮引航,普通机械、交电销售、维修,劳保用品、百货、五金、建筑材料、工艺美术品、塑料制品、装饰材料、家具、摩托车、皮革制品、针纺织品、通信设备、电子计算机配件、仪器仪表、化工原料、服装、文化办公机械、文化用品、日用杂品的销售,电器维修。
太仓港集装箱海运有限公司	65%	国际班轮运输;水路普通货物运输,省际普通货船运输、省内船舶运输;国内船舶管理业务(依法须经批准的项目,经相关部门批准后方可开展经营活动,具体经营项目以审批结果为准)一般项目:从事国际集装箱船、普通货船运输;国际船舶管理业务(除依法须经批准的项目外,凭营业执照依法自主开展经营活动)
江苏省港口集团物流有限公司	51%	危险化学品经营;货物进出口;技术进出口;第二类增值电信业务;互联网信息服务(依法须经批准的项目,经相关部门批准后方可开展经营活动,具体经营项目以审批结果为准)一般项目:普通货物仓储服务(不含危险化学品等需许可审批的项目);非居住房地产租赁;装卸搬运;包装服务;国际船舶代理;国内船舶代理;国内货物运输代理;国际货物运输代理;信息咨询服务(不含许可类信息咨询服务);无船承运业务;农产品的生产、销售、加工、运输、贮藏及其他相关服务;食用农产品批发;建筑材料销售;五金产品零售;五金产品批发;化工产品销售(不含许可类化工产品);石油制品销售(不含危险化学品)。
江苏省港口集团信息科技有限公司	100%	物联网技术、智能化技术、信息技术的研发、孵化、转化及咨询服务;贸易、物流咨询服务;软件开发;信息系统集成、运行维护,信息工程设计、安装、技术咨询服务,基于网络技术的数据处理和存储服务;设计、制作、发布国内各类广告,商品网上销售;计算机、通信及电子设备销售。第二类增值电信业务经营;无船承运业务。
江苏苏港航务工程有限公司	100%	港口经营;省际普通货船运输、省内船舶运输(依法须经批准的项目,经相关部门批准后方可开展经营活动,具体经营项目以审批结果为准)一般项目:船舶港口服务;工程管理服务;国际货物运输代理;国内货物运输代理;国内船舶代理;国际船舶代理;劳务服务(不含劳务派遣);船舶修理;船舶租赁。

087

续表

名称	持股比例	主要营业范围
太仓港港务集团有限公司	33.22%	港口经营;建设工程施工(依法须经批准的项目,经相关部门批准后方可开展经营活动,具体经营项目以审批结果为准)一般项目;港口货物装卸搬运活动;船舶港口服务;港口设施设备和机械租赁维修业务;国内船舶代理;国际船舶代理;海上国际货物运输代理;国内货物运输代理;国际货物运输代理;陆路国际货物运输代理;国内集装箱货物运输代理;普通货物仓储服务(不含危险化学品等需许可审批的项目);报关业务。

数据来源于企查查(2023年5月)。

四、江苏七大港口集团资源配置现状

(一)南京港集团

南京港位于"一带一路"建设和长江经济带结合部,是国家综合运输体系的重要枢纽、沿海主要港口和对外开放一类口岸。南京港集团是江苏省港口集团控股的重点骨干企业之一,是南京港辖区最大的公共码头经营企业,是辐射带动长江中下游及中西部地区发展的重要门户,是万吨级海轮进江的终点。集团现有分公司、全资子公司18家,二级、三级控股子公司15家,参股公司14家,其中:南京港股份公司是深交所上市公司,港机重工、中理公司荣获"国家级高新技术企业"。码头主要分布在南京市的龙潭、新生圩、七坝和扬州市的仪征等港区,具有"跨江布局、跨市经营"的特点。

集团业务板块覆盖港口建设、码头运营、港航投资、港口机械装备制造以及资产经营管理,其中,码头运营覆盖集装箱、液体化工、大宗干散货、汽车滚装、水铁联运等。业务辐射南京都市圈、长江经济带及苏北运河地区,接入京沪铁路网;港机制造、港务工程业务拓展至"一带一路"沿线国家;码头板块与下游的上海港、宁波港形成一体化的紧密合作,与上游的重庆、武汉地区形成稳定的区间运输通道。龙潭集装箱公司、新生圩公司分别是长江流域单体最大的集装箱、散杂货码头。铜精矿中转量稳居世界首位;集装箱航线密度、化肥出口量位居长江第一;日韩近洋航线、内贸干线、长江支线及运河航线网络日趋完善;建成公铁水多式联运体系,中欧、中亚国际班列辐射"一带一路"沿线国家和地区。2021年集团实现货物吞吐量10 757万吨,集装箱310.98万TEU,主要生产经营指标均实现正增长。

"十四五"期间,南京港集团将在省港口集团坚强领导下,以高质量发展为主题,以服务和支撑南京海港枢纽经济区建设为己任,加快以集装箱为主的区域航运中心建设,打造长江"水铁联运"示范标杆,全力建设基础设施高等级、生产经营高效益、物流服务高效率、企业管理高水平、发展环境高标准的长江一流港口企业。

表 3-6　南京港集团码头资源配置情况

所属港区	泊位数	主要用途及靠泊能力	股权	运营主体	备注
龙潭港区	8	码头岸线长 2 310 米,码头前沿水深－12.5 米,拥有万吨级集装箱泊位 8 个	55%	南京港龙潭集装箱有限公司	南京港集团持股 34.54%,南京港股份持股 20.17%,2021 年集装箱吞吐量 311 万标箱
龙潭港区	3	岸线总长 580 米,拥有 3 个万吨级通用件杂货泊位	控股	南京港龙潭天宇码头有限公司	
龙潭港区			参股	南京港江盛汽车码头有限公司	
浦口港区	10	码头岸线长 980 米,10 个万吨级多用途泊位	100%	南京港第二港务公司	
浦口港区		岸线总长 1 300 米	100%	南京港第三港务公司	
新生圩港区	10	岸线总长 1 493 米,拥有 10 个装卸作业泊位(大宗散货)		南京惠宁码头有限公司	2021 年完成货物吞吐量 3 329 万吨
新生圩港区	20	拥有万吨级泊位 7 个、千吨级泊位 2 个,江心浮筒泊位 11 个,岸线长 1 350 米,码头前沿水深－11 米	100%	南京港第四港务公司	
栖霞港区	1	岸线长 226 米,拥有 1 个 2 万吨级液化码头泊位		南京惠洋码头有限公司	南京港股份持股
栖霞港区	3	岸线长 766 米,拥有 3 个 3 万吨液化码头泊位		南京港清江码头有限公司	南京港股份持股
扬州仪征港区				中化扬州石化码头仓储有限公司	南京港股份持股

注:数据来自各地方统计公报、中国港口协会数据统计

（二）镇江港务集团

镇江港务集团有限公司由原镇江港务局改制而成，公司成立于2004年5月，2018年12月成为江苏省港口集团全资子公司，注册资本18.52亿元。公司码头位于长江和京杭大运河十字交汇处，1987年被列入国家批准的对外开放一类口岸，1993年成为全国43个主枢纽港之一，历史最高排名第19位。共有生产性泊位25个，码头总长度5 135米，设计通过能力2 694万吨。港区腹地有国铁瑞山站。2016年7月，长江12.5米深水航道正式通航以后，公司成为海进江开普船靠泊终点港。

公司的经济腹地为江苏省内部分地区、长江中上游地区、京杭运河沿岸地区及部分铁路沿线地区。公司主要提供江海直达、铁水联运、水陆换装、散杂货与集装箱换装、多式联运服务等货物中转装卸服务，也提供船货代理、外轮服务、工程监理等多元服务。公司始终秉承"船东至上、客户至上、质量一流、效率一流"的经营理念，已与50个国家和地区的128个港口建立了货物运输往来业务，培植了铁矿石、煤炭、集装箱、元明粉、硫黄、化肥、木薯干等一批品牌货种。

镇江港务集团有限公司加快推进现代化综合港口物流企业进程，竭力打造功能齐全、精致卓越的区域枢纽港，努力为股东创造价值，为客户提供超值服务，为促进流域经济发展作出贡献。

表3-7 镇江港务集团码头资源配置情况

所属港区	泊位数	主要用途及靠泊能力	股权	运营主体	备注
大港港区	4	码头岸线长1 046米，拥有4个2万吨级集装箱泊位	100%	镇江港务集团集装箱分公司	2021年完成集装箱吞吐量41万TEU
	10	码头岸线长3 175米，拥有1个7万吨级、6个2.5万吨级和3个5 000吨级件杂货泊位	100%	镇江港务集团大港分公司	
龙门港区	2	拥有2个3万吨级散货泊位		镇江市龙门港务有限公司	
	4	拥有3万吨级和7万吨级泊位各1个，5 000吨级泊位2个（散货）	100%	镇江金港港务有限公司金港分公司	
	4	码头岸线长797米，拥有7万吨级泊位2个，2万吨级泊位1个，5 000吨级泊位1个（散货）		镇江东港港务有限公司	

注：数据来自各地方统计公报、中国港口协会数据统计

（三）苏州港集团

江苏苏州港集团有限公司（简称苏州港集团）是省市联合持股、省港口集团控股的国有企业。集团注册资本金 42.72 亿元，在职职工逾 2 600 人，在张家港、太仓、靖江投资的码头占有长江岸线 5.707 千米、内河岸线 978 米，陆域总面积 443 万平方米（443 公顷），其中堆场总面积 240 万平方米（240 公顷）；码头泊位共 41 个，其中万吨级长江泊位 23 个，内河港池泊位 16 个，年吞吐能力超 1.1 亿吨，拥有全资和控、参股企业 36 家，涉及港口运营、港口物流、港口金融、港口信息、港口服务等领域。

苏州港集团旗下历史悠久、功能齐全的社会公共码头——张家港港务集团在全省港口发展战略布局中具有举足轻重的地位。经过多年市场培育和经营开拓，形成了以木材、煤炭、矿石、铜精砂、件杂货为主导的五大货种，是全球唯一的木材全材种进口港，中国最大的名贵木材集散基地；拥有 3 000 万吨级品牌的煤炭市场，是中国华东地区贸易煤炭集散基地、中国长江进口矿石中转基地、CAPE 型船舶作业基地、钢材及设备等"一带一路"重要物资出口港。

表 3-8　苏州港集团码头资源配置情况

所属港区	泊位数	主要用途及靠泊能力	股权	运营主体	备注
太仓港区	4	码头岸线长 1 100 米，码头前沿水深 −12.5 米，拥有 4 个 5 万吨级集装箱泊位	30%	苏州现代货箱码头有限公司	太仓港港务集团持股 30%，2021 年集装箱吞吐量 195 万标箱
	2	码头岸线长 664 米，码头前沿水深 −12.5 米，拥有 2 个 5 万吨级集装箱泊位	55%	太仓港上港正和集装箱码头	太仓港港务集团持股 55%，2016 年集装箱吞吐量 135 万标箱
	2	码头岸线长 564 米，码头前沿水深 −12.5 米，拥有 2 个 5 万吨级集装箱泊位	100%	太仓正和国际集装箱码头有限公司	太仓港港务集团全资
	3	码头岸线长 1 170 米，码头前沿水深 −12.5 米，拥有 3 个 5 万吨级件杂货泊位	100%	太仓港口投资发展有限公司	太仓港港务集团持股 100%
	2	码头岸线长 708 米，码头前沿水深 −12.5 米	30%	海通（太仓）汽车码头有限公司	太仓港港务集团持股 30%

续表

所属港区	泊位数	主要用途及靠泊能力	股权	运营主体	备注
张家港港区	9	码头岸线长2 000米,码头前沿水深－12.5米,拥有9个万吨级件杂货泊位(木材等)	100%	张家港港务集团港埠分公司	张家港港务集团全资
	11	7万吨级泊位2个,万吨级长江装船泊位1个,内河港池装船泊位8个,共11个散货泊位(煤炭、散矿)	100%	张家港港务集团港盛分公司	张家港港务集团全资
	3	码头岸线长722米,前沿水深－10米,3个3万吨级集装箱泊位	49%	张家港永嘉集装箱码头有限公司	张家港港务集团持股49%,2021年集装箱吞吐量87万标箱

注:数据来自各地方统计公报、中国港口协会数据统计

(四)南通港口集团

南通港口集团有限公司地处江苏省南通市境内,东临黄海、南临长江,是长江北翼最临近海域的港口,前身为南通港务局,2002年实行政企分开而组建。

2005年经商务部批准成为中外合资经营企业,2017年变更为国有全资企业。集团公司拥有分公司4家,子公司4家,控股、参股公司4家。集团公司拥有长江岸线4 166米;千吨级以上公用生产泊位23座,其中万吨级以上13座,最大靠泊能力为20万吨级;堆场面积60万平方米,仓库面积5.3万平方米。集团公司主要从事港口的建设和经营,如货物装卸、堆存及物流配送、客货运代理、理货;以及港内船舶拖带服务、船舶航修等业务。

以港口集团为核心的南通港是国家一类开放口岸,国家主枢纽港,上海国际航运中心组合港的主要成员。1982年批准对外国籍船舶开放,现与世界上96个国家和地区的312个港口有通航关系。南通港海、江、河交汇贯通,交通便利,是理想的物资中转地,水路与通昌、通扬运河及京杭大运河贯通,溯江而上可达长江沿线各港;陆路与204、318国道,宁通、通盐、通启和沿海高速公路连接。世界第一斜拉桥苏通大桥使南通真正融入上海一小时都市圈和长三角经济圈,新长铁路更使南通通达广阔的中国内地。

表 3-9 南通港口集团码头资源配置情况

所属港区	泊位数	主要用途及靠泊能力	股权	运营主体	备注
狼山港区	2	码头岸线长 640 米,拥有 2 个 5 万吨级集装箱泊位	100%	南通港口集团集装箱分公司	2021 年集装箱吞吐量 63 万标箱
	5	码头岸线长 840 米,拥有 5 个 5 万吨级件杂货泊位	100%	南通港口集团狼山港务分公司	
	13	码头岸线长 978 米,拥有 2 个 17.5 万吨级泊位、1 个 5 万吨级、1 个 5000 吨级长江装船泊位、3 个 3 000 吨级和 6 个 2 500 吨级港池装船通用泊位	100%	南通港口集团江海港务分公司	
通海港区	5	码头岸线长 568 米,拥有 2 个 5 万吨级泊位、1 个 1.6 万吨级和 2 个千吨级长江通用泊位	100%	南通港口集团通州港务分公司	

注:数据来自各地方统计公报、中国港口协会数据统计

(五)江阴港港口集团

江阴港地处长三角几何中心,完善的水路、公路、铁路交通网为港口货物进出提供了良好的集疏运条件,是江海联运和货物进出口的理想基地。港口拥有完善的口岸查验机构,长江引航中心就设在江阴,为国际航行船舶进出提供了独有的便利条件。

江苏江阴港港口集团股份有限公司共建有海轮泊位 14 个,其中 10 万吨级以上海轮泊位 4 个,最大靠泊能力为 20 万吨级,场地总面积为 120 万平方米,是江苏省重点物流企业、长江港航诚信企业,也是国家"4A 级物流企业"。公司长期致力于"安全、环保、绿色、高效、智能"发展,通过质量、职业健康安全、环保、能源管理体系认证,通过安全标准化一级达标验收。2016 年以来,公司充分利用和发挥长江下游 12.5 米深水航道治理工程建设成果,集约化利用岸线资源,在接卸开普型船舶方面积极作为,年接卸开普船艘次和进口外贸量居长江沿线港口前茅,以不到江阴 4% 的岸线完成了江阴全港 40% 的货物吞吐量和 80% 的外贸货物吞吐量,与国内多家贸易公司、工厂、国外矿山有业务合作,是江海联运的重要港口和长江沿线进出口外贸大宗物资的重要基地。

表 3-10 江阴港港口集团码头资源配置情况

所属港区	泊位数	主要用途及靠泊能力	股权	运营主体	备注
江阴港区	7	码头岸线长1071米，拥有2个5万吨级、1个2000吨级和4个5000吨级多用途泊位	100%	江苏江阴港港口集团股份有限公司大港分公司	
	6	码头岸线长589米，拥有1万吨级、2万吨级和3万吨级集装箱泊位各1个	参股	江阴苏南国际集装箱码头有限公司	
	2	码头岸线长590米，拥有2个10万吨级散货泊位	100%	江苏江阴港港口集团股份有限公司大澄分公司	

注：数据来自各地方统计公报、中国港口协会数据统计

（六）扬州港务集团

扬州港务集团有限公司是以装卸、运输、联运代理为主要业务的国有控股公司。集团公司总资产5.5亿元，拥有一类开放口岸扬州港、扬州港江都港区。集团下属有二级单位4个、子公司6个、控股公司5个、参股公司6个。

扬州港务集团占用长江岸线2.4千米、占地106.7公顷，拥有万吨级以上泊位4座，其中3万吨级集装箱专用泊位1座、3万吨级码头1座、万吨级泊位2座。港口最大起重能力60吨，靠停最大的船舶6.4万吨。拥有各类运起重设备300多台（辆）、仓库2.6万平方米，员工1191人。已通过ISO9001:2000质量管理体系认证，是国家二级货运资质企业、国内第二大木材中转港口、扬州市"沿江开发"战略中的骨干单位。

近年来公司向着建设现代化港口的目标不断迈进，正在整合"一港三区"，形成以六圩港区为核心、江都港区、仪征港区为两翼的扬州港，并力图把港口发展为上海港的喂给港。2005年通过整合资源，在原有基础上组建扬州港务集团公司。集团公司以加快码头建设、加快货源结构调整、加大内部管理力度为工作重点，港口规模得到了进一步扩大，港口业务量继续攀升，2021年集团实现货物吞吐量2390万吨，同比增长22%。"十四五"期间，集团将打造河江海联运的综合型公共码头外贸港区，风电、光伏、光缆等新能源制造业外贸产品出口特色港，江苏港口长江砂石集散中心，江苏港口绿色建材物流电商平台和绿色建材交易中心扬州基地，到2025年，拟实现集装箱吞吐量100万TEU、货物吞吐量5000万吨。

表 3-11　扬州港务集团码头资源配置情况

所属港区	泊位数	主要用途及靠泊能力	股权	运营主体	备注
	2	码头岸线长 600 米,拥有 1 个 3 万吨级集装箱泊位	参股	扬州远扬国际码头有限公司	2021 年集装箱吞吐量 52 万标箱
	2	码头岸线长 516 米,拥有 2 个 2 万吨级液化码头泊位	参股	扬州化工产业投资发展有限公司	

注:数据来自各地方统计公报、中国港口协会数据统计

(七)泰州港务集团

泰州港位于苏北沿江地带的中部,港口区位优势十分明显,上距南京 145 千米,下离南通 119 千米,是长江进入 B 级航区的第一个港口,港口岸线稳定,水深域宽,风平浪低,潮汐差小,可常年通航靠泊 5 万吨级的海轮。港口腹背宁通高速公路、新长铁路及宁启铁路,过高港汽渡与沪宁高速相连,古马干河、南官河、引江河与三个长江港区毗邻,水陆交通十分便捷,向来是苏中及苏北地区货物进出口的重要门户,是长江下游北岸理想的海、江、河换装良港。泰州港(原高港港)系长江 25 个干线港口之一,形成于宋太祖乾德三年(公元 965 年),1902 年开埠,1958 年成立高港港务管理局,1992 年 11 月经国务院批准为国家一类开放口岸,1997 年更名为泰州港务管理局;根据国务院国办〔2001〕91 号文规定,2002 年 12 月下放,2003 年 9 月实施政企分开,更名为泰州港务有限公司,2004 年 3 月经泰州市人民政府批准改制为民营控股企业,2007 年 7 月更名为泰州港务集团有限公司。

公司目前已发展成为泰州地区较大的物流企业。现有杨湾、高港、永安三个长江港区和海陵内河港区一个,有长江泊位 22 座,其中万吨级以上泊位 9 座,可常年靠泊 5 万吨级以上海轮,最大靠泊能力 10 万吨。堆场面积达 60 万平方米,各类仓库面积达 1.2 万平方米。港口有各类装卸机械近 300 余台(套),最大起吊能力 40 吨,港作船舶 6 艘。

公司同时经营港口机械制造、船舶修造,以及高港至扬中汽渡等。近年来,集团充分发挥公用码头功能,积极适应港口腹地经济结构调整,发挥海、江、河中转优势,不断壮大港口物流发展。目前港口主要经营散货货种有铁矿、煤炭、钢铁、粮食等;集装箱业务遍布华南、华北各支线航线,平均每日到港班次 13 艘。2021 年,完成吞吐量 12 231 万吨,完成集装箱进出口 32 万 TEU。

表 3-12　泰州港务集团码头资源配置情况

所属港区	泊位数	主要用途及靠泊能力	股权	运营主体	备注
永安港区	3	码头岸线长 360 米，拥有 1 个 5 万吨级件杂货泊位	100%	泰州永安港务有限公司	
杨湾港区	1	码头岸线长 750 米，拥有 3 个 5 万吨级散货码头泊位		泰州杨湾益嘉港务有限公司	
高港港区	3	码头岸线长 809 米，拥有 3 个 5 万吨级汽车滚装和原油泊位		泰州高港港务有限公司	
	1	码头岸线长 250 米，拥有 1 个 2 万吨级集装箱泊位	100%	泰州永安港务有限公司	
海陵港区	3	码头岸线长 250 米，拥有 1 个 2 万吨级集装箱泊位		泰州海陵港务有限公司	

注：数据来自各地方统计公报、中国港口协会数据统计

第五节　江苏省港口集团港口资源配置存在问题

一、港口集团弱小，各种码头众多

2021 年江苏省全省港口完成货物吞吐量达 32.1 亿吨，其中苏州港、泰州港、江阴港等八大港口达 24.42 亿吨，占总吞吐量的 76.06%，八大港口完成集装箱吞吐量 1 899 万标箱，占总集装箱吞吐量的 87.11%。但是八大港口集团仅完成货物吞吐量 8.46 亿吨，仅占全省港口货物吞吐量的 26.37%（如表 3-13 所示），远远低于其他沿海省份港口集团占比份额，比如同样外贸型经济高度发达的珠三角，广州港集团、珠海港控股集团对本地货物吞吐量的占比均超过了 75%，而江苏省的八大港口集团除了连云港港口集团（已对本地区完成港口整合）外，其他港口集团占比均低于 50%。

表 3-13 2021 年江苏省各港口吞吐量汇总

港口	货物吞吐量（万吨）	集装箱吞吐量（万 TEU）	港口集团	货物吞吐量（万吨）	集装箱吞吐量（万 TEU）
南京港	26 855	311	南京港集团	8 889	311
镇江港	23 706	44	镇江港务集团	12 134	44
扬州港	10 144	61	扬州港务集团	3 599	61
泰州港	35 291	32	泰州港务集团	12 232	32
江阴港	33 800	61	江阴港口集团	11 514	0
苏州港	56 590	811	苏州港口集团	8 829	681
南通港	30 851	76	南通港口集团	541	0
连云港港	26 918	503	连云港港口集团	26 918	503
合计	244 155	1 899	合计	84 656	1 632
全省	321 000	2 180	全省	321 000	2 180
占比	76.06%	87.11%	占比	26.37%	74.86%

注：数据来自各地方统计公报、中国港口协会数据统计

二、集团股权复杂，股东不够集中

目前江苏省七大沿江港口集团除了江阴港港口集团、扬州港务集团外，其他港口至少有 2 个股东，港口集团股权较为复杂（如表 3-14 所示），增加了整合难度。江苏省沿江地区七大港口集团中，实际主导经营码头仅有 5 家港口集团，苏州港集团有限公司是投资性企业，对太仓港务集团和张家港港务集团没有经营权；扬州港务集团完全是港口配套型企业，主营业务不在码头，而在港口配套和商贸，因此，如果仅仅仿照浙江省海港集团的整合模式，即使将沿江七大港口集团和连云港港口集团一起整合，形成江苏省港口集团，这个港口集团实力依然较弱，对整个江苏港口缺乏控制力，不可能达到浙江省海港集团的整合效果，简单的"1+1+1+1+1+1+1"模式，很难达到大于 7 的效果。从各港口集团总量上也可以看出，即使加上连云港港口集团 649 亿元总资产（2021 年），江苏省八大港口集团总资产额也只是在 1 000 亿元左右，远远低于大连港集团、营口港务集团、天津港集团、上港集团等港口集团。

表 3-14　2021 年江苏省沿江港口集团收益情况汇总

港口	江苏苏州港集团有限公司	南通港口集团有限公司	镇江港务集团有限公司	泰州港务集团有限公司	扬州港务集团有限公司	南京港(集团)有限公司
股东	苏州城投建设持股 57.65%	南通国资委 42.68%，保华集团 45%，国投交通 12.32%	国投交通持股 65.2%，镇江港口持股 32.6%	泰州市交通产业集团持股 30%	扬州市交通产业集团全资	南京国资委 55%，中外运长航 45%
货物吞吐量（万吨）	8 829	541	12 134	12 232	3 599	8 889
集装箱吞吐量(万 TEU)	681	0	44	32	61	311
收入(亿元)	25.72	8.97		2.53	1.72	41.15
净利润（亿元）	0.46	1.58	−0.69		0.26	0.31
总资产（亿元）	182.19	24.65	14.50		20.00	118.08
总负债（亿元）	89.73	5.19	10.02			71.68
负债率(%)	49.25%	21.05%	69.10%			60.70%

注：数据来自中诚信国际、大公国际、联合资信、保华集团年报

三、同质无序竞争，控制能力较弱

　　七大港口集团除南京港集团和苏州港集团有限公司外，其他港口集团收入均低于 20 亿元(比如与苏州港货物吞吐量相当的青岛港，青岛港集团收入达 70 多亿，利润近 20 亿，而苏州港口发展集团收入仅为 20 亿元)。第一，说明沿江七大港口集团对地区港口控制力弱；第二，港口之间的同质无序化竞争大大降低港口集团的收益，不利于江苏省港口资源优化配置的可持续发展；第三，江苏沿海港口集团股权的分散性(有央企、国企、民企、港资企业等)使港口资源优化配置过程既增加了优化难度，也增加了配置成本(民企、港资企业退出时肯定对资产进行溢价出售)。

第四章
基于冲突分析图模型的江苏省港口资源优化配置

第一节 研究背景介绍

一、研究背景

中国江苏省海岸线漫长,港口星罗棋布。江苏拥有中国交通运输部列出的53个主要港口中的7个。江苏拥有沿海25个主要海港中的5个。2020年,江苏港口货物吞吐量29.7亿吨,同比增长4.7%;外贸吞吐量5.6亿吨,同比增长4.0%。集装箱吞吐量为1895万标准箱,同比增长0.95%。港口货物通过能力、万吨级及以上泊位、货物吞吐量、1亿吨港口均居全国第一。然而,江苏的港口大多在市级运营,缺乏区域间联系,这给综合管理和协调带来了压力。这种发展模式效率不高,将导致地方政府为了经济效益和政绩,对港口资源的利用效率和环境治理不够重视。这也是港口在发展过程中出现低专业化和高同质化竞争现状的主要因素。所谓同质化竞争,是指从事同一业务的企业形成的竞争。例如,江苏省大多数港口企业主要从事干散货或液体散货的装卸。近一半的煤炭和四分之三的铁矿石没有通过专业码头运输,因此港口专业化水平不高。由于同质化竞争,江苏省港口企业资源配置能力大多有限,制约了进一步发展。岸线方面,江苏省沿江沿海港口利用率低于全国平均水平。长江沿岸60%的海岸资源已经被开发利用,可分片开发的深水海岸资源很少。沿海港口岸线已开发20%,储备规模相对丰富,但开发成本高、难度大。在土地方面,港口规划中的土地资源保护不力,港口用地转为其他用途的情况相当普遍。同时,沿海港口的发展面临着越来越多的海洋环境评估限制。由于缺乏统一管理,以钢铁、煤炭等高污染产品为主要货物的港口(如苏州港)长期面临环境监管问题。例如,尽管苏州港在一定程度上实现了对环境的全面改善,但独立治理所需的资本和监管机制面临巨大压力。

二、资源优化配置下的港口规划

为了实现港口的可持续发展和整体协调,江苏省正在从省、市两级调整港口布局规划,并提出"智慧港口""绿色港口"等理念。江苏港口集团自 2017 年成立以来,整合了江苏省主要国有港口资产(南通港除外)和沿江省级港航企业及沿海港口集团,建立了分级港口发展格局。通过港口整合,江苏计划建设沿海港口群,打造江苏港口智能化综合管理新图景。根据《江苏沿江沿海港口布局规划(2015—2030 年)》的相关规定,港口的主要目标是整合数据,改善转型,优化发展,提高现代化水平。最终,沿江港口旨在更好地促进综合交通系统、工业布局和城市可持续发展。沿海港口的主要任务是加快基础装备建设,带动港区产品布局更加规模化、规范化、集中化。此外,自 2017 年开始整合以来,江苏省发布了《江苏绿色港口建设三年行动计划(2018—2020 年)》等政策规范,将可持续发展确立为整合目标。提出完善港口生态环境保护工作长效监管机制,推动港口绿色转型升级,实现交通运输绿色、循环、低碳、可持续发展。通过整合转型,逐步实现船舶污染物、水污染、岸电设施、粉尘和油气回收的绿色监管。

三、研究现状及目标

虽然资源优化配置工作已经开始,但在不同的行政区划下,港口管理和建设权属于不同的地方政府,港口前后土地管理也属于不同的行政机构,不同的港口城市有不同的港口规划,港口管理职能也不统一。这带来了行政程序混乱、管理权重叠等一系列问题。因此,在资源配置过程中,有时会出现局部追求地方和部门利益的情况,使得相关利益在不同行政区划和部门之间难以协调分配,给港口资源配置带来阻力。一体化的复杂性意味着港口企业需要理顺跨区域市县的行政关系和管理体制,需要实现多个利益相关者之间的持续协调。

综上所述,江苏具有大力发展水运经济的得天独厚的资源条件,但其地理优势在整合前并未得到充分发挥,主要表现为监管缺失、布局分散、资源利用率低,对港口绿色发展和整体运营构成重大挑战。资源优化配置后,预计利大于弊,能实现绿色智能化运营。但到本研究开始时,港口资源优化配置尚未完成。

这是省级政府、地方政府和港口企业之间竞争的结果。因此,本章拟从以下几个方面进行研究:(1)讨论该地区地理航运历史及现状;(2)模拟空间冲突的利益相关者;(3)结合创新的地理和冲突图论模型,以跨学科的方式对其进行分析。

冲突模型在地理问题中的应用很少。目前,可检索的相关研究基本上都是在2018年之后,包括Zanjanian等人、Dowlatabadi等人和Yang等人。这些研究很好地将地理冲突与图论模型结合起来,但并未引起地理学家的更多关注。其主要原因是地理和冲突似乎存在跨学科研究上的困难。然而,本研究所关注的江苏航运是合适的,其冲突也是不可避免的,这也是本文将两者结合起来的主要原因,尤其是江苏省面临着空间冲突的地理潜在释放问题。更具体地说,本章以江苏港口资源优化配置问题为研究对象,利用ArcGIS地图显示现状,并结合GMCR Ⅱ软件使用GMCR(冲突解决图模型)解决冲突问题。基于经典博弈论和部分博弈论,Kilgour等人首次提出了GMCR,以分析广泛领域的冲突。GMCR提供了一种简单灵活的方法,将难以定量分析的冲突转化为数学模型。

第二节 研究方法

一、地理分析方法

(一)数据来源

本节将航运服务业分为基础、辅助和衍生航运服务业。数据来源于航运服务企业(组织)属性数据、国家基础地理信息中心和江苏省各城市道路网络图。参考行业分类、"关键词搜索"的原则——样本分类采用"排名优先",并介绍了10 640项清洁数据。本文收集了2000年、2010年和2020年注册和存续的企业数量数据(见表4-1)。

表 4-1　江苏省航运服务业的分类、结构和企业数量

第一类	子类别	企业数量		
		2000 年	2010 年	2020 年
整体港口和航运业		2 703	2 496	5 441
航运服务业	存储装卸;处理;集装箱公路运输;水上货物运输(海洋、沿海和内陆);货运港;多式联运	664	1 266	3 683
衍生产业	国际航运代理;国际货运代理;船舶检查;船舶修理和建造;船舶和设备供应;航运和船舶技术开发与转让	2 039	1 230	1 758

(二) 加权核密度估计

核密度估计主要使用移动窗口估计点或线模式的密度。考虑到每个企业的空间稳定性,在计算中对不同注册资金进行加权,以探索航运服务业不同类型空间分布的演变。核密度通常被定义为:设 $x_1,\cdots,x_n$ 是从分布密度函数为 f 的总体中提取的独立、相同分布样本。估计 f 是某个点 x 的值。通常使用 Rosenblatt-Parzen 核估计:

$$f_n(x)=\frac{1}{nh}\sum_{i=1}^{n}k\left(\frac{x-x_i}{h}\right)$$

其中:$k()$ 是核函数;h 是带宽,大于 0,其确定或选择对计算结果有很大影响;$x-x_i$ 是估计点到样本 x_i 之间的距离。本文中的加权核密度由 ArcGIS 10.8 计算。注册资本 50 万元以下、50—100 万元、100—500 万元、500 万元以上的加权值分别为 1、2、3、4。

(三) 椭圆的标准差

为了理解空间地理元素的结构特征,我们选择了标准偏差椭圆(SDE)方法,该方法由 Lefever 于 1926 年首次提出,首先研究了平均中心、中值中心和模式中心。中心性和聚集性是反映工业效率的重要空间结构特征。创建标准偏差椭圆是为了总结地理特征的空间特征:中心趋势、异常值和方向趋势。ArcGIS 中的标准偏差椭圆可视化工具可用。标准差椭圆已成为探索要素空间分布方向和扩散的经典算法,可以有效帮助我们了解江苏航运服务业的整体空间结构特征。因此,本文采用 ArcGIS 10.8 地理信息空间分析软件和标准差椭圆,探索江苏航运服务业的空间分布方向和范围。计算公式如下:

$$\frac{(\sum_{i=1}^{n}\overline{x}_i^2 - \sum_{i=1}^{n}\overline{y}_i^2) + \sqrt{(\sum_{i=1}^{n}\overline{x}_i^2 - \sum_{i=1}^{n}\overline{y}_i^2)^2 + 4(\sum_{i=1}^{n}\overline{x}_i\overline{y}_i)^2}}{2\sum_{i=1}^{n}\overline{x}_i - \overline{y}_i}$$

$$\sigma_x = \sqrt{\frac{2\sum_{i=1}^{n}(\overline{x}_i\cos\alpha - \overline{y}_i\sin\alpha)^2}{n}}$$

$$\sigma_y = \sqrt{\frac{2\sum_{i=1}^{n}(\overline{x}_i\sin\alpha + \overline{y}_i\cos\alpha)^2}{n}}$$

其中,x_i,y_i 是不同航运服务企业的平均中心与 $x-y$ 坐标之间的差值。σ_x 和 σ_y 分别是沿 x 轴和 y 轴的标准偏差。

二、冲突解决的图形模型

冲突分析图模型(Graph Model for Conflict Resolution,GMCR)是在经典博弈论和部分博弈论的基础上,首先由 Kilgour,Hipel,Fang 提出的,用来分析来自广泛领域的冲突。现实中的冲突往往显得复杂无序,很难进行深入、系统的分析。GMCR 提供了一种简单灵活的方法,将难以定量分析的冲突转化为定量数学模型。

GMCR 模型有四个基本组成部分:决策者(DMs),N={1,2,…,N},N 表示决策者个数;可行状态(States),S={$S_1,S_2,…,S_m$}表示可行状态集,M 表示可行状态个数;偏好(State Transition),P={$P_1,P_2,…,P_n$}表示所有决策者的偏好集,P_i 表示决策者 i 的偏好;状态转移图,G={$G_1,G_2,…,G_n$}表示各个决策者的状态转移有向图,其中 G_i=<S,A_i>,i=1,2,…,n,A_i 表示在可行状态集 S 上由决策者 i 控制的有向弧集,弧的箭头指向表明决策者 i 可由箭尾节点对应的状态转移到箭头结点对应的状态。状态转换集也可以用矩阵表示,称为状态转换矩阵。状态转移图更直接,矩阵形式更容易编码。

研究 GMCR 冲突主要包括三个步骤:建立模型、稳定性分析和后稳定性分析。建立模型是指基于冲突背景模型的四个部分,即决策者(DMs)集、可行状态集、状态转移图和决策者的相对偏好。稳定性分析是基于解的概念定义,求出冲突的均衡解。后稳定性分析主要是运用敏感性分析工具,通常被用来加深对冲突的理解,为决策者提供战略层面的建议。

稳定性分析和求解都需要大量的计算。如果所有这些都用传统的数学方法进行,将花费大量的时间。因此,对于较复杂的图模型冲突问题,需要依靠软件求解稳定性。加拿大滑铁卢大学系统设计工程 Hipel 教授团队已开发出相关软件 GMCR Ⅱ(冲突解决图模型,决策支持系统 Ⅱ)。GMCR Ⅱ 构成了下一代战略决策支持系统,它有效分析了人们在许多领域中发生的战略冲突。正如许多实际应用程序所证明的那样,GMCR Ⅱ 可以为决策者和分析师提供决策建议、结构性见解和假设问题的答案。有了这种增强的理解,分析人员可以更好地解释战略关系并帮助决策者,他们有机会指导冲突朝着更有利的结果发展。

第三节　模型构建和求解

一、通过 ArcGIS 绘制密度图

本文使用世界银行和国际货币基金组织联合建立的全球航运交通密度数据库绘制图片。作为国际货币基金组织世界海运贸易监测系统的一部分,该数据集涵盖 2015—2020 年期间所有观测到的船舶运动,分辨率为 500 米。它还包含各种类型船舶的数据,包括商船、油轮、集装箱和其他不同类型的船舶密度分布数据。本文采用 ArcGIS 中的点密度分析工具。通过去除背景值 0 并用自然断点法划分区域,最终得出江苏省及其邻近地区的航运密度。

图 4-1 涵盖了长江三角洲地区的航运密度。由此可见,2015—2020 年上海、宁波和青岛港口的航运密度明显高于江苏。在过去 30 年中,长三角地区的港口体系从集中发展转变为分散发展,这与长三角枢纽港的演变密切相关。20 世纪 80 年代以来,上海港作为长三角地区的枢纽港,受益于港口规模效应的不断扩大,对周边港口的辐射效应日益增强。1981 年至 1999 年,上海港货物吞吐量和集装箱吞吐量的市场份额分别占 37% 以上和 70% 以上。在此期间,具有巨大竞争优势的上海港一直引领着长三角地区港口体系的演变。随着经济发展的加快,上海港逐渐发展成为区域综合物流中心,但单一港口在地理和物流的便利性方面存在明显的局限性,因此宁波舟山港已成为长三角地区新的枢纽港。到目前为止,尽管江苏省的苏州港被认为具有巨大的潜力和突出的沿海资源,但还没有成为像上海和宁波这样的枢纽港。从图 4-1 可以看出,江

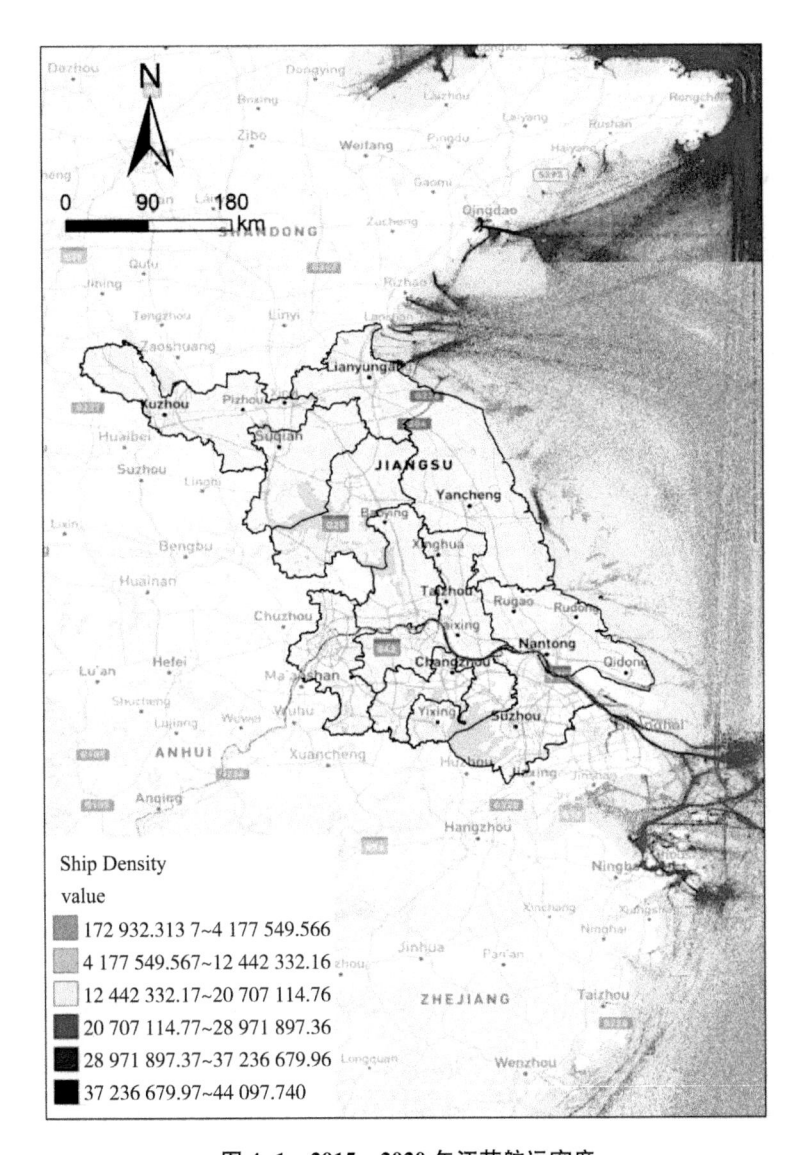

图 4-1　2015—2020 年江苏航运密度

苏相关港口的航运密度明显低于上海和宁波。江苏航运为何发展缓慢？过去的学者将这种现状归因于江苏的分散管理。江苏水运资源丰富，特别是内河和沿海资源丰富，催生了各个城市和地区的港口贸易。从图 4-1 可以看出，江苏内河航运密度基本可以达到 207 014.77—28 971 897.36 的范围，但只有连云港港和盐城港两个沿海港口可以达到较高程度。地方政府在江苏省开展航运竞争，恶性竞争的加剧阻碍了江苏省航运潜力的实现。正是地缘政治和历史原因,江苏港口资源重新配置后,地方利益将受到影响。江苏港口资源配置面临诸多冲突,下文将对此进行分析。

二、加权核密度结果分析

根据按类型划分的核心密度计算结果(图 4-2),港口和航运服务业的总体形态呈现明显的空间集聚特征。2000 年之前,整体港航服务业主要集中在沿海和沿江城市,尤其是盐城市、淮安市等地区。这些毗邻长江的城市的整体港口和航运企业具有最明显的集群特征,而中南部地区城市的整体港航企业集中度较低。2001 年至 2010 年,整体港航服务业从江苏省主要集中区域逐步向周边地区扩散,中南沿海城市开始出现产业集聚。2009 年下半年,江苏沿海开发

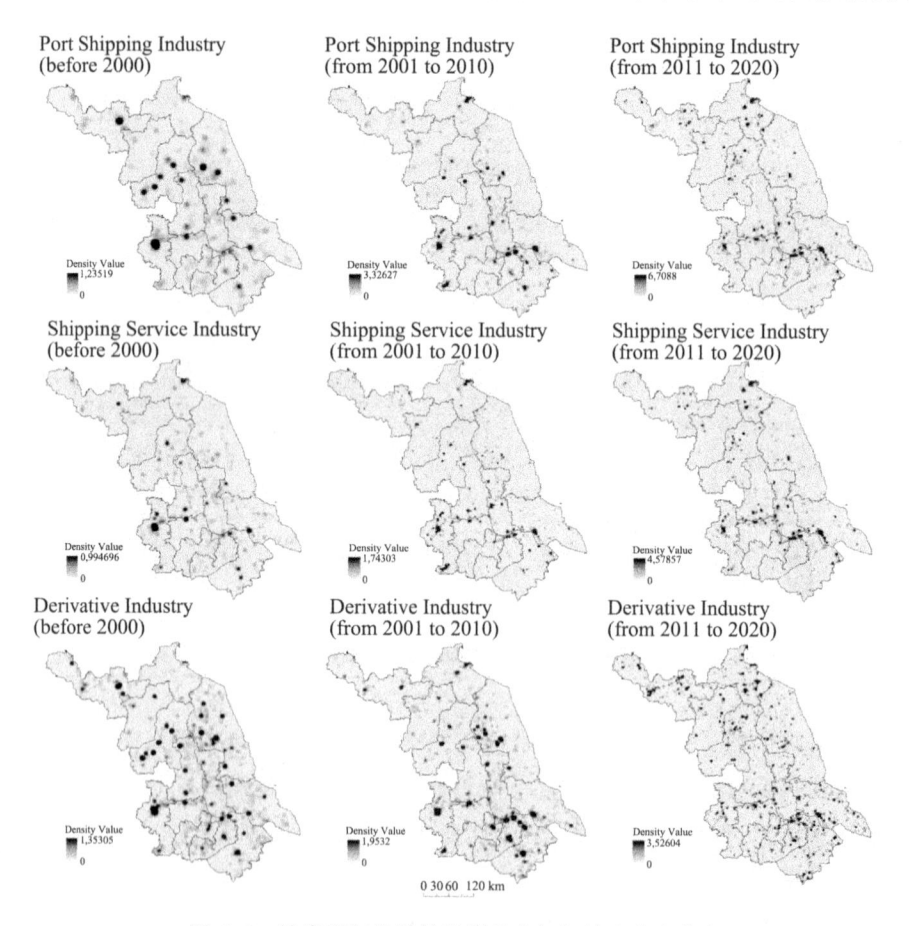

图 4-2 按类型划分的航运服务业加权核心密度分布

被列为建设现代化海港的国家战略。这项政策的出台是江苏沿海发展国家战略的一个突破。因此,从2011年到2020年,港口和航运服务业的整体集中度变得不那么明显,各城市港口和航运企业的总体密度显著增加。航运服务业以及衍生港口和航运服务业在空间选择方面有很大的自由度,较少受到实体物流的限制。2000年以前,航运服务业主要集中在南京、镇江、扬州等长江沿线地区,近年来逐渐向沿海地区扩散。大多数衍生港口和航运服务都是价值链中的高端行业,从单核心发展到多核心。2000年,以外滩陆家嘴为中心的循环发展形成。到2020年,上述区域不断扩大,在沿海城市连云港和南通形成新的集中区,并将继续向周边地区扩散。这两类高密度区域具有高空间稳定性。2013年,中国提出了"一带一路"倡议。特别是2017年5月在北京举办的"一带一路"国际合作高峰论坛,取得了一系列成果。为适应港口和航运物流领域的竞争和发展趋势,越来越多的相关企业聚集在沿海地区。

三、椭圆分析的标准差

表4-2和图4-3显示了江苏港口和航运服务业标准差椭圆的分析结果。总体看来,江苏港航服务业的分布格局呈现出从中心向外扩张的弱空间分布趋势,中轴线总体上处于连接扬州和泰州的线上;标准偏差椭圆的旋转角q为146.69°。从配送中心的角度来看,椭圆的中心点位于扬州市江都区、高邮市和兴化市三个区的交界处。从2000年到2010年,椭圆的中心点不断向东南方向移动,从2010年到2020年,它们继续向东北方向移动。从标准差椭圆的长轴和短轴变化来看,江苏省整体港航服务业的标准差椭圆长轴和短轴呈现一定程度的波动,这表明港口和航运服务业在全省具有一定的聚集或扩散趋势。就不同的港口和航运服务企业而言,航运服务业总体格局呈现"西北—东南"的空间格局,但角度q大于港口和航运整体服务业,为149.76°。从标准差椭圆的长轴和短轴的变化来看,椭圆的长轴与短轴之间的差异较小,这表明航运服务业

表4-2 江苏省航运服务企业标准差椭圆参数

a. 整体港口和航运服务业	中心点经度	分点纬度	半长轴长度	半米诺轴长度	旋转角
2000年前(含2000年)	119.466 946	32.812 621	207 932.785	114 297.318	145.036 02
2001—2010年	119.696 877	32.589 648	213 977.183	113 814.309	148.807 15
2011—2020年	119.641 317	32.918 594	240 868.511	107 309.311	146.227 12

续表

b. 航运服务业	中心点经度	分点纬度	半长轴长度	半米诺轴长度	旋转角
2000 年前（含 2000 年）	119.479 899	32.623 443	199 728.165	119 078.394	147.429 16
2001—2010 年	119.533 763	32.677 594	216 008.782	125 489.707	152.026 98
2011—2020 年	119.716 222	32.853 337	227 019.025	106 957.817	149.818 05
c. 衍生港口和航运服务业	中心点经度	分点纬度	半长轴长度	半米诺轴长度	旋转角
2000 年前（含 2000 年）	119.462 728	32.874 227	209 659.795	111 914.739	143.956 22
2001—2010 年	119.864 765	32.499 129	208 435.446	97 835.265	147.087 69
2011—2020 年	119.484 391	33.055 309	265 531.215	104 290.023	141.469 60

整体港口和航运服务业
（2000，2010，2020）

航运服务业
（2000，2010，2020）

衍生港口和航运服务业
（2000，2010，2020）

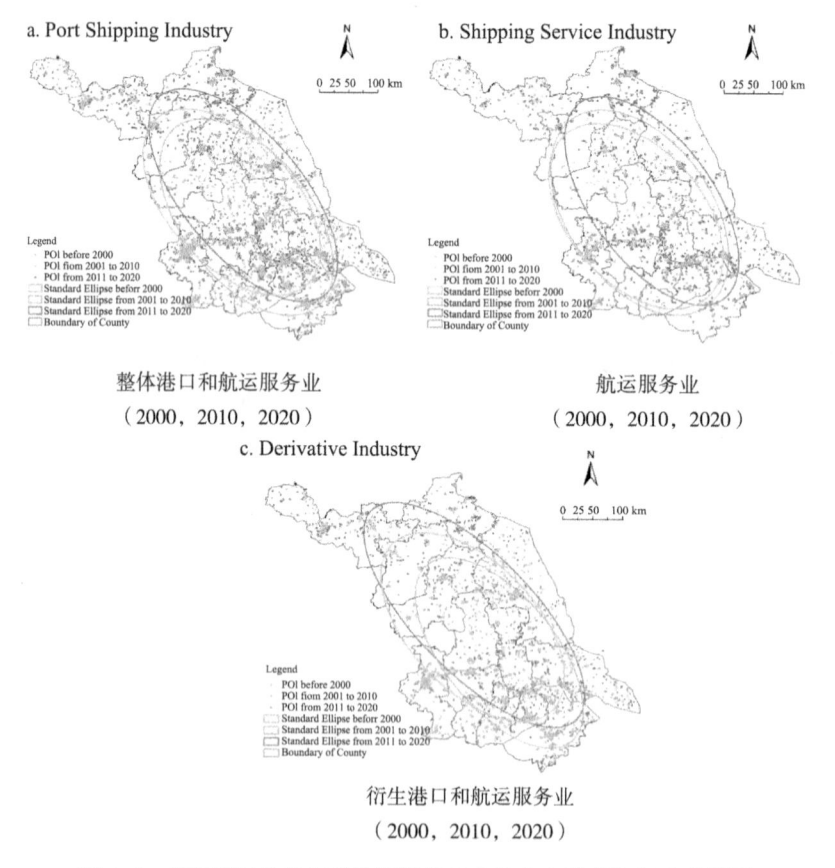

图 4-3　按类型划分的江苏航运服务业企业分布模式和标准差椭圆

的向心力较弱,方向性不明显。衍生港口和航运服务业的总体格局也呈现"西北—东南"的空间格局,旋转角 q 为 144.17°。从标准差椭圆的长轴和短轴的变化来看,椭圆的短轴没有明显的变化趋势,而长轴呈现明显的增加趋势,尤其是 2011 年以后,这表明衍生服务业沿着长轴有明显的扩散趋势,同时也表明衍生服务业具有较强的向心力和明显的方向性。

四、模拟江苏港口资源优化配置的冲突

(一) 决策者(DMs)及其选项

在冲突分析中,为了阐明我们需要确定的要点,我们在江苏港口的冲突中设置了三个具有相同目标和价值观的决策者。DM1 是江苏省政府,是实施国家"一带一路""长江经济带"、推动江苏港口资源优化配置的行政主体,并制定江苏港口资源配置的具体政策。DM2 是地方政府,代表港口所在城市的各相关利益体。DM3 是具体地方的港口企业,是为实现企业经营目标,从事装卸、搬运、储存、代理等港口生产、流通或服务性经济活动的组织。

下一步,我们需要找出决策者(DMs)的选项。面对江苏港口资源优化配置,江苏省政府有三个选择:A1,行政方案,此类方案是将省内各地市的港口管理部门整合为一个跨行政区域的港口管理部门,或新设立一个跨行政区域的港口行政管理协调机构。行政方案的整合目的是对港口自然资源和经营资源施加影响,促进其有效利用;A2,经济方案,以经济方案推动的港口资源优化配置和合作可以跨越行政管辖范围,资源配置和合作对象与区域的选择比较灵活,一般不会涉及行政管理体制,程序比较简单,纯粹是投资行为,资源配置的对象主要是单体码头或者某一港区,合作的形式和内容可以多种多样;A3,混合方案,即行政方案与经济方案相结合,以行政方案配置资源带动区域经济从而服务国家战略,以追求宏观效益和社会效益为主;以经济方案整合追求港口企业经济效益,在市场经济基础上,实行优势互补,互惠互利,合作共赢。地方政府有两个选择:B1,推进整合,这表示地方政府支持当地港口企业进行整合,并积极采取行动推进整合进程;B2,不推进整合,即维持地方港口现状,拖延港口整合进程。港口企业(集团)有两种选择:C1,愿意整合,即与省内其他港口实现整合,统一名称、统一建设、统一管理、统一经营、统一股权;C2,不愿意整合,即港区依然各自为政,就算名义上联合实际也不整合,各搞各的规划、建设,无法实现统一规划管理、资源配置优化。表 4-3 显示了三个决策者及其选择。

表 4-3 决策者及其选择

决策者(DM)	选项
DM1 省政府	A1,行政方案
	A2,经济方案
	A3,混合方案
DM2 地方政府	B1,推进整合
	B2,不推进整合
DM3 港口企业	C1,愿意整合
	C2,不愿意整合

（二）可行状态

每个决策者独立选择自己的策略,将所有决策者的策略选择情况组合在一起,就形成了冲突的一个状态。决策者对每个策略都有两种情况:选择和不选择,即"Y"和"N"。由于港口整合冲突三方决策者中共有 7 个选项,理论上有128 个状态。但有些状态明显不合理,需要取消。首先,每个决策者一次只能选择一个选项。例如,地方政府不能同时选择 B1 和 B2,所以当决策者选择两个或两个以上的选项时,我们应该取消这个状态。综上所述,剔除不可行状态后,最后剩下 12 个可行状态,如表 4-4 所示。

表 4-4 可行状态表

状态	S1	S2	S3	S4	S5	S6	S7	S8	S9	S10	S11	S12
DM1												
A1 行政方案	Y	Y	Y	Y	N	N	N	N	N	N	N	N
A2 经济方案	N	N	N	N	Y	Y	Y	Y	N	N	N	N
A3 混合方案	N	N	N	N	N	N	N	N	Y	Y	Y	Y
DM2												
B1 推进整合	Y	Y	N	N	Y	Y	N	N	Y	Y	N	N
B2 不推进整合	N	N	Y	Y	N	N	Y	Y	N	N	Y	Y
DM3												
C1 愿意整合	Y	N	Y	N	Y	N	Y	N	Y	N	Y	N
C2 不愿意整合	N	Y	N	Y	N	Y	N	Y	N	Y	N	Y

（三）状态转移图

状态转移是指在其他决策者策略保持不变的条件下,决策者从某个状态出发,通过改变自己的策略可以转移到的状态情况。根据可行状态表,可绘制出 DM1、DM2 和 DM3 的状态转移图模型。其中,S1 到 S12 表示 12 个可行状态,双向箭头表示状态之间可以互相转移,单向箭头表示状态之间不可逆,只能单向移动。如图 4-4 所示:

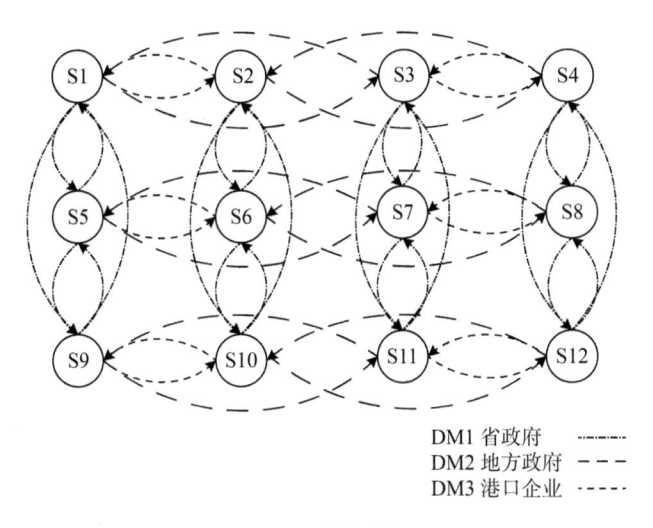

图 4-4 状态转移有向图

(四) 决策者的相对偏好

省政府希望通过港口资源优化配置带来规模效益,可以有序投资,科学规划,而且能够避免无序利用岸线等稀缺资源。省政府重视长期经济效益和社会效益,力图通过各港口功能协调分工、互补定位和科学投资,实现港口岸线资源合理开发和资源共享,促进相关区域经济协同增长。根据这一原则,省政府(DM1)的最佳状态是 S9 状态,即地方政府和港口企业都支持和推进港口整合,而成立江苏省港口集团正是运用混合方案,即行政方案与经济方案相结合,让地方政府和港口企业更愿意接受。第二好的状态是 S1,即在行政方案下就实现港口的整合。省政府(DM1)的相对优先级如式(4-1)所示:

$$S9>S1>S5>S10>S6>S2>S11>S12>S7>S8>S3>S4 \quad (4-1)$$

从地方政府来讲,不同的地方的考虑就会不同。港口企业不是单纯的生产企业,在很多时候,一个地方的港口企业是地方经济发展的重要依托,是被地方政府寄予厚望的,尤其是很多港口企业都是国企,在解决地方就业、税收增加上起到了很大的作用,而事实上很多城市的港口企业都是这个城市的经济支柱,甚至很多城市的经济布局都围绕港口企业来进行。如此一来,港口的行政化色彩就显得相当的浓厚。因此,对地方政府来说,最好的状态是 S4,即虽有行政方案,但维持现状,港口企业依然属于地方政府,为当地创造经济收益。第二好的状态是 S5,即依靠市场机制,通过兼并收购配置港口经营资源,使港口企业经济效益差最小。地方政府偏好等级如式(4-2)所示:

$$S4>S5>S9>S10>S6>S3>S11>S7>S2>S1>S8>S12 \quad (4-2)$$

港口企业是经营性资源优化配置的主体,追求各自港口市场估值和股权收益最大化。尽管如此,不同港口企业内部的产权结构非常复杂,企业间经营管理体制差异较大。而且大多数港口所在城市的国资委控股权重很大,从而导致各港务集团对地方政府的依赖非常大。甚至很多地方政府通过港务局直接参与港口企业的内部经营管理。因此,它们的偏好等级如式(4-3)所示:

$$S4>S5>S12>S7>S10>S2>S3>S11>S6>S1>S8>S9 \quad (4-3)$$

(五) 稳定性求解

在港口资源优化配置问题中,每一个冲突个体都希望可以选择自己最喜欢的方案,希望结果对自己最有利,但冲突是所有决策者共同确定的一个系统,因此作为个体,需要综合考虑自己以及其他个体的方案选择情况,使得冲突的结局最有可能被所有的个体接受,这样的结局即为冲突分析的稳定解。GMCR 中将这种寻找平衡稳定解的过程称作稳定性分析过程,而稳定解代表了冲突中的所有决策者均可以接受的一种状态。根据决策者状态转移的步数和面对风险态度的不同,现有文献给出了 4 种稳定性定义:纳什稳定(NS)、一般超理性稳定(GMR)、对称超理性稳定(SMR)和序列稳定(SEQ)。

1. 纳什稳定

在 NS 稳定下,决策者不存在单方面进一步改进的可能,即作为匹配个体,不能采取单方面的行动来得到一个更好的局势。当决策者选择转移状态时,其他状态都劣于或者等价于原状态,所以决策者不会再进行状态转移。如果对于所有的决策者,某状态都是 NS 稳定状态,那么该状态被可视为全局 NS 平衡点。

2. 一般超理性稳定

在 GMR 下,决策者预测到自己状态转移之后,其他决策者会采取新的行动予以反击,使自己变得不利,即匹配个体的所有单方面改良都会遭到其对手的反击,并且反击后的状态不优于初始的状态,所以该匹配个体不会从该状态转移。如果对于所有的决策者，某状态都是 GMR 稳定，那么该状态可被视为全局 GMR 平衡点。

3. 对称超理性稳定

在 SMR 稳定中，决策者不但考虑自己可能的行动和对手会采取新的行动，而且考虑到其自身的再响应，即在 GMR 稳定的基础上又向后多考虑了一步，当对手反击后，冲突并没有结束，决策者仍能对对手的反击作出回应，之后，冲突结束。如果对于所有的决策者，某状态都是 SMR 稳定，那么该状态可被视为全局 SMR 平衡点。

4. 序列稳定

SEQ 稳定和 SMR 稳定非常相似，不同之处在于 SEQ 稳定下，决策者能预测到在自己行动之后，其他决策者会采取单方面改进行动，使自己变得有利，不会不计后果。如果对于所有的决策者，某状态都是 SEQ 稳定，那么该状态可被视为全局 SEQ 平衡点。

5. 软件 GMCRⅡ求解稳定性

对于较复杂的图模型冲突问题，需要依靠软件求解稳定性。通过 GMCRⅡ软件计算，共形成了 15 个均衡解，如表 4-5 所示。

表 4-5　港口资源优化配置冲突的均衡解

状态	NS 省政府	NS 地方政府	NS 港口企业	NS E	GMR 省政府	GMR 地方政府	GMR 港口企业	GMR E	SMR 省政府	SMR 地方政府	SMR 港口企业	SMR E	SEQ 省政府	SEQ 地方政府	SEQ 港口企业	SEQ E
S1	√				√	√	√	*	√				√	√	√	*
S2			√		√	√		*	√		√			√	√	
S3		√			√	√			√	√			√	√		
S4		√	√						√	√			√	√		
S5	√	√	√	*	√	√	√	*	√	√	√	*	√	√	√	*
S6		√														
S7			√		√		√		√		√		√		√	
S8														√		
S9	√	√			√	√		*	√	√			√	√		
S10	√	√	√	*	√	√	√		√	√	√	*	√	√	√	*
S11	√				√				√				√			
S12	√		√		√		√	*	√		√		√		√	

注：1)"√"表示在稳定性定义下该状态是均衡解；2)"E"为 Equilibrium 的缩写，代表均衡

第四节　江苏港口资源优化配置各方利益冲突均衡解

表 4-5 中状态 5 和 10 为 NS、GMR、SMR、SEQ 稳定性定义下的均衡解，很明显状态 5 和 10 是在四种稳定性定义下满足所有决策者的最强稳定状态，状态 1 为 GMR、SEQ 稳定性定义下的均衡解，状态 2、6、9、11 和 12 为 GMR 稳定性定义下的均衡解。

一、均衡解状态 10 分析

江苏省政府通过混合方案，即行政方案与经济方案相结合，也就是成立江苏省港口集团，推进港口资源优化配置，地方政府也在推进港口资源优化配置，但港口资源实际优化配置进度依然缓慢。该结果与江苏港口整合的现状是一致的。2017 年 5 月 22 日，江苏省港口集团正式组建成立，将全省沿江沿海港口作为一个整体，进行统一规划布局，实行一体化经营。江苏省有南京港（集团）有限公司、苏州港口发展（集团）有限公司、镇江港务集团有限公司、南通（港口）集团有限公司、江苏省扬州港务集团有限公司、泰州港务集团有限公司、江苏江阴港港口集团股份有限公司、连云港港口控股集团有限公司八大港口集团。江苏省港口集团组建至今，有的港口整合并不是功能上、本质上的整合，而仅仅是形式上和名义上的整合，大多是对港口建设规模和港口吞吐量进行简单合并，对改善港口布局和资源结构没有起到实质性的贡献。除了连云港港口集团、江阴港港口集团和扬州港务集团外，其他港口至少有 2 个股东，港口集团股权较为复杂，增加了整合难度；2021 年江苏省全省港口完成货物吞吐量达 32.1 亿吨，但是八大港口集团仅完成货物吞吐量 8.46 亿吨，仅占全省港口货物吞吐量的 26.37%，一方面说明沿江八大港口集团对地区港口控制力弱；另一方面，港口之间的同质无序化竞争大大降低港口集团的收益，不利于江苏省港口资源优化配置的可持续发展。江苏省港口集团成立后，各港区依然各自为政，联而不合，各搞各的规划、建设，难以实现整合前所构想的统一规划管理、资源配置优化的初衷，有些港口还会视整合后的兄弟港口为竞争对手，争投资额度、腹地资源等。

二、均衡解状态 5 分析

通过对均衡解状态 5 的分析，地方政府和港口企业更愿意在市场商业模式下，实现港口的整合，由此对江苏省港口集团成立后港口资源优化配置提出以下几点建议：

（一）推动港口资源优化配置，坚持规律导向原则

港口资源优化配置应坚持"规划引领、市场导向、政府推动、企业参与"的原则。现阶段我国港口资源优化配置成功的案例主要由政府推动和调控，在政府主导、推动下，港口企业的重组整合可操作性更强，推进进程更快，例如宁波舟山港集团、连云港港口集团的重组。但是，港口改革不能只靠政府，政府取代市场配置功能会造成效率低下等问题，因此港口资源优化配置应以市场运作规律为导向，以资本为纽带，以政府宏观调控为手段，发挥港口企业自身主动性和积极性，科学合理地实现港口资源优化配置。

1. 顶层设计和战略谋划是推进港口资源优化配置的关键环节

推进港口资源优化配置，涉及领域广、政策性强，需要省级层面加强顶层设计和战略谋划。制定发展思路，编制改革方案、发展规划，强力推进区域港口一体化发展、资源统筹管控、通关服务便利化、对外开放合作等重点领域改革创新，推动港口发展由数量规模型向质量效益型转变，提升了区域港口的综合竞争力。

2. 市场主导和政府引导是推进港口资源优化配置的根本原则

推进港口资源优化配置，必须充分发挥市场在资源配置中的决定性作用和政府的引导推动作用。一方面以市场为导向，以资产为纽带，组建省港口集团，设立产业基金，搭建投资运营平台，推进港口资源优化配置；另一方面，成立海洋港口专门机构，破除体制机制障碍，强化规划引领，落实相关改革举措。

3. 统筹兼顾和调动地方是推进港口资源优化配置的重要前提

推进港口资源优化配置涉及多方利益调整，必须加强顶层设计和基层探索，形成改革合力。既加强统筹协调，组建省级港口集团，上收管理权限，实行按股比分红权与经营决策权的分离，整合相关地市港口资产；又充分调动地方发展港口的积极性，维护地方现有利益，做到"三个保持"：保持各地港口企业注册地、股权和税收关系不变，保持重点项目推进力度不减，保持港口对各地经济发展支撑力度不仅不减反而加大。

（二）推动港口资源优化配置，实现集约管理发展

现在港口的资源优化配置已从政府主导转变为各地企业以资本为纽带进行多层次、多方向的交流与合作。在此基础上，港口的资源优化配置应努力实现更有深度与广度的资源整合。这就需要港口企业不能以向国家要优惠政策、争夺地方利益、实现吞吐量增量为目标开展形式上的整合，而是要打造具有高服务水平的区域性国际航运中心，建立具备国际航运中心、主枢纽港、区域性港口、中小港口等多层次、功能互补性强的港口群，这样既可避免同质化发展和恶性竞争，又可以充分利用海内外资源，发挥港口在"一带一路"中战略支点作用，增强港口辐射带动作用和产业派生能力，降低投资、海运、交易、财务、风险控制等成本，进而降低社会物流成本。建议国家加强顶层设计，出台由跨区域政府和企业共同主导的港口资源优化配置政策措施，引导、推动各地港口企业从多层面开展不同方式的资源优化配置。

（三）推动港口资源优化配置，提升港口集成能力

以港口为结点，发挥多种运输方式的高效集散功能，加快建设以港口为核心，集水路、铁路、公路甚至航空等多种运输方式于一体的集疏运体系，大力发展江海联运、海公联运和海铁联运构成的多式联运模式，提高物流供给效率，降低物流成本。依据港口自身发展规模及特色优势，配套开展航道、码头、装卸设备等港口基础设施建设，不断建立与港口规模相配套的集疏运体系，提升港口服务能力和保障能力。以"互联网+""智慧港口""绿色港口"为发展理念，积极拓展保税、加工、金融、贸易、信息、大宗商品交易等增值服务功能，建立物流配送、供应链金融、电子口岸、第三方电子商务等综合服务平台，全面提升港口资源配置和集成能力。

（四）推动港口资源优化配置，打造网络港口集团

依托物联网技术，通过整合各港口现有生产服务系统信息资源，聚沙成塔，形成江苏全省港口信息网，进而打造形态齐全的网络港口大集团。着力推进集团旗下的信息化公司、人才队伍和设计研发团队、数据资源、业务生产服务系统四项整合，全力组建江苏港口科技信息公司，着力打造对内生产经营管理一张网、对外市场拓展客户服务一张网的"两张网"建设，加强交换共享，大力推进"单一窗口"和电子口岸建设；从单一港口向多领域拓展与转移，从单一属地向周边及腹地延伸；构建智慧港口生态圈，实现跨区域综合性信息服务。促进全

港生产经营管控一体化,提升港口综合服务能力。

三、结论

本章首先使用 ArcGIS 绘制了长江三角洲地区的航运现状图。通过实证分析,发现江苏省由于分散管理航运发展滞后。考虑到当前的港口资源优化配置情况,本章在江苏省建立了由江苏省政府、地方政府和港口企业共同参与的港口资源优化配置 GMCR 模型,并使用 GMCRⅡ软件系统解决和测试 GMCR 的稳定性。首先,GMCRⅡ软件成功地找到了江苏省港口资源优化配置冲突中决策者之间的平衡点。其次,我们可以发现江苏省港口资源优化配置中存在的问题和矛盾。这是江苏省政府、地方政府和港口企业之间竞争的结果。冲突的实质是,江苏省港口和长江港口在业务类型、运营模式或航线连接上都不在同一个系统中,每个地方政府都有自己的利益和目标。第三,为了从根本上解决江苏省港口资源优化配置问题,政府应尝试在市场商业模式的指导下,运用创新方法实现江苏省港口的实质性资源配置。

具体的实际操作可能包括许多学者倡导的智能运营管理和协同航运和物流。港口自动化和智能化是港口最直接、最重要的管理措施。在确保码头高效运营的前提下,可实现码头与堆场之间的运输、堆场内作业、道口出入口等全过程自动化、智能化操作,避免其他物流环节瓶颈。在实现内部有效性的过程中,港口应注重两个方面的能力提升:一是运营管理的自动化和智能化;第二,信息集中和可视化。此外,协同航运和物流的价值主张在于提高海运物流价值链的整体效率和服务质量,重塑终端托运人的体验。物流协作需要关注两个方面的能力提升:一是建立港口之间的战略合作,优化内陆多式联运网络;二是建立互联互通信息平台。

第五章
江苏港口资源优化配置结构功能定位

第一节　江苏港口资源配置帕累托改进

一、帕累托改进和帕累托最优的基本概念

所谓"帕累托改进"（Pareto Improvement）是以意大利经济学家帕累托（Vilfredo Pareto）命名的，并以帕累托最优（Pareto Optimality）为基础。帕累托最优是指在不减少一方福利的情况下，就不可能增加另外一方的福利；而帕累托改进是指在不减少一方福利的同时，通过改变现有的资源配置提高另一方的福利。

"帕累托改进"是经济学的一个概念，指在某种经济境况下如果可以通过适当的制度安排或交换，至少能提高一部分人的福利或满足程度而不会降低所有其他人的福利或满足程度。帕累托改进：如果对某种资源配置状态进行调整，使一些人的境况得到改善，而其他人的状况至少不变坏，符合这一性质的调整被称为帕累托改进。

"帕累托最优"也被称为帕累托效率、帕累托改善，是博弈论中的重要概念，并且在经济学，工程学和社会科学中有着广泛的应用。帕累托最优是指资源分配的一种理想状态，假定固有的一群人和可分配的资源，从一种分配状态到另一种状态的变化中，在没有使任何人境况变坏的前提下，使得至少一个人变得更好，这就是帕累托最优。帕累托最优的状态就是不可能再有更多的帕累托改进的余地；换句话说，帕累托改进是达到帕累托最优的路径和方法。帕累托最优是公平与效率的"理想王国"。

帕累托最优和帕累托改进是微观经济学,特别是福利经济学常用的概念。福利经济学的一个基本定理就是所有的市场均衡都是具有帕累托最优的。但在现实生活中,通常的情况是有人有所得就有人有所失,于是经济学家们又提出了"补偿准则",即如果一个人的境况由于变革而变好,因而他能够补偿另一个人的损失而且还有剩余,那么整体的效益就改进了,这就是福利经济学的另外一个著名的准则"卡尔多-希克斯改进"(Kaldor-Hicks Efficiency/Improvement)。

二、帕累托改进基本模型

江苏港口资源优化配置的最终目的就是实现帕累托最优状态,在经济学上帕累托最优就是指当经济中的资源和产出经过任何重新配置都不能使任何个体变得更好而又不使至少另一个体变得更坏,那么就可以说达到了帕累托最优状态,帕累托最优是一种极值状态。所以江苏港口资源优化配置的帕累托改进基本原则就是在保证港口原有效益基础上,提高其他港口整体的效益,如果其他港口的效益提升是在损害港口原有效益则不属于本次帕累托改进。

为了更加明显地表示江苏港口资源优化配置情况,本书用南京港和连云港港进行基于帕累托改进模型的分析。南京港和连云港港帕累托改进基本模型如下图 5-1 所示。

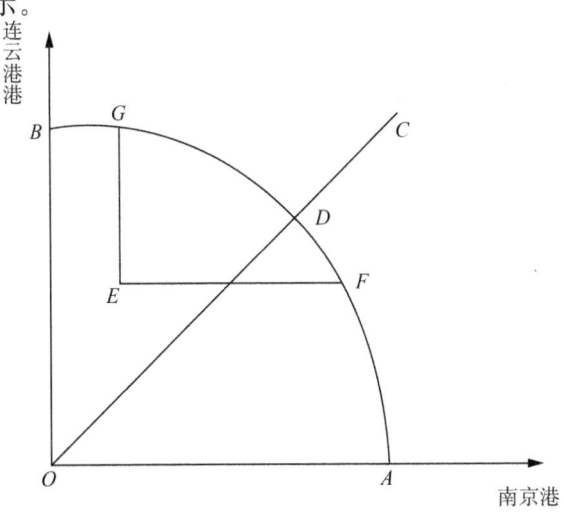

图 5-1 南京港和连云港港帕累托改进基本模型图

在基本模型图中,横轴 OA 轴表示南京港效益,纵轴 OB 轴表示连云港港效益,横轴与纵轴之间任意一点为南京港和连云港港的效益组合,直线 OC 表示南京港和连云港港两港的效益相同,曲线 AB 表示在目前政策环境、经济形势不变的情况下南京港和连云港港整合的效益最大化曲线,点 E 是南京港和连云港港整合的效益最大化曲线内的任意一点,点 E 到曲线 AB 形成的 EFG 区域表示可以进行帕累托改进,在保证港口原有效益基础上,提高其他港口或者两个港口整体的效益。当然,长江中游内河港口资源整合的影响因素是复杂多样的,既包括港口条件、港口吞吐量能力,又包括政策环境、腹地城市经济等等,所以后续仍然需要对港口资源整合进行进一步综合分析。

三、帕累托改进模型分析

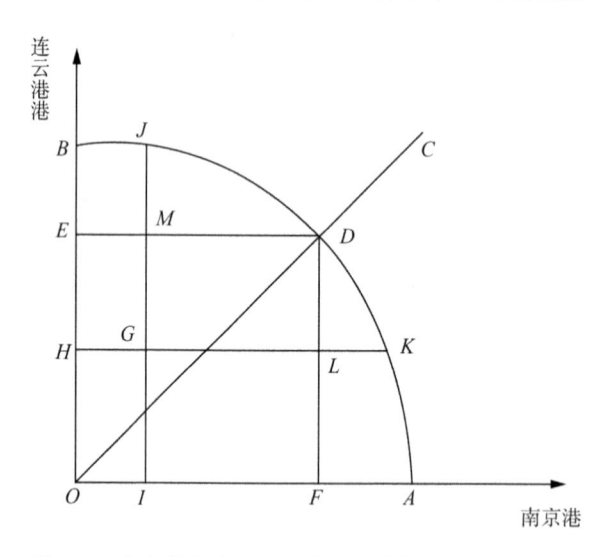

南京港和连云港港资源整合帕累托改进模型图如图 5-2 所示。横轴 OA 轴表示南京港效益,纵轴 OB 轴表示连云港港效益,横轴与纵轴之间任意一点为南京港和连云港港的效益组合,直线 OC 表示南京港和连云港港两港的效益相同,曲线 AB 表示在目前政策环境、经济形势不变的情况下南京港和连云港港整合的效益最大化曲线,点 D 是直线 OC 与曲线 AB 的交点。

图 5-2 南京港和连云港港资源整合帕累托改进模型图

在 BDE 范围以及 ADF 范围内,假设点 P、Q 分别为二者范围内任一点,通过南京港和连云港港资源整合使得点 P、Q 的帕累托改进路线与 BD 弧、DA 弧相交,但是最终点 P、Q 的帕累托改进路线不会和效益均衡线 OC 线相交。所以从港口资源整合帕累托改进模型图中可以得出,在 BDE 范围以及 ADF

范围内南京港和连云港港资源整合可以实现帕累托改进目标达到帕累托最优，但是在整合过程中会一直存在两港效益不均等现象，即使完成港口整合，二者也无法达到理想中的效益均等。假如连云港港或者南京港是以实现港口效益均衡为前提条件而进行的港口资源整合，那么这种目标无法通过港口资源整合实现，两港可以选择不整合。在南京港和连云港港资源整合帕累托改进模型图中，BDE 范围内越靠近 B 和 ADF 范围内越靠近 A 的地方，连云港港和南京港效益差距就越大，两港进行港口资源整合的概率就越低。

点 I、点 H 是分别在横轴 OA 南京港效益轴和纵轴 OB 连云港港效益轴上的点，代表着港口效益的分界点，点 I 以左代表南京港效益亏损，点 H 以下代表连云港港效益亏损。在 $BJGH$ 范围和 $AKJI$ 范围内表示其中一个港口处于效益亏损，另一个港口效益良好。在 $BJME$ 范围和 $AKLF$ 范围内，如果其中一个港口处于效益亏损，另一个港口效益良好，理论上二者通过港口资源整合可以实现帕累托改进的目标，但是此时港口效益始终无法均等，所以连云港港或者南京港不会进行港口整合。在 $EMGH$ 范围和 $FLGI$ 范围内，假设 P、Q 分别为二者范围内任一点，点 P、Q 的帕累托改进路线无法通过南京港和连云港港资源整合与效益最大化曲线 AB 相交，所以两个港口不会进行整合。在 $OHGI$ 范围内，连云港港和南京港都处于效益亏损状态，港口的正常效益无法得到保障，此时两个港口也不会进行整合，因为港口经营状况出现问题难以维持自身发展，当前最主要任务不是进行港口资源整合而是提高港口效益。综上所述，$BJGH$ 范围、$AKJI$ 范围和 $OHGI$ 范围为连云港港和南京港完全不整合范围。

在 JMD 范围和 KLD 范围内，南京港和连云港港可以通过整合实现港口资源效益最大化，二者整合的概率程度较高。但是在 JMD 范围和 KLD 范围内效益均等始终影响着两港的整合效率，所以政府可以在相关政策、港口经营上采取措施，实现变相效益均衡，加快推动南京港和连云港港的整合进程。所以 JMD 范围和 KLD 范围为连云港港和南京港的可能整合范围。在 $DLGM$ 范围内，南京港和连云港港既可以通过整合进行帕累托改进实现港口资源效益最大化，又能够实现两港效益均衡、和谐发展，所以 $DLGM$ 范围为连云港港和南京港的完全整合范围。

四、帕累托改进模型结论

以南京港和连云港港为例进行港口资源整合帕累托改进分析，假如两个港口处于完全整合范围内，不需要进行外界干预，两个港口会主动寻求整合时机，通过帕累托改进实现港口资源配置效益最大化同时也能达到两港效益均衡,这是最理想状态。假如两个港口处于可能整合范围内,这时候港口资源需要外界干预来推动整合,例如一些合理的政策支持、市场经济手段,这样可以调整港口资源的效益界线,使得港口整合得以顺利实现。同时在可能整合范围内,两个港口可以通过帕累托改进达成效益均衡,缩小效益差距,但是港口不能一味地只追求效益均衡,也应该考虑港口的整体利益以及港口协同发展。在港口处于可能整合范围内,政府扮演的角色就尤为重要,应该采取积极措施鼓励、推动港口之间进行合作,最终实现港口资源整合。最后,假如两个港口处于完全不整合范围内,港口资源的整合难以实现,此时双方港口都深陷效益亏损,港口的稳定发展成为首要解决问题,急需改善经营状况也难以顾及资源整合,如果此时盲目进行港口资源整合只会因小失大,会拖累整个港口群的稳定发展。所以,处于完全不整合范围内的港口应积极对待经营效益状况,提升组织管理水平,提高生产效率,进而完成效益转亏为盈。

以上通过帕累托改进进行的模型分析,虽然只是选取江苏港口中的两个作为研究代表,但是结论仍然适用于江苏其他港口之间的资源优化配置。根据不同港口群中的港口、同一港口群中不同港口的资源优化配置帕累托分析,总结归纳三种整合范围:完全不整合范围,可能整合范围和完全整合范围。不论是同一港口群还是不同港口群,港口所处相对整合范围成为港口资源优化配置的关键。江苏港口不可能因为经营效益亏损而处于完全不整合范围,所以不同港口群中的港口、同一港口群中不同港口多数处于可能整合范围和完全整合范围。江苏港口资源优化配置首先就要确定是处于可能整合范围还是完全整合范围,其次根据所处港口层次结构以及港口职能发展定位情况提出具可行性、针对性的策略,最终实现整合规划目标。

第二节　江苏港口资源优化配置层次聚类分析

伴随着国家政府部门着力打造长江经济带和振兴长江黄金水道相关政策的出台,江苏沿江沿海的各大港口进入了新的高速发展期,但在其中,以各级地方政府为主领导建设的港口布局规划逐渐陷入恶性不良竞争,各地政府各自为政、各港口之间职能功能定位重复、同时直接或者间接挤占大量经济腹地造成了江苏部分港口重复、无序建设,同时一些私营小码头非法建设、大肆占用岸线资源也成了近年政府大力整治的重点问题。江苏港口资源整体规划水平不高、整合效率过低、实施速度过慢、专业化欠缺等问题成为推动江苏港口资源优化配置进程的重大障碍。港口资源优化配置中合理的层次结构以及明确的功能划分成了江苏港口资源配置的重中之重,也是能够解决以上港口不良发展的有效手段。港口资源优化配置可依据港口层次结构分为主要枢纽港和次要喂给港,这样可以形成立体有效的港口资源综合集疏运体系,然后再与各地优势产业对接,地方优势产业与港口发展相辅相成,依据各地产业结构进行港口之向货物运输功能职能划分定位,规划江苏各个港口具体货物运输范围,港口资源优化配置的最终目的也就是形成不同层次港口按照货物种类合理集疏运,达到"港尽其力,货尽其用"的整体协调发展。

一、聚类分析模型

聚类分析指将物理或抽象对象的集合分为由类似的对象组成的多个类的分析过程,它是一种用于研究将不同的单个对象依据多因素、多指标特征运用某些基本准则或者运行方法进行分类的统计分析技术,同时聚类分析又和常用的分类分析方法有所差别,聚类分析是将不同的研究对象划分到未知的类。

聚类分析是一种具有探索性质的数据统计分析技术,正是因为未知的分类标准,所以聚类分析更能以研究对象自身数据为基本出发点,依据准则方法自动划分类别,因此在聚类分析中采用的准则方法不同也就会得到不同的分类结论。在学者不断研究、探索、实践过程中总结和归纳的多种聚类分析方法主要有层次聚类法和迭代聚类法。本书开展的江苏港口资源层次结构分析研究主要采用层次聚类方法。

江苏省地处我国东部沿海地区,地势低平,气候湿润,省内河网密布,我国的黄金水道长江在江苏省南部自西向东流过,为江苏省内河航运的发展提供了优越条件,内河航道总里程占全国的五分之一。江苏省主要的内河港口包括南京港、镇江港、无锡港、太仓港和徐州港等。此外,江苏省也是一个沿海省份,海岸线长度约为957千米,海岸线十分平直,少海湾、半岛和岛屿分布。但位于江苏以南的浙江省,面积与江苏省相当,海岸线长度却达6 400多千米,拥有世界上吞吐量最大的宁波舟山港等众多海港,而江苏省主要的港口仅为苏州港、南通港和连云港港,而且吞吐量并不大。很显然,之所以江苏省海运不发达,海港数量少,主要原因就是建港条件较差,江苏省沿岸主要为淤泥质海岸,这与浙江及以南省份的基岩海岸有本质区别。淤泥质海岸使得江苏省沿岸多滩涂,水深很浅,航道航行条件差,十分不利于港口建设。港口与港口之间在自然条件、地理位置、交通运输、经济腹地等等方面都有某些相同的地方,各个港口经过长期发展在职能定位、基础建设、泊位分配、中转功能等方面产生共性,因此也成了江苏港口与港口之间恶性竞争的原因。同时在产生某些共性之外,港口也因为自身条件和发展机遇有所不同而产生各港口独有的个性特点。本研究采用的层次聚类分析法就是能够有效运用统计数据来解决对因素指标繁多对象进行分类的问题,这样能够更好地推动江苏港口资源优化配置,在港口的层次结构上进行深度分析,对确立江苏港口划分为枢纽港、支线港、喂给港的依据有着重要作用,同时也为后续的港口职能功能进一步具体划分打下基础。

根据层次聚类分析原理以及研究思想,本研究对江苏港口资源优化配置的层次结构分析步骤如下:

(1) 江苏港口指标选取

江苏港口指标选取可依据港口条件、港口吞吐量等等选取合适的指标因素来整理原始数据。

(2) 对原始数据进行无量纲化处理

因为选取的港口指标并非描述相同事物,所以整理的原始数据在数量级和单位上有着明显的区别,比如用来描述地区经济的国内生产总值(GDP)单位为亿元人民币,而描述港口运输能力的港口吞吐量则是以万吨为单位,假如不对整理的原始数据进行处理,以此进行的聚类分析结果也就不可信。为了更好地体现聚类分析结果的真实性、可靠性,避免数量级和单位区别带来的误差,我们需要对整理的港口指标原始数据进行无量纲化处理。常用的数据无量纲化处理办法有归一化和标准化。本次处理采用 min—max 归一化:$x' = (x - min)/(max - min)$。即每一个变量与变量最小值之差除以该变量最大值减最小值所取得的取值全距,标准化后各变量的取值范围限于$[0,1]$。

(3) 求解指标的相关系数矩阵

求解前面选取的港口条件指标的相关系数矩阵:

$$R_{ij} = \left| \sum (X_i - X_j)(Y_i - Y_j) \right| / \left\{ \left[\sum (X_i - X_j)^2 \right] \left[\sum (Y_i - Y_j)^2 \right] \right\}^{\frac{1}{2}}$$

$$\boldsymbol{R} = (R_{ij}) = \begin{bmatrix} R_{11} & \cdots & R_{1n} \\ \vdots & \ddots & \vdots \\ R_{m1} & \cdots & R_{mn} \end{bmatrix}$$

(4) 进行聚类,得出结论

按照指标相关系数矩阵来划分港口资源的具体层次,分类原理就是相关系数 R 越大,两个港口相似程度越高,可以将两个港口划分为一类,假如二者中的一个被聚类划分到某一类,则另一个也将被划分到此类,如此循环往复聚类计算直至形成大类,再依据聚类计算过程的前后顺序得到港口资源聚类分析图。

二、指标体系构建和数据处理

基于系统学理论观点,港口不是独立存在的个体,它是港口和周边自然环境、人文环境、城市经济、交通设施等等要素构成的一个复杂系统,港口的发展不光依赖自身港口能力、地理位置、基础设施等方面,还深受城市经济腹地、相关产业结构、政府政策、经济状况影响。城以港兴,港以城荣,港口与城市二者互相影响,相辅相成,港口的稳定发展也会反作用拉动城市经济增长。港口的船舶可容许泊位数量、航道运输的水深条件、最大货物吞吐量等条件都影响着港口的通航货运能力,进而对港口未来的规模发展起到约束作用,所以港口才不断进行基础设施改建,扩宽航道。此外,江苏港口的发展也深受城市经济腹地以及产业结构的影响,良好的腹地经济可以给江苏港口带来稳定的货物来源,这样,港口可以持续壮大规模、扩大生产力,同样,城市相关产业布局结构也会影响港口未来的发展方向。现行政策下,港口大多归属地政府直接或间接管辖,地方政府良好的行政管理和政策支撑也能促进属地港口快速蓬勃发展。除了上面提到的各个港口在自身能力、吞吐量能力和腹地城市经济方面存在不同之外,长江沿江港口与沿海对外港口也存在差别,沿江港口另一个主要功能就是借助水水中转、水铁中转和公水中转等形式将腹地城市货物运送至沿海对外港口,因此沿江港口与沿海对外港口的距离也制约着港口的未来发展,影响着港口在资源优化配置进程中的话语权。依据以上研究思路,本次江苏港口资源优化配置的聚类分析指标体系由港口规模状况、港口吞吐量、腹地经济和距离构成。

港口规模状况主要包含水域规模状况、陆域规模状况和组织管理规模状况。其中体现港口水域规模的状况主要有:航道水深、通航宽度、岸线长度、港口泊位数、锚地面积等;陆域规模状况主要有:岸线基础设施、堆场面积、仓库面积以及集疏运体系等;组织管理规模状况主要包括资本投资量,职工人员数量和专业化程度等。而体现内河港口规模状况最重要的就是港口的泊位能力,因为泊位能力最能综合反映港口的发展建设规模、单位时间内运输效率以及进出港口的货运船舶吃水深浅,同时港口的泊位能力又能直接或者间接体现水域、陆域和港口组织管理三个方面的规模状况。所以聚类分析选择港口泊位能力中泊位数量和千吨级以上泊位数量来作为研究港口规模状况的因素指标。

  港口吞吐量是指从船舶在水中进行运输,在一定期间内进出港口,并经过装卸作业的货物总量,是用来测定港口大小和容量的重要指标之一,并反映特定技术装备水平及劳动组织能力。在特定条件下,一定时间内在港口装卸货物的处理量也是反映港口生产运营活动结果的全面、重要的定量指标。港口吞吐量又包括散货吞吐量、液体货物吞吐量和集装箱货物吞吐量,集装箱吞吐量是指某港口在一定时间内进口和出口集装箱数量的总和,通常以 TEU 为单位。随着我国港口向专业化、功能细分化发展,港口吞吐总量已经不能详细反映港口的生产经营规模,此时需要将其进一步细化,而集装箱吞吐量随着现代集装箱物流运输的发展逐渐成为一项新的衡量指标。在本书的江苏港口资源优化配置分析中,我们选择港口吞吐量和集装箱吞吐量来作为衡量港口经营的因素指标。

  在上文中多次提到港口与腹地城市的关系,腹地城市的经济状况直接影响港口的规模和未来发展。本次研究我们主要从三个方面选取腹地经济指标,第一,经济整体发展情况,采用城市的地区生产总值指标;第二,经济产业结构,分别采用第一产业、第二产业和第三产业总量指标,腹地城市不同的主导产业会直接或间接影响港口吞吐量,比如第二产业(工业、制造业和建筑业)对港口吞吐量影响最大,第三产业次之,第一产业(农业、林业、牧业和渔业)影响最小;第三,腹地城市对外贸易情况,进出口贸易总额可以作为衡量一个城市对外贸易规模最直观的指标。此外,从以上三个方面共选取衡量港口腹地经济的五个因素指标。

  江苏沿江港口与沿海港口有差别,沿江港口需要借助水铁、水水、公水等中转才能将内地货物运输到沿海枢纽港口,于是沿江港口距离长江入海口的距离也影响着港口货物吞吐量以及港口未来的发展规模,所以选择港口至长江入海口的沿江距离作为本次聚类分析的最后一个因素指标。

  对江苏港口资源优化配置进行聚类分析的指标体系数据表见表 5-1。同时本次聚类分析选取的十个港口指标所取得的原始数据在数量级和单位上有着明显的区别,需要进一步进行无量纲化处理,最终的指标体系数据表见表 5-2。

表 5-1 指标变量汇总表

港口资源 港口	港口吞吐量 港口货物吞吐量(万吨)	港口吞吐量 港口集装箱吞吐量(万TEU)	港口规模概况(个) 码头泊位数	港口规模概况(个) 万吨级以上泊位数	腹地经济(亿元) 地区生产总值	腹地经济(亿元) 第一产业	腹地经济(亿元) 第二产业	腹地经济(亿元) 第三产业	腹地经济(亿元) 进出口贸易总额	距离(km) 长江入海口
南京港	26 855	3 211	63	59	14 817.95	296.80	5 214.35	9 306.80	5 340.20	380
连云港港	26 918	13 919	84	70	1 944.68	154.33	844.93	945.42	580.00	
苏州港	56 590	17 100	298	129	9 455.57	68.06	4 064.78	5 322.73	11 747.03	0
南通港	30 851	5 382	121	14	5 131.25	134.32	2 349.32	2 647.61	1 591.96	
泰州港	35 291	2 726	161	56	2 279.58	76.48	1 090.73	1 112.37	433.88	100
无锡(江阴)港	41 065	6 700	792	78	6 424.52	37.53	2 722.34	3 664.65	4 430.87	0
镇江港	23 706	4 892	213	55	1 909.66	30.08	833.04	1 046.54	433.08	279
扬州港	10 144	1 269	249	60	3 632.06	108.92	1 588.77	1 934.37	561.42	150
常州港	5 202	1 206	32	3	6 718.96	109.86	3 076.17	3 532.93	2 331.49	50
盐城港	11 209	3 029	85	19	2 389.97	189.85	996.59	1 203.53	521.44	10

表 5-2 无量纲化处理表

港口指标\港口	港口吞吐量		港口规模概况（个）		地区生产总值	腹地经济（亿元）			进出口贸易总额	距离（km）长江入海口
	港口货物吞吐量	港口集装箱吞吐量	码头泊位数	万吨级以上泊位数		第一产业	第二产业	第三产业		
南京港	0.42	0.13	0.04	0.44	1.00	1.00	1.00	1.00	0.43	1.00
连云港港	0.42	0.80	0.07	0.53	0.00	0.47	0.00	0.00	0.01	0.00
苏州港	1.00	1.00	0.35	1.00	0.58	0.14	0.74	0.52	1.00	0.00
南通港	0.50	0.26	0.12	0.09	0.25	0.39	0.35	0.20	0.10	0.00
泰州港	0.59	0.10	0.17	0.42	0.03	0.17	0.06	0.02	0.00	0.26
无锡（江阴）港	0.70	0.35	1.00	0.60	0.35	0.03	0.43	0.33	0.35	0.00
镇江港	0.36	0.23	0.24	0.41	0.00	0.00	0.00	0.01	0.00	0.73
扬州港	0.10	0.00	0.29	0.45	0.13	0.30	0.17	0.12	0.01	0.39
常州港	0.00	0.00	0.00	0.00	0.37	0.30	0.51	0.31	0.17	0.13
盐城港	0.12	0.11	0.07	0.13	0.04	0.60	0.04	0.03	0.01	0.03

三、聚类分析模型结论

本次对江苏港口资源的层次结构研究采用 SPSSAU 对所得数据进行聚类分析处理,最终的聚类结果如下:

表 5-3　聚类项描述分析

名称	样本量	最小值	最大值	平均值	标准差	中位数
南京港	10	0.040	1.000	0.646	0.394	0.720
连云港港	10	0.000	0.800	0.230	0.297	0.040
苏州港	10	0.000	1.000	0.633	0.379	0.660
南通港	10	0.000	0.500	0.226	0.155	0.225
泰州港	10	0.000	0.590	0.182	0.193	0.135
无锡(江阴)港	10	0.000	1.000	0.414	0.298	0.350
镇江港	10	0.000	0.730	0.198	0.247	0.120
扬州港	10	0.000	0.450	0.196	0.155	0.150
常州港	10	0.000	0.510	0.179	0.185	0.150
盐城港	10	0.010	0.600	0.118	0.175	0.055

表 5-4　聚类类别分布表

名称	所属类别
南京港	Cluster_1
常州港	Cluster_1
苏州港	Cluster_2
无锡(江阴)港	Cluster_2
扬州港	Cluster_3
泰州港	Cluster_3
镇江港	Cluster_3
南通港	Cluster_3
连云港港	Cluster_3
盐城港	Cluster_3

由江苏港口资源聚类模型可以看出,根据上文选取的泊位数量以及千吨级以上泊位数量、港口货物吞吐量和集装箱吞吐量、腹地城市的地区生产总值以及第一、二、三产业产值和进出口总值、各个港口距离入海口的距离等十项指标,可以科学、合理地进行江苏港口资源优化配置。如果进行两度港口划分,第

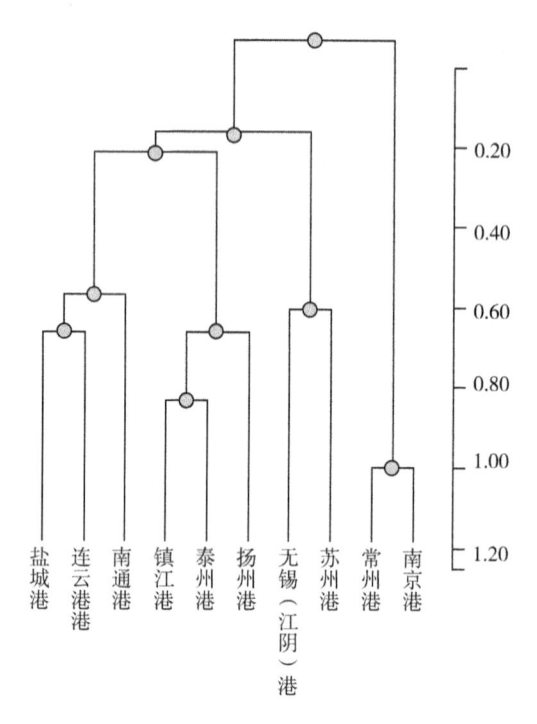

图 5-3　江苏港口资源聚类图

一类为南京港和常州港;第二类为苏州港、无锡(江阴)港、扬州港、泰州港、镇江港、南通港、连云港港以及盐城港。但是简单的两类划分并不能深度区分江苏港口资源,所以我们继续向下进行分类,如果进行四度港口划分,可得第一类为南京港和常州港;第二类为苏州港和无锡(江阴)港;第三类为扬州港、泰州港和镇江港;第四类为南通港、连云港港和盐城港(如图 5-3 所示)。

最终将港口的地理位置、行政区位等因素与聚类结果相结合,围绕"两出海口、一枢纽、一中心、多示范"的港口新格局,突出特色、提升功能,形成以连云港港、南通港、苏州港、南京港为重点,其他港口为补充、港口集群化发展为方向的港口枢纽体系,提升长三角港口群北翼枢纽功能。

(一)聚类结果分析

两出海口:打造南通港、苏州港江海联运新出海口。按照世界一流港口标准推进通州湾海港建设,加快通州湾港区 10 万吨级进港航道和防波堤等工程建设,加快推进 10 万吨级以上泊位建设,适时启动自动化集装箱码头建设,推进完善疏港铁路、疏港公路、疏港航道等集疏运体系,加强江海联动发展,充分利用太仓、通海港区集装箱集聚功能,共同打造长江集装箱运输新出海口。以太仓港区为重点,加快推进苏州集装箱干线港建设,完善航线航班体系和箱源组织体系,强化与周边港口的合作分工,加快建成太仓集装箱四期工程,推进太仓集装箱五期前期工作,尽快建成内贸枢纽、近洋直达中心和远洋中转基地。

一枢纽:打造连云港港国际枢纽海港。聚焦补齐深水海港短板,建成并充分发挥连云港港30万吨级航道工程效应,建成一批5—40万吨级沿海深水泊位。发挥陆海联动优势,拓展中东、西非、美西、欧洲等远洋干线,加密日韩、东南亚等近洋航线航班,全面连通21世纪海上丝绸之路沿线的主要国家和地区,提升中欧班列运行质态和铁水联运能力,加快中哈(连云港)物流合作基地、上合组织(连云港)国际物流园提档升级,建设"一带一路"标杆和示范。

一中心:打造南京区域性航运物流中心。完善省市共建机制,统筹优化宁镇扬港航资源,在立足服务产业的基础上突出江海中转联运特色,提升南京龙潭港集装箱国际服务能力,推进近洋航线新突破,提升国际集装箱班列,打造成长江经济带的江海中转联运枢纽,加快南京下关长江航运国际物流服务集聚区和南京航运交易中心建设,形成企业总部集聚、配套服务完善、政务服务集中的现代航运物流服务集聚区,打造全省航运物流经济总部,助力提升南京首位度。

多示范:打造特色内河集装箱示范港。优化内河集装箱港口布局,推进规模化集中作业区建设,提升内河集装箱港口规模化、集约化、现代化水平,积极打造以常州港、泰州港、无锡港、盐城港、苏州内河港为示范的特色内河集装箱港,以"通江、达海、联内陆"为方向,积极拓展加密内河集装箱航线,打造一批"五定"班轮精品航线,构建覆盖长三角主要城市的内河集装箱运输网络。统筹考虑内河航道沿线经济产业发展需求,结合支线航道定级论证研究,深化内河港口规划布局研究,引导内河作业区向与干线联通、等级条件较好的支线航道布置,加强内河作业区向开发区、物流园区、重要物流企业等的延伸、覆盖,打通"最后一千米",提升内河港口服务,支撑经济产业发展能力。

(二)现实意义

对江苏港口资源进行聚类分析,可以科学合理地构建江苏港口资源优化配置的层次结构,精准、高效地实现江苏各个港口之间的角色定位。依据聚类结果将江苏港口资源优化配置划分为"两出海口、一枢纽、一中心、多示范"的港口新格局的现实意义如下:

首先,通过资源配置划分层次结构,各个港口群之间并无明显重叠的港口经济腹地,这样可以有效避免港口群之间为了争夺货源进行的恶意竞争,实现港口之间健康、有序发展。而"两出海口、一枢纽、一中心、多示范"的综合立体式布局规划又为江苏港口资源优化配置提供了更高层次的发展指导,明确分层建设,促进江苏港口和谐、健康、有序发展。

其次,港口群的明确划分可以更好地实现港口与腹地经济协调发展,推动港口与区域腹地之间的深度融合,而且之前港口的间接腹地也能够通过整合港口变成直接经济腹地,港口的货源范围扩大为港口的发展提供了稳定增长的货物量,降低港口经营投资风险。同时进一步增强港口与腹地产业结构之间的联系,港口发展方向也将和腹地城市的主导产业紧密相连,实现港口的专业化分工。

再次,江苏各个港口依据聚类结果形成主体枢纽港和次体喂给港合理分工,例如在以苏州港为主体的集装箱干线港中,南京港作为区域性航运物流中心,主体自然承担枢纽港建设工作,加强主体枢纽港建设可以有效进行江苏港口岸线资源规划,避免港口盲目跟风建设,减少经营负担。枢纽港和喂给港的形成使得港口资源利用效率最大化,提高港口的专业化程度,最终港口群整体效益和货物运输吞吐总量得以提升。

最后,江苏港口资源优化配置的层次结构符合我国建设"一带一路"背景和关于"长江经济带"的发展规划,充分发挥特色和优势,进一步强化综合枢纽功能,深入推动补短板、强枢纽、促转型,增强与多种运输方式的协调衔接,提升水运发展质态效益,加快打造"交通强国"水运样板,做好水运先行示范。

第三节 江苏港口资源优化配置功能定位

在上文研究中提到港口与腹地城市之间的关系紧密不可分割,城市经济的持续发展会给港口提供源源不断的货物,港口的健康发展离不开城市,城市经济的产业结构直接影响港口未来的发展方向和基础设施建设,因此在此之上结合港口条件完成港口资源的聚类分析得到优化配置的层次结构,接下来将对主要运输货物进行江苏港口资源优化配置功能划分。

一、港口数据处理

本研究主要通过港口的主要货种运输、货物分类吞吐量以及所占比例来进行港口资源优化配置的职能划分，促进江苏港口专业化和港口分工化发展。一般来说，港口码头可以根据主要货种划分为散杂货码头、液体化工码头、集装箱码头以及专用码头（例如石油港）等，再结合货物学理论将港口运输货物分为大宗散杂货物、液体货物和集装箱货物。其中大宗散杂货物主要包括煤炭、矿产资源、建筑材料和谷物粮食等等，液体货物包括石油和液化天然气及其制品。江苏港口的分类货物吞吐量以及比例如表5-5所示。

表5-4　江苏港口主要货种概况表

港口	大宗散杂货物 吞吐量(万吨)	货种比例	液体货物 吞吐量(万吨)	货种比例	集装箱货物 吞吐量(万吨)	货种比例
南京港	22 312.89	89.62%	2 253.11	9.05%	330.50	1.33%
连云港港	16 980.00	93.49%	705.00	3.88%	478.00	2.63%
苏州港	31 721.92	89.33%	3 162.85	8.91%	626.70	1.76%
南通港	10 353.70	80.83%	2 301.70	17.97%	154.20	1.20%
泰州港	20 706.93	94.92%	1 073.55	4.92%	35.08	0.16%
无锡(江阴)港	23923.27	97.21%	627.27	2.55%	58.61	0.24%
镇江港	10 353.00	95.36%	462.00	4.26%	42.00	0.39%
扬州港	9 649.89	96.78%	268.68	2.69%	52.34	0.52%
常州港	4 914.60	98.67%	34.20	0.69%	32.00	0.64%
盐城港	3 577.92	98.31%	35.62	0.98%	26.00	0.71%

数据来源：2020年《中国港口年鉴》、2020年《江苏统计年鉴》。

表5-6　主要货种吞吐量港口排序表

排名	大宗散杂货物	液体货物	集装箱货物
1	苏州港	苏州港	苏州港
2	无锡(江阴)港	南通港	连云港港
3	南京港	南京港	南京港
4	泰州港	泰州港	南通港
5	连云港港	连云港港	无锡(江阴)港
6	南通港	无锡(江阴)港	扬州港
7	镇江港	镇江港	镇江港

续表

排名	大宗散杂货物	液体货物	集装箱货物
8	扬州港	扬州港	泰州港
9	常州港	盐城港	常州港
10	盐城港	常州港	盐城港

首先根据主要运输货种的吞吐量大小分别进行江苏港口排序,结果如表5-6所示。

再次根据主要运输货种的比例大小分别对江苏港口排序,结果见表5-7所示。

表5-7 主要货种占比港口排序表

排名	大宗散杂货物	液体货物	集装箱货物
1	常州港	扬州港	常州港
2	盐城港	常州港	无锡(江阴)港
3	无锡(江阴)港	无锡(江阴)港	扬州港
4	扬州港	镇江港	镇江港
5	镇江港	连云港港	苏州港
6	泰州港	盐城港	南通港
7	连云港港	南京港	泰州港
8	南京港	泰州港	南京港
9	苏州港	南通港	盐城港
10	南通港	苏州港	连云港港

二、江苏港口资源优化配置功能划分

从上面港口吞吐量排序表和货种占比排序表看,结合《江苏省沿江沿海港口布局规划(2015—2030年)》的要求,沿江港口应以资源整合、转型升级、优化发展和提升现代化水平为主。为了更好地服务综合运输体系构建、临港产业布局、港城协调发展,推进南京港龙潭和西坝港区、镇江港大港港区、扬州港扬州港区、泰州港高港港区、无锡(江阴)港申夏港区、常州港录安洲港区、南通港通海港区、苏州港太仓港区9个重点港区发展。

沿海港口以推进基础设施建设带动临港产业规模化布局,注重规模化、集约化,进一步突出发展重点。推进连云港港连云港区、徐圩港区,盐城港大丰港区,南通港通州湾港区4个重点港区发展。江苏港口资源优化配置功能划分如下：

（一）苏州港

苏州港包括太仓、张家港和常熟港区。重点发展太仓港区作为江苏省外贸量最大的港口，建设规模化的集装箱港区，建设成集装箱转运枢纽中心及华东地区对外贸易中心港口，打造成为上海国际航运中心的重要组成部分，同时承担长江三角洲地区大宗散货"海进江"中转运输服务。张家港港区和常熟港区以服务本地区经济发展和临港产业为主。常熟港应当进一步建设港口设施设备，完善港口的物流功能，努力补充上海国际航运中心北翼力量；张家港港应当优先发挥其"区港联动"的政策优势，实现张家港港保税港区同上海洋山港保税港区的业务对接。

（二）南京港

南京港包括七坝、铜井、板桥、梅子洲、浦口、上元门、下关、新生圩、大厂、西坝、栖霞、龙潭和马渡港区。南京港应进一步加强港区整合，积极拓展港口现代物流、航运服务等功能，逐步发展成为区域性航运物流中心。重点发展龙潭港区、西坝港区，龙潭港区以集装箱、大宗散货江海中转为主，西坝港区以石油化工品、煤炭江海中转为主。南京港综合开发战略中的港口功能定位是把南京港建设成一个主枢纽港，港口目标定位成两大中心，并建立港区三大物流基地。一个主枢纽港是把南京港建设成为一个功能综合、联动江海的主型枢纽港；两大中心是指上海国际航运副中心和港口经济中心；三大物流基地即集装箱物流基地、化工物流基地和外贸物流基地。南京港要把握其独特的地理区位优势，发挥多式联运系统优势，着重开发集装箱周转服务，成为长江流域国际（近远洋）集装箱干线港。

（三）连云港港

连云港港包括连云、徐圩、赣榆和灌河港区。连云港港应发挥"一带一路"交汇点优势，打造成为中哈物流中转基地、上合组织成员国出海口、东中西合作示范区和区域性国际枢纽港。重点发展连云港区、徐圩港区，连云港区以集装箱、大宗散货运输为主，徐圩港区以石油化工品运输为主。围绕"一带一路"区域性国际枢纽港的定位，突出港口战略性工程及国际枢纽载体建设，提升国际运输服务功能。重点加快推进连云港港 30 万吨级航道二期等战略性工程建设，加快推进上合组织（连云港）国际物流园、中哈（连云港）物流中转基地等国际枢纽载体建设,加强与21世纪海上丝绸之路沿线国家和地区的集装箱航线航班联系,加快推进国际集装箱铁水联运、中韩陆海联运等国际多式联运体系建设。支持整合港口企业资源、打造大型港口投资发展集团,实施"走出去"战略。积极支持连云港港申报建设自由贸易港区。

(四)南通港

南通港包括如皋、天生、南通、任港、狼山、富民、江海、通海、启海、洋口、吕四和通州湾港区。南通港应深化一体化改革,加强港区整合,推进陆海统筹、江海联动;沿江以资源整合、结构调整为主,重点发展通海港区,以集装箱运输为主;沿海以服务临港产业为主,重点发展通州湾港区,预留为长江沿线地区提供江海中转运输服务功能。南通港的发展建设应该考虑其背江临海的特殊优势,重点向沿江综合运输主枢纽港的方向发展,并且在战略上作为上海国际航运中心北翼关键港口来建设。

(五)镇江港

镇江港包括高资、龙门、新民洲、谏壁、大港、高桥和扬中港区。镇江港应加快宁镇扬地区港口一体化建设,推进资源整合和经营管理一体化,以发展江海河联运为主,服务腹地大宗散货和外贸物资中转运输。重点发展大港港区。长久以来,镇江市秉持"以港兴市"的发展战略,把临港经济的发展和港口的建设有机地结合起来,共同推动镇江经济的快速发展。镇江港主要定位是以面向经济开发区的综合物流运输服务为出发点,重点把镇江港打造成长江流域的集装箱重点中转基地及区域性钢材集散基地、煤炭等大宗散货集散物流中心,将扬中港区建设成为长江流域成品油中转基地以及集装箱物流中心。

(六)扬州港

扬州港包括仪征、扬州和江都港区。加快推进港口资源整合,以服务临港产业、腹地中转运输为主。重点发展扬州港区。扬州港作为江苏沿江上游的港口,主要服务腹地为扬州市和安徽中南部,重点开发三大港区(扬州、江都和仪征港区)的货物吞吐能力和港口中转集疏功能,顺势开发临港功能,发挥临港优势。

(七)泰州港

泰州港包括高港、泰兴和靖江港区。以服务临港产业和苏中地区经济社会发展为主,同时为长江中上游地区提供中转运输服务。重点发展高港港区。泰州港作为苏中地区重要的进出口物流集散中心,要着重开发装备制造行业、新医药产业、食品粮油等产业,把泰州港建设成以向沿江上游提供物流服务为基础、打通国内外运输中转的国际物流基地。

(八) 常州港

常州港包括录安洲、圩塘和夹江港区。主要服务于常州地区生产生活物资运输。常州港应加强与无锡(江阴)港、镇江港合作和资源整合。重点发展录安洲港区。常州港吞吐能力近年来不断提升,但和周边港口比较会发现港口规模和发展势头都存在劣势。常州港当前的服务定位主要是辐射常州及周边城市的港口,而远期的功能定位是建设成江苏沿江地带中部的核心港口。

(九) 无锡(江阴)港

无锡(江阴)港包括石利、申夏、黄田和长山港区。以发展江海河联运和服务临港产业为主,为无锡市、江阴市发展外向型经济服务。重点发展申夏港区。借助长江经济带战略的驱动,结合江阴、靖江跨江联动开发的新格局以及沿江开发的态势,把江阴港建设成此区域的中心港区,并逐渐形成江阴港、泰州港和常州港组成的江阴港港口群。

(十) 盐城港

盐城港包括大丰、射阳、滨海和响水港区。以服务临港产业为主,为盐城市和苏北地区发展外向型经济服务。重点发展大丰港区。盐城港是长三角地区的集装箱喂给港,盐城市和苏北地区发展外向型经济和推进工业化进程的重要依托,苏北地区和淮河流域对外贸易的重要口岸,是江苏省实施沿海开发战略、加快江苏经济和社会全面发展的重要保障。

三、江苏港口资源优化配置对策

(一) 突出整体发展,引领良性竞争

苏州有着雄厚的经济基础,同时苏州三个港口毗邻南部的上海港,而且综合目前的情况来看,这三个港口的物流运输已经初显规模化优势;南京港地处江苏省会,并且有着极强的辐射能力;南通港背江临海,与张家港港仅一江之隔,另外南通还有洋口港等海洋口岸,特殊的地理位置使得其有着相对沿江其

他各港口所没有的先天优势。另外,南京港、南通港和苏州港不仅在地理上,更是在功能等方面给上海港以及长三角地区建设提供动力支持。因此,首先需要明确各港口的发展定位;其次要利用优势条件,把南京港、南通港以及苏州港打造成江苏沿江的主枢纽港;最后把泰州港、常州港、镇江港、江阴港和扬州港相互串联,把它们打造成沿江地区协同作业的港口群,消除各港口之间的恶性竞争,并建立基于合作的良性有序竞争发展的综合态势,创建相互竞争合作、协同发展的上海国际航运中心的北翼优势港口群。

1. 精心组织实施一体化改革试点

按照交通运输部关于改革试点工作的总体部署,精心组织实施江苏南京以下沿江区域港口一体化改革试点工作,加快推进港口岸线、锚地、集装箱航线等资源整合,形成可复制推广的经验模式。

(1) 长江锚地资源整合。在成立江苏省沿江港口锚泊调度中心的基础上,加快制定锚泊调度管理规程、锚泊调度管理制度、锚地管理办法及信息化系统建设等,实现对长江南京以下锚地一体化统筹调度管理。总结锚地公用集中化管理经验,在沿海港口锚地管理中复制推广。

(2) 港口岸线资源整合。加快制定江苏省港口岸线管理办法、港口岸线资源管理信息系统等,完善港口岸线准入、转让、退出机制,提高港口岸线资源集约高效利用水平。加快港口岸线管理办法、管理信息平台等试点成果在江苏港口的推广应用。研究探索结合内河干线航道网整治,推进内河港口岸线资源整合,提升内河港口规模化发展水平。

(3) 集装箱航线资源整合。充分发挥江苏港口协会作用,建立江苏省沿江港口集装箱运输港航企业定期会商制度,以太仓港、南京港为合作重点,整合港口近洋集装箱航线航班资源。研究集装箱试点经验在铁矿石、煤炭等大宗物资运输中的推广应用,建立港口大宗散货运输合作联盟,提升沿江港口散货运输的综合竞争力。

2. 深入推进区域港口一体化发展

在精心组织实施好交通运输部改革试点工作的基础上,深化区域港口一体化改革,分步推进以资本为纽带整合港口资源,提升江苏省港口整体综合竞争力。

(1) 先行推动形成"一市一港"模式。引导沿江沿海港口各设区市依托自身力量,先行推进辖区内港口与港口之间的资源整合和功能优化调整,在公共码头集约化投资、一体化发展等方面形成"一市一港"的发展模式。为推进区域港口一体化整合奠定基础。

(2) 积极推进区域港口一体化发展。在以市为单位推进港口资源整合取得积极成果的基础上,积极推进跨区域港口资源整合,推进港口一体化发展。重点研究推进以资本为纽带组建省级港航投资发展平台的可能性和方案,逐步实现全省沿江沿海港口的"统一规划、统一建设、统一运营和统一管理",提升资源利用效率和港口整体竞争力。

3. 努力推动港口合作共赢发展

推动港口加强与长三角、长江中上游港口的合作,深化港、航、船、货合作机制建设,实现港口在更大区域范围和更广领域的合作共赢发展。

(1) 推进长江流域港口合作。充分发挥长江三角洲区域港口协调机制的作用,加强与长三角区域港口合作,积极承接上海等港口货种、航线航班转移,取得开辟区域大型港口集装箱近远洋航线的支持。探索远期与区域港口以资本为纽带相互参股的可能性。加强沿江港口与长江中上游港口合作,提升江苏港口对长江中上游的服务支撑能力。

(2) 深化港航船货合作机制。支持江苏港口与国内外大型船公司、船代、货代等物流企业合作,建立港、航、船、货合作联盟,加大航线航班开辟力度,强化腹地货源集聚,提升江苏港口整体竞争力。积极支持连云港港、南京港、太仓港与腹地城市建立物流联盟、签署口岸合作协议和布局无水港,增强港口对腹地的辐射带动作用。

(二) 统筹规划开发,加大环保投入

要在梳理现有规划、解决好协调性基础上,制订江苏沿江港口专项规划,明确江苏沿江港口整体规模、结构布局、集疏运系统以及航运服务业培育、配套政策支持等,提高规划的科学性、约束性和可操作性。在此基础上,深化完善各港总体规划,科学编制新开发港区规划,进一步明确功能定位,优化港口布局,防止低水平重复建设,推动港口错位发展,为产业转型升级创造条件,拓展空间;加强制订各港控制性详细规划,明确码头区域,集疏运系统、EDI系统等布局与建设;明确港区、产业区和城区间的联系纽带及空间布局,加强不同功能区间的互动协调。加强港航资源整合,重点抓好深水岸线、大型泊位、航道、锚地、陆路集疏运和环境保护建设。

1. 盘活已有岸线资源、挖掘岸线资源潜力。紧密围绕各港下辖港区的整合、归并以及新港区开发,积极稳妥推进。

2. 大型泊位尤其是20万吨级通用泊位,应以下游近口段航道条件最佳的苏州港、南通港两港为主;第三、四代集装箱专用泊位,应以苏州港太仓港区、南

京港为主,兼顾镇江港、南通港、泰州港诸港。

3. 航道、锚地建设,应以长航局为统领、整合各市港口管理部门的职能,做好长江江苏段航道、引航、夜航、锚地等设施的统一使用调度,加强跨江设港河段的公用锚地建设,提升锚泊能力。

4. 以长江经济带立体交通走廊建设为契机,完善陆路集疏运条件,巩固苏南、苏中直接腹地及苏北、皖东、皖中等交叉腹地。特别重视专用铁路进港,各港有条件的老港区积极推进,新港区规划好预留用地,确保专用铁路尽早进港。

5. 集约高效利用港口资源。着力推动港口总体减量、布局优化、集约高效发展,提升港口绿色发展水平。着力优化港口布局,取消与水源保护地、生态红线区域等有冲突的港口岸线,明确港口建设必须满足水源地保护等相关规定。集约高效利用资源,推动港口集约、集中发展,加强低效港口资源整合,严控新增港口岸线资源利用,提升资源利用效率。

6. 提升港口污染防治能力。推进港口污染物接收处理设施建设,提高含油污水、化学品洗舱水等接收处置能力,统筹规划建设船舶化学品洗舱水接收站。加强港口粉尘综合防治,港口露天堆场须设置防风抑尘网、围墙、防护林等防尘屏障。加强港口噪声防治,选用低噪声动力设备,并设隔声、消声装置。加强港口清洁能源推广应用,加快靠港船舶使用岸电基础设施建设,积极推进港作机械"油改电"和港口水平运输机械"油改气",推进港口水平运输机械应用液化天然气。

7. 做好港口环境保护工作。在实施港口项目建设时,严格执行港口项目环境影响评价和环境保护"三同时"制度,提倡生态环保设计,严格落实环境保护,加强施工期间环境保护工作,确保污染物达标排放,同时推进港区绿化建设。在港口生产运营过程中,应加强环境保护管理工作。

(三) 供应链一体化,构筑运输网络

江苏沿江港口群亟待发展一体化供应链物流,提升区域供应链的柔性与效率,提高供应链营运管理水平以构建面向东亚区域经济一体化与中国-东盟自由贸易区的区域供应链一体化,最终更好地驾驭全球供应链。作为上海国际航运中心北翼的主体,通过多年接轨大上海、沿江大开发、跨江联动、江海联动、沿海大开发等战略实施,江苏沿江港口群经济相对发达,贸易繁荣,外向度高,港口基础设施得到改善,码头专业化水平日益提高,社会治理较好,文化底蕴丰厚,环境不断优化,具有发展与主导面向东北亚和链接东南亚的区域供应链一体化的先天优势。

作为上海国际航运中心北翼港口群的主体,江苏沿江港口群的陆向腹地经济发达而广阔,而且太仓港、南通港离国际主航道较近,航程短是其能够为航运企业缩短航行时间和节省运营成本的一大天然优势。目前,长江口航道水深已达 12.5 米,4 000 标准箱以下集装箱和 5 万吨级以下散杂货船、油轮可全天候双向通航,5 000 至 6 000 标准箱远洋集装箱、10 万吨级满载散货船以及 20 万吨级减载散货船可乘潮通航。充分利用优越的水文条件和区位优势,江苏沿江港口群应当在提高港口群内部的运输网络密度和通道能力的同时,加速完善强大的腹地运输网络,通过构建更加密集的支线航运网络配套衔接上海港,努力提高港群集疏运体系的通达性、顺畅性、高效性、匹配度、信息化。

在服务西部大开发、中部崛起和江苏率先基本实现现代化战略的进程中,加速江苏沿江港口群的港区与腹地的高速公路和铁路货运网络相连,使货物可以快速抵达各经济区和各重要城镇;抓住铁路运输管理体制改革的有利时机,推动铁路货运公司竞争经营港口发往各大经济区的定期集装箱货运线路,大力提高铁路运输在沿江综合运输体系中的地位和作用;改善公路运输条件,提高公路运输网络化通达水平;在水路运输方面,通过运河水网与长江,加强与苏北地区、浙江省、皖江经济带、武汉城市圈、成渝经济区的联系,通过加强港航互动、跨省协作、流域合作,加大支线运输网络密度,覆盖所有重要内河港;以港口物流产业集群的服务能力为核心,淡化行政界限,构筑沿江综合运输体系,实现跨区域物流园区等设施一体化经营运作。

(四) 定制培养人才,加大引人力度

1. 人才需求分析

港口企业的员工当中只有小部分是专业人才,绝大部分员工是没有经过良好培训的。随着港口企业业务的不断增加,运输需求也在增加,这就需要有更多专业人才投入港口企业中。否则,这一行业人才的缺少将会制约贸易经济的发展。一些海港城市的发展能够带动并促进港口企业的发展,因此人才显得越发重要。港口企业通常主要涉及海运企业、国际物流企业、堆场和港口经营企业四种类型。结合这四种企业,港口的发展将迫切需要以下五类应用型人才。

(1) 港口建设人才

对高速发展中的港口城市而言,建设港口及各项配套设施将是一个长期的过程,其间势必需要大量精通港口设施建设与施工的工程技术人才。

(2) 机电人才

港口运营过程中,对港口机电技术、机械设备维修、港口电动机械修理与驾驶、港口内燃机械修理与驾驶、港口电气设备维修等方面的专业人才需求是巨大的。而且随着新型机械、设备不断投入使用,技术更新速度不断加快,这类人才还存在继续教育的现实需求。

(3) 航运服务人才

推进现代航运服务和港口物流服务,既是实现"江海联动"的核心,也是港口软实力的重要组成部分。航运服务人才包括货运代理与报关、远洋轮船船东、船务代理、船舶经纪人等,为"船员服务、商务办公、生活配套"三大服务系统提供人才支撑。

(4) 港口物流专业人才

包括港口业务、港口装卸、集装箱租赁、国际中转、国际贸易、国际采购以及现代仓储等岗位所需要的,熟悉航运、法律、金融、贸易等物流管理的应用型人才和复合型人才。

(5) 港口旅游人才

世界发达港口同时也是发达的旅游目的地。随着港口的现代化进程加速,港口旅游势必需要大量专业人才提供支撑。

2. 有效推行港口人力资源规划

江苏港口战略人力资源规划应包括两方面:一是根据港口集团战略目标的需求,确定一定时期内港口集团人力资源开发和利用的总目标、总政策、实施步骤及总预算安排;二是制定一套完善的业务计划,包括招聘与引进计划、组织结构与岗位职位设计计划、人员配置与使用计划、人员晋升与接替计划、教育与培训计划、绩效评估与激励计划等。

3. 引进、招聘和培训,提高江苏港口现有人力资源的质量

在引进上,增加数量、提高层次,加大引进人才的力度,对市场开发、资本运作、信息网络等急需的人才,可在人才市场高薪招聘。在对员工的培训上,强调有组织性、系统性、全面性,逐步使员工的培训与有效的激励措施、职业生涯的发展相结合。

4. 建立和健全绩效评估与激励系统

实践证明,港口的激励系统应该首先在绩效评估的基础上,形成一个公平合理的、具有高度激励作用的薪酬体系;其次,港口要通过事业激励,建立起港口内部创新机制,为员工的职业生涯发展提供舞台和条件,从而为港口的不断发展培养新的增长点和动力源;最后,港口要积极创造一种员工主动参与企业

管理的企业文化氛围。

(五) 业务转型升级,拓展增值业务

1. 完善港口功能体系

港口企业在着力提升装卸仓储服务基础上,加强港口与区域内产业互动,积极发展临港工业服务的功能。注重港口与保税区、临港物流园区经济融合,加快提升港口物流服务功能。有条件的港口企业要积极拓展现代服务功能。按照功能定位和实际条件积极提升港口服务功能,发挥特色优势,构建定位明确、层次分明、布局合理、配套协调的服务体系。

2. 大力发展港口物流

支持港口企业大力发展中转配送、流通加工服务,开展冷链、汽车、化工等专业物流业务,拓展港口物流地产,创新发展全方位、多层次物流服务。鼓励港口企业开展多元化经营,以港口主业为基础,积极发展与航运、商贸等关联产业的合作经营,延伸港口物流产业链。

3. 发展现代服务业务

积极推进国际和区域性航运中心建设,鼓励有条件的港口充分发挥保税港区、综合保税区、自由贸易试验区政策优势,依托主业大力发展港航信息、贸易、金融、保险、咨询等现代服务业务。支持港口加快培育电子商务服务。有序建设邮轮码头,逐步完善邮轮港口服务功能。积极发展港口水上旅游等休闲服务和港口文化产业。

4. 培育发展市场主体

引导港口企业加快建立完善现代企业制度,创新经营理念和经营方式,全面推进精益化管理,不断提高港口经营专业化和服务规范化水平,提升员工素质,提高核心竞争力。引导港口企业围绕效率、服务、品牌开展公平竞争,鼓励大型港口企业从生产经营型管理向资本营运型管理转变,鼓励民间资本依法投资经营港口业务,支持国有港口企业发展混合所有制经济。

第六章
江苏港口资源优化配置效果评价

第一节　江苏港口资源优化配置效果评价方法与思路

站在宏观的高度上,江苏港口资源优化配置的目的是使得系统内各港口有序竞争与合作,解决港口建设与腹地经济发展不一致的问题,克服目前港口泊位利用率较低的问题,从而完成政策模拟,使得区域内港口之间以及江苏港口与腹地资源优化配置,满足港口功能的进一步发展,实现资源利用的优化,达到系统效益的优化效果,进而促进各港口有效运营,推动实现区域一体化发展目标。

宏观目标的实现是以微观系统的目标的达成为基础的。本书通过江苏港口资源优化配置系统动力学仿真模型,有针对性地选取资源优化配置中比较重要的资源——投资,来进行政策模拟分析,分别讨论不同的投资条件对整个江苏港口系统的影响,重点在投资的视角下给出相关政策建议,为江苏港口资源优化配置提供参考。

一、系统动力学的形成发展及研究对象

系统动力学创始于美国麻省理工学院,创始人为福瑞斯特(J. W. Forrester)教授,它是一门分析和研究信息反馈系统的学科,主要研究复杂的系统动态。从创始至今近半个世纪以来,系统动力学在全球发展预测、企业经营和管理、城市建设问题等一系列社会经济领域的重大课题研究中均得到了广泛

和成功的应用。系统动力学于20世纪70年代由一批学者引入中国。经过二十几年的研究和发展，已经广泛应用于我国社会经济领域的多个课题研究中。系统动力学基本观点的表达，从方法论来说，是功能的方法、结构的方法与历史的方法的统一。系统动力学的独特之处在于建立规范的数学模型，通过模型认识系统和解决问题，可以说是实际系统的实验室。应用系统动力学解决问题的主要优点是它适用于处理长期性和周期往复的问题，也可以应用于研究数据不充足的问题，适合处理精度要求不高的、复杂的社会经济问题。

系统动力学虽然也在研究生物、医疗、环境保护等方面发挥着重要的作用，但是其主要的服务对象还是社会学和经济学领域。系统动力学的研究方法就是建立系统，把社会、经济系统作为非线性多重信息反馈系统来研究，建立社会经济管理问题的模型来对社会、经济、管理系统结构和行为进行分析并对社会、经济、管理现象进行预测，从而对组织、地区、国家等制定发展战略和进行决策提供有用的信息和理论支持。

二、系统动力学的特点及适用问题

系统动力学方法主要是将定性与定量方法结合进行分析、构建系统思维、实施整体综合推理的方法，在定性分析的基础上，定量分析提供准确的数据支持，两种分析方法相互补充，层层递进，其特点如下：

第一，动态性。系统动力学涉及的量是依时间而不断变化的，用以时间为坐标的图形表示。从系统动力学的角度来看，如果这个问题或者现象随着时间变化，那么就能用与时间相关的图来表示，没有规定必须使用准确的数学表达式或精准数据去绘制。在对系统的动态性进行分析时，初值的赋予不需要精准的数据，而需关注随时间的改变系统的变化趋势。

第二，反馈性。反馈又被称为回馈，是现代科学技术中的主要知识点。在系统动力学中，系统内同一单元或同一子系统的输出与输入的关系称为"反馈"。反馈系统中囊括了各个反馈环节以及它所影响的系统。它会受系统本身过去轨迹的影响，然后将过去的运行轨迹后果反作用于系统的本身，这样来对系统以后的运行产生影响。例如库存控制系统就为一个反馈系统。随着货物的不断供出，库存逐渐减少，当库存量减少到期望额度之下的一定值后，库存值班员就会马上向生产部门下达需要多少货物的通知，用来供应库存，货物不会说马上到位，而是会经历准备延期，这样库存的量会慢慢增加。

基于系统动力学特征总结其所适用问题。现将主要问题总结如下：

第一,周期性和运行时间较长的问题。如自然万物的相互作用、人类的生命循环和社会中的经济危机现象等都具有周期规律,而且需要追溯较长时期的发展脉络,如今上述这些问题很多都借助系统动力学模型的构建进行研究,来分析说明出现该现象的原因。

第二,数据较难搜集,较难保证量化精确的问题。在建立模型时,我们遇到数据较少或者在对其进行量化时存在障碍的概率很大,而系统动力学的优势就在于其可以仅借助各要素间的因果联系、较少的数据和特定的结构来完成模拟运行。

第三,解决准确度要求较低的错综复杂的社会问题。不少描述、解释系统的方程是动态的、不断变化的,高阶非线性的,一般的数学方法对此的求解是很难的,然而系统动力学方法可以依托计算机模拟程序来对该问题进行仿真,最终获得想要的结果。

三、系统动力学建模步骤

系统动力学可被称为社会系统的策略实验室。采用不同的策略时,所得结果一般也不同。对于想采取的策略可以通过系统动力学模型进行仿真和检验。下面是系统动力学仿真的一般步骤:

1. 明确系统目标。系统制定什么样的解决方案要紧紧围绕着系统的目标进行,因此在研究系统时,第一任务就是系统目标的确定,随后确定系统中应设的变量和参数。

2. 确定系统边界。系统边界确定的内容包括分析系统的要素,设定变量。在设定边界的时候需要注意尽量避免为设定某些变量而分析了变量所属的整个系统。也就是说,在确定系统边界时,要努力缩小边界的值,确定系统主要变量。

3. 确定因果关系。这一过程主要是思考系统内各要素间的因果关系,并借助反馈环将之表达清楚,这是系统动力学建模分析时相当关键的步骤。只有在掌握好内部各要素的因果作用时,才能对系统各部分构造拆解清楚,最终确立系统变量间的关联情况,确立系统与外部环境的关联点。

4. 建立系统动力学(SD)模型。完成了各要素间因果分析后,就要构建系统因果关系图与系统流图,借助 Vensim 软件完成上述操作,用数学方程式描述各要素的互相联系,得到系统中每一个变量与变量的数学关系。

5. 计算机仿真。运行 Vensim 软件对参数不断调配,获得不同的仿真结果,注意总结哪些情况会对系统性能有效提升,从而得到并对比各种方案的不同结论,为管理者制定政策提供依据。

四、主要应用软件 Vensim

Vensim 是由美国 Ventana Systems,Inc. 开发的,用于建模的可视化工具软件,可用来定义、模拟、分析以及优化动态系统模型。文中使用的是 Vensim PLE 版本,这是 Ventana 系统动力学模拟环境个人的学习版,不作为商业性质使用。我们借助 Vensim 应用软件构建模型时,该软件中特有的箭头符号会连接变量框,用方程式或者其他形式来表示变量、参数间的关系、因果等,完成后对所有变量间的关系与环路都作了定义。我们通过软件提供的窗口可看清变量要素间的输入与输出,方便掌握模型情况,还可轻松修正模型,可以深入、全面地帮助使用者讨论研究模型行为。

它的主要特点如下:

1. 模型构建是图形可视化的过程。Vensim 下的"编程"实际上不是对代码进行的编辑,该软件中只涉及建模的思想。模型的建立就是在构建窗口中设计完整的流图,然后对于变量参数间的关系,需要在 Equation Editor 中完成方程定义以及参数的赋值,随即可实施模拟仿真。用户还可点击 Model Document 工具按钮,查阅模型中的关系式。

2. Vensim 软件是在 Windows 操作系统下运行的,其有很强的数据共享能力,可以满足用户对输出信息的多样性以及输出方式的灵活性的要求。

3. 对模型可以完成多种分析。Vensim 能够完成模型的框架构造和 Dataset 的多种分析。Vensim 中对结构的分析涉及三个部分内容:原因树分析、结果树分析以及反馈列表。

第二节 江苏港口资源优化配置效果评价系统分析

一、江苏港口资源优化配置系统论分析

系统论的思维是当局部实现最优时,系统整体却不能确保最优。江苏港口

系统要有效地完成资源优化配置，合理投入，首先要树立起配置的明确目标，目标为强化群内的子港口和整个港口群的核心竞争优势，提升港口的集体效益和实力。

江苏港口资源优化配置划分为"两出海口、一枢纽、一中心、多示范"的港口新格局，是指由苏州港、南通港、连云港港和南京港四大港口联合构成港口群落，使四大港口形成相互联动、优势互补的协调运行的整体或者系统。江苏港口资源优化配置的基本思路是将港口的资源要素进行科学有效的配置和优化调用，来塑造出港口的系统优越性，产生集聚效应，形成具有内在合力的竞争优势。

江苏港口系统内部的资源经过合理配置后，使得各港口之间出现既相互合作，又相互竞争的现象。各个港口都具备自己的特色优势、竞争力，在区域内保证港口间的优势互补，防止资源的重复浪费，实现地域范围内的港口功能最大化，带动港口所在地区经济快速前进。港口在实施不同层面的资源配置时的对象主要有三个：主要包含配置港口本身循环中每个子系统、科学调配港口上游以及下游企业，还有就是对港口系统中各个港口子系统的配置。本文就是通过调整江苏港口系统中港口子系统的重要变量进行研究的。

二、系统动力学对江苏港口资源优化配置研究的适用性

江苏港口系统运行起来比较复杂，不仅与其所处的自然生态环境联系密切，还与人类的吃、穿、住、行等方面息息相关。江苏港口系统不是一个静止的系统，而是一个随着时间的流逝因相互作用不断变化的系统，该系统最终呈现一个相对均衡的发展态势。一般对港口产业的预测和给予的政策指导模型和方法大部分为静态的，例如：计算机模拟模型、计量经济学的预测模型等。即便所用模型能够十分准确地呈现之前的事物，它的预测结果是否可靠也是不能确定的。系统动力学可以明确反映系统内部各个要素间的因果关系、系统的动态变化情况以及各个子系统的反馈环，而江苏港口系统恰恰符合一个动态系统的特征，系统之间联系紧密，而这些联系、作用会在之后的时期有所反馈，并且类似这种错综复杂的联系用少量的数学方程是很难完整、准确地表达出来的。

所以系统动力学模型在对港口系统实施发展预测与分析政策指导时，能够显示出其他的模型所不具有的优越性。所以本文基于系统动力学方法构建模型，从而针对江苏港口系统资源优化配置，尤其在投资方面建立起仿真模型。

江苏港口系统在资源优化配置方面的复杂性、动态性、反馈性、周期性也是

不言而喻的,这恰恰满足使用系统动力学方法来实施分析的条件,尤其需要强调的是本文所建系统正是一个因果关系复杂、变量因素繁多、结构复杂的系统。系统动力学可以充分地对所建系统完成描述、模拟、分析和预测,如此,完成对江苏港口资源系统的结构、变量因子、因果关系、趋势发展等问题的充分研究就不成问题。

本文在系统思想的基础上,借助系统动力学方法对江苏港口系统的资源优化配置问题构建模型,努力找到该系统中各种要素的因果关系以及影响程度,着重观察和调整"投资"这一变量的作用效果。

随后利用 Vensim 应用软件进行模拟,不断调整模型中参数变量,观察和分析该系统的运行趋势,最后得出港口在资源占用方面对经济发展的作用和影响,比较运行结果的效果并给出政策建议。

三、江苏港口资源优化配置的原则

如果想要完成江苏港口系统资源的优化配置,所需考虑的因素特别多,不同层面的整合也有很多,并且我国针对这方面的经验总结还不是十分的丰富和完善,所以,一旦决定要进行江苏港口系统资源优化配置,就要将全局的思想放在首位,其次是全面地考虑到系统中各个主体因素的利益,并对方案的可行性和有效性作出准确的判断。本文认为,应当这样来实现既定的目标:江苏港口各类不同要素资源均得到充分的调配。

为了方案的设计更具可操作性,要遵循相应的原则:

1. 江苏港口资源优化配置应符合城市总体规划的要求,保障社会对港口的正常需求。港口之前的经营方式多为垂直管理体制,大部分港口的设计和城市布局出现步伐不一致的弊病,这就造成港口的开发缺少较优的生态条件基础,而城市的现代化进程也因此受到影响。随着港口管理权的下放,要紧密结合港口发展与城市经济的对应关系,更要针对二者制定出统一的发展规划,推动港口的公共以及珍稀资源的经济利益和社会效用的最大化。

2. 保证江苏港口向着更快速、更稳定方向发展原则。在国家宏观政策的引导下,比较落后的港口体制向市场化港口体制转变的核心问题是依靠市场这一隐形的手,来对港口运行中的各种资源进行科学配置。若想充分有效地将江苏港口资源调配起来,必须将一定的港口资源合理地推向市场,才有可能实现港口自有资本和经营收益的同步提升,实现港口对资源的科学利用和社会的经济效率的最优。所以以市场为主导建立公平的、合理竞争的运行模式,优化港口运作环境,是提升经营质量和强化市场竞争优势的基本保证,从而充分促进江苏港口资源的自由流动,实现最有效的整合利用。

3. 保证江苏港口内资源利用的最优性。江苏港口资源的优化配置关系到各港口的未来、城市的进步和地区的繁荣,所以要从3个角度思考港口各个要素的科学配置,在符合大局设计的前提下,通过合理的、刺激竞争的要素调配,建成符合发展需要的先进港口运行机制。江苏港口的资源优化配置要考虑的因素包括:港口群的基础设施建设、土地资源的合理利用、物流的运输配置、临港产业发展、城市区域经济等重要方面。为了保证港口各种资源利用的最优性,就必须在进行资源调配的过程中完善港口领域的投资、融资体系的建设,满足市场化和社会化的需要,才能在不存在商业营运的主体、合资不容易实现等的情况下,将各项资本资源进行整合。

4. 重视向江苏港口资源倾斜调配原则。20世纪,伴随我国改革开放步伐的加快,我国的交通网络、物流运输行业也步入快速运转的轨道,尤其需要注意的是,我国是以沿海经济的发展来激活内陆经济,这也就对我国的港口业的发展提出更高的要求。迈入新世纪后,更是激发了我国对港口建设与发展的热情。而港口的发展必须要有大量资金作保证,加上港口企业本身的经营对资本的要求很高,所以说,若想组织建设一批新的港口或者对港口群进行扩大建设,对资金的需求十分紧迫。我国正处于发展阶段,远不能满足港口群的投资需求,因此在进行资源配置时,要全面地分析经济的前景、社会发展要求,将一定数量的资金进行合理调配,制定出最好的解决策略。此外,江苏港口建设还需要以自然条件为基础,修整已经被利用的岸线资源,对还没有被开发过的岸线要高度重视,在对其开发之前,按照程序进行审批,防止对岸线资源的无序滥用。

四、江苏港口资源优化配置的关键问题

为了完成江苏港口资源的优化配置,科学有效地调配港口群资源,使得港口系统效益优化,推动港口系统以及腹地经济的共同进步,关键问题如下:

1. 合理改革江苏港口管理体系、机制,扫清行政区划障碍。在改革开放之前,我国经济的运转依靠的是计划,港口企业的运行处于政企不分、各自为政的状态,对江苏港口系统的综合效益没有足够的重视,导致部分港口资源利用不充分,使用效率较低,对各港口的建设造成不好的影响。那么,怎样深化江苏港口管理体制的改革,突破行政区划的障碍,保证港口的发展符合市场竞争规律,

促进港口产业的自由、高效发展,是江苏港口进行资源调配必须重视的关键点。

2. 提高江苏港口建设组织能力和意识。江苏港口资源优化配置主体为港口企业,所以要想进行资源有效配置,港口企业一定要清晰地认识到资源配置的作用,树立起与其他港口进行合作的观念。此外,各港口企业必须具备支配和分享经营所得的效益的权利,不然江苏港口资源的配置工作将十分困难。

3. 江苏各港口须优化自我角色功能定位。在江苏港口系统向前发展时,如果各个港口没有协调好自我功能定位,那么各个港口必定会因为追求自身利益的最大化,而忽视其他港口甚至整个系统的效益,造成恶性争夺港口的有效资源来提升自己实力的情况。所以当对江苏港口进行资源优化配置时,必须对四大港口的功能进行科学定位,并对其合理分工,优化合作,不仅能实现江苏港口资源合理的配置和更高的港口经济效益,还能促进地区经济的繁荣。

4. 江苏各港口间要建立健康有序的合作竞争机制。江苏港口资源可在市场经济的作用下实现高效调配及服务水平的提高,但以市场为主体的发展模式是一把双刃剑,如果进行恶性竞争将导致港口资源的低效利用,所以江苏各港口要进行科学合作与竞争,促进江苏港口系统资源的有效配置,这关系到江苏各港口有关主体的利益,所以,选择科学的合作模式,实施健康完整的整合战略,对江苏港口资源优化配置战略的成功至关重要。

五、江苏港口资源系统结构分解

系统动力学的基本内涵就是构建什么样的系统就会生成与之相对应的行为,构建系统的根基是因果反馈环,所以建模过程的关键是找到因果关系。

我们依据系统各要素对应关系发现江苏港口的腹地区域发展与江苏港口需求的发展、江苏港口资源供给的动态变化是相互关联的,只要它们中有要素发生改变,就可能引起整个江苏港口系统的变化,信息不断在变量间进行循环传递,影响整个系统的决策行为,从而促进苏州港、南通港、连云港港和南京港四大港口资源之间的协调发展,而这就会推动江苏港口资源系统更好更快地发展。

图 6-1 为江苏港口资源系统结构图,其是站在宏观的角度上,将江苏港口资源总体结构及各部分的对应关系概括为以下对应关系:江苏港口腹地经济、江苏港口需求、江苏港口资源供给能力三大部分,并在下文对各部分内涵作出解释。

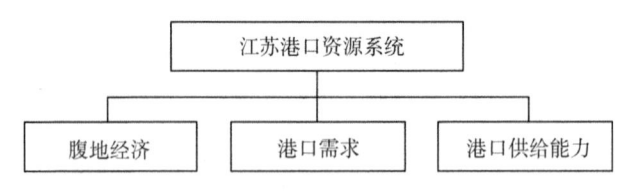

```
                    ┌─────────────────┐
                    │ 江苏港口资源系统 │
                    └─────────────────┘
              ┌───────────┼───────────┐
         ┌────────┐  ┌────────┐  ┌──────────┐
         │ 腹地经济 │  │ 港口需求 │  │ 港口供给能力 │
         └────────┘  └────────┘  └──────────┘
```

图 6-1　江苏港口资源系统结构图

（一）腹地经济

腹地是指港口的一个服务区域，又被称为吸引范围区划、"背后地"。腹地是"一种以交通线或其港、站为中心的运输经济区，亦即交通线或其港、站的服务区"。

港口作为运输网络中的节点和枢纽，具有衔接运输、集散货物、推动国家和地区经济贸易发展的功能。每个港口在地理上都有运输能够辐射和覆盖的相对稳定区域，就线路和便利性来看，如果涉及这个区域的贸易货物运输基本由该港口直接或间接完成，那么该区域即为经济腹地，腹地所涉及的经济发展系统即为腹地经济。

江苏港口腹地经济的宏观调控政策主要是由江苏省政府有关机构和各级交通运输部门及港口管理部门实施的。它们是代表国家，即一般公众利益对港口市场进行监督、管理、调控的部门。这些部门主要有财政、金融、税务、海关、环保、工商等机构，以及交通运输部、省交通厅等各级主管部门。

江苏港口腹地经济的兴衰是随着客观的经济环境的变化而变化的。港口的运输状况变迁、内陆交通运输业的发展、内贸外贸航线的开辟、运输方式的转变、港口基础设施的完善等状况，都会影响经济腹地短期的变动或永久的变迁。书中讨论的江苏港口的经济腹地主要是江苏省，以江苏省 GDP 等主要经济指标为代表来表达港口的腹地经济情况。

（二）港口需求

港口需求是指在一定时期内，一定价格的水平下，社会经济生活在货物空间位移服务方面所提出的具有支付能力的需要。江苏港口需求是该系统内各港口组合后的需求总和，而港口需求受多种因素的影响，但其主要的决定因素是港口物流需求。港口物流需求大小需要考虑的密切相关的因素很多，首要因素就是港口腹地的经济发展规模，腹地经济的发展程度是港口物流需求的原动力。另一个重要因素是港口城市的对外贸易规模，因为对于港口物流而言，进出口贸易物流在整个城市物流规模中所占的比重较大。当涉及港口城市的物流需求时,也必须考虑到港口腹地的产业结构。

我国港口的物流需求的绝大部分都来自腹地货运周转,而港口腹地货运周转量是指一定时期内港口腹地实现的包括铁路、公路、水运、航空等运输与周转总量。由于受我国港口物流统计指标现状和数据的可获得性的限制,一般以港口吞吐量或者集装箱运输量的规模大小来反映港口物流需求的总规模。本书采用的是江苏港口的总货物吞吐量来代表该港口需求。

江苏港口的运营与社会经济运行是互相影响、不容分开的,当社会的经济发展速度快速提升时,社会的各个领域都会相应活跃起来,那么为了满足江苏省经济发展的需要,江苏港口的运输量必定有所增加,由于港口发展的关联性很强,港口的运输需求加大必将带动更多关联行业的进步,这样会再次激发社会经济前进的活力。

总而言之,江苏港口需求的发展和与之对应的腹地经济的发展是相互作用、联动发展的关系,具体联动如下:由于腹地经济反作用于港口,港口的需求将不断增长,这样港口的吞吐量必定提高,拉动港口在经济上的各项收益,这就对腹地经济的繁荣提供了很好的机遇。腹地经济的繁荣运行又会刺激港口需求量的大量增加,可是不断增加的运输需求量很大概率上会使港口吞吐能力不足的形势加剧,随着这种形势愈发严峻,较多数额的货物就会被积压下来,对大力推进腹地经济产生消极影响。在下面的系统动力学流图构建中设定了与之相关的参数变量及因果关系。

(三)港口供给能力

江苏港口的供给能力和供给成本由港口群的运营效率、集疏运条件和港口的自然条件共同反映,所涉及的资源多种多样:一是自然资源,包括土地资源、水资源、矿产资源、生物资源等;二是人力资源,包括劳动力资源、管理资源和技术资源等;三是资本资源,包括非货币形式的有形资本资源和货币形式的资本资源;四是信息资源,它是自然资源、人力资源和资本资源的相互联系方式,也以各种资源为载体存在和传输。其中港口的自然资源有限,用一部分少一部分,尤其是港口自然岸线,它是一种不可再生资源,可持续开发自然资源显得非常重要。综合运输体系的优化改善关系着国家以及地区水运事业的持续经营,对社会经济的繁荣发展意义重大。对于那些人工开发的岸线,其同样涉及各类客运、货运经营,货物在离开码头时的中转、系泊设施以及对港口的支持、保障港口运行、对港口硬件设备的维护、系统工程等相关设施形成的岸线资源。

伴随着社会的不断发展，港口开发也在不断深入，假如对港口投入的资源增多，那么港口的承载能力就会加大，这就要消耗多于原来的岸线资源量，然而岸线资源的不断使用加上其本身的不可再生性，必然会施压于港口建设，更严重的是会不利于供给能力的提升，所以说整合和优化岸线资源能够更好优化港口供给能力，拉动港口业整体发展。

江苏港口的腹地经济与港口供给能力之间的关系亦如上述腹地经济和港口需求子系统间的关系，同样是互相影响、互相作用的。随着江苏港口腹地经济的快速发展，必将会增加交通方面的投资，当然港口相应资金的投入也会增加，对港口的建设资金增加后，港口的基础设施、技术支持、管理人才等方面都会得到完善，这将有助于港口优化，必将大大提升港口的供给。

江苏港口在一定程度上改善吞吐能力欠缺的形势，会不断提升港口的供给能力，推动腹地经济的进一步发展，则与之相对应的港口吞吐货物量也会逐渐增多，港口的经济效益不断扩大，其中一部分收益必然会提供给江苏港口进行投资再建设，而港口投资数额的增多又会提升相应的供给能力。本文认为江苏港口供给能力主要体现在与资本资源投入相关的参数变量上，因此会以投资为资源优化配置的研究对象。

第三节　江苏港口资源优化配置效果评价模型构建

基于系统动力学方法对江苏港口的资源实施优化配置、有效整合，这一过程还是站在系统的角度、整体的层面完成的。下文透过国家交通运输部的视角，来系统分析江苏港口资源的合理配置，针对出现的问题给出政策建议。在实际分析中，主要分析苏州港、南通港、南京港和连云港港四个港口模式的情况。

一、模型目标

在宏观的角度上，江苏港口资源优化配置的目的是使得系统内各港口有序竞争与合作，解决港口建设与腹地经济发展不一致的问题，克服目前港口泊位利用率较低的问题，从而完成政策模拟，使得区域内港口之间以及江苏港口与腹地资源优化配置，满足港口功能的进一步发展，实现资源利用的优化，达到系统效益优化的效果,进而促进各港口有效运营,推动实现区域一体化发展目标。

宏观目标的实现是以微观系统的目标的达成为基础的。该模型有针对性地选取了资源配置中比较重要的资源——投资,据此来进行政策模拟分析,分别讨论不同的投资条件对整个江苏港口系统的影响,主要在投资的视角下给出相关政策建议,并为江苏港口的资源优化配置提供依据和参考。

二、模型变量及参数确定

(一)模型变量

本文将系统动力学模型中的变量主要设定如下:江苏港口需求系统动力学变量、腹地经济系统动力学变量、以及江苏港口供给系统动力学变量。设定模型的要素变量、参数按以下程序进行:首先是定义并赋给累积变量初始值,其次是对常量进行思考、设定,随后是构建所需表函数,最后是划定辅助变量。其中,变量的定义划分、单位还有参数值确定的主要方法包括:

1. 查阅多种与变量相关的数据库以及纸质统计文献。本模型中部分数据变量是通过查阅图书馆相关图书资料及在相关权威统计网站如江苏省交通运输厅门户网站得到,并翻阅已授权开放的统计资料、文件报表,包括《中国统计年鉴》《中国港口年鉴》《江苏省统计年鉴》等,另外合理估测其中所需的个别缺少的数据。

2. 借助SPSSAU软件完成变量的线性回归分析。运用SPSSAU软件对整理的有关历史数据处理分析以此得到模型所需的个别变量及参数,特别强调对表函数的相关处理,以获得模型建立所必备的常量和参数。

3. 修正模型中主要变量的参数系数。模型行为与其参数值的灵敏度是相关的,而一些参数是要参照模型行为对该参数值灵敏度的反应剧烈程度进行评价的,这样就需要启动模型的模拟程序,而参数值是进行模型模拟必须输入的,这样就先估测地将一些可能的数值完成初始模拟试用的检验,不断对其进行调试与调整,当模型行为趋于稳定的时候,那么此时的数值就是所需的参数。

(二)参数确定

系统动力学模型参数的选择一直是争议较大的问题,而事实上系统动力学模型的基本运行机制是信息反馈,模型的运行轨迹与结果并不是由参数的具体值决定而一般由模型结构决定的,也就是说,运行结果对参数是否有改变并不敏感。SD模型参数确定问题要不同的情况不同对待,要随着模型的精度要求的变化,选择相对应的参数估计方法,而不是模型参数不需要预算估计。SD模型中参数的准确度要有合适的标准,准确度应当能够保证系统模型构建的顺利进行,符合其建立的基本条件。

1. 模型累积变量初始值。本文 SD 模型所涉及的累积变量初始值如表 6-1 所示。

表 6-1 累积变量初始值(2021 年)

名称	单位	初始值
江苏省 GDP	亿元	116 364.2
苏州港吞吐能力	万吨	56 590
南通港吞吐能力	万吨	30 851
南京港吞吐能力	万吨	26 855
连云港港吞吐能力	万吨	26 918
江苏省港口吞吐量	亿吨	32.1

2. 表函数说明。SD模型中不同的辅助变量一般有非线性关系成立,而该非线性关系很难借助辅助变量的代数组合表述完整。如果可以保证足够的数据集合,并在该集合的支持下,能够以图形的方式表示该函数关系,此时我们就能轻松地借助系统动力学表函数来完成。构建的吞吐量增长率表函数,如图 6-2 所示。

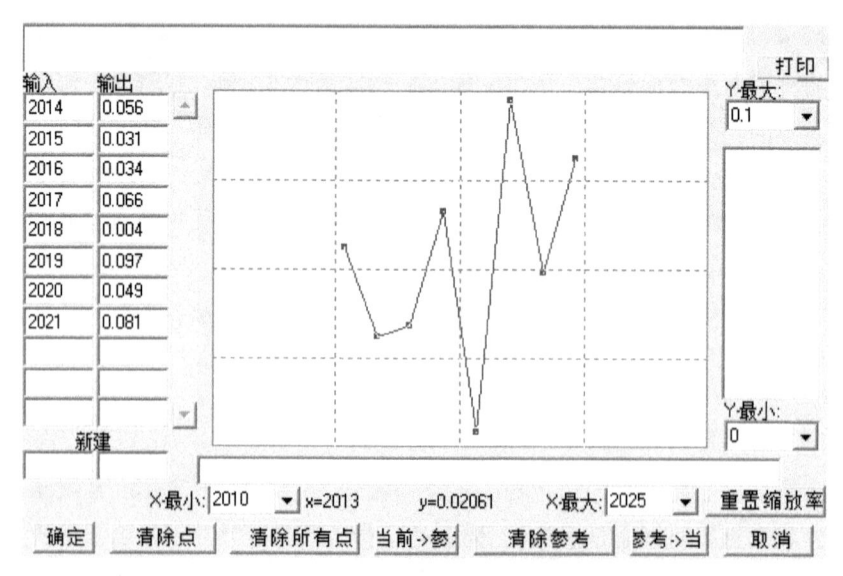

图 6-2 吞吐量增长率表函数

该吞吐量增长率表函数对应的编辑式如下所示：

A　TTLR＝TABLE(TTTTR,TIME.K,2014,2021,1)；

T　TTTTR＝0.056/0.031/0.034/0.066/0.004/0.097/0.049/0.081

3. 常数参数的设定。通过查阅分析相关电子数据库以及纸质统计文献不断地进行调试模拟来获得所需的常数值。现介绍以下特定参数：投资与通过能力换算系数，通过查阅相关水运建设及港口运营资料，估约设定为0.022吨元。

港口GDP阻碍因子一般代表的是港口的运输能力不能满足社会的需要时对腹地经济开发的阻碍程度，当经济发展比较缓慢、欠发达时这种阻碍还比较小，如果经济很繁荣，该因素的影响就会放大，越来越限制经济发展。借助各种相关统计资料进行估测，将当前港口GDP阻碍因子设成0.3，而对于每个港口的投资分配比重，仿真现实情景下的港口情况。

影响GDP增长率的因素很多，如资本、劳动力、技术进步以及城市的对外开放程度，但是针对港口群系统这个问题，本文模型中的GDP增长率影响参数较少。政府在2021年前为10%，2025年前为8%。

港口能力短缺对GDP的影响是积累的过程，当港口能力短缺达到一定程度后将对港口城市经济的发展产生阻碍作用，其值难以用准确的数学公式表达出来，并且涉及港口在综合运网中的规划及分担的比率。

三、因果关系图

在系统建模时要将系统的各要素的相互作用、相互影响的关系用一种比较特殊的图示来突出，该图就是因果关系图。在建立模型时，如果比较准确、全面地绘制出系统的因果关系图，那么说明构建者已经充分抓住系统内部发展运行、相互作用的机理。上面我们已经归纳出系统结构图，接下来就要对系统中各子系统中存在的因果反馈机制作阐述，最终得到系统整体的因果关系图。

（一）江苏港口资源优化配置引入投资的重要性说明

江苏港口在进行资源优化配置时，通常涉及资源的种类有很多，简单分类如下：

资本资源，人类借助多种辅以生存的资源，持续创造的供人类发展的资源，存在形式分别为非货币形式的有形资本资源和货币形式的资本资源，本书也可将非货币形式的有形资本资源量化为货币形式的资本资源。

自然资源,表示那些与社会发展相联系、可被用来创造使用价值,还在一定程度上对劳动生产率产生影响的自然要素,如土地资源、水资源、矿产资源、生物资源等。自然资源有其一定的特点,例如整体性、变化性、分布不均匀性和区域性等,对人类生存发展提供必要的资源供给,其还是社会物质财富增加的基础,推进人类社会可持续发展。

人力资源,指在相应发展阶段,人所具备的可使企业利用,并推动经济效益积累的教育、技能、经验、体力等,例如劳动力资源、管理资源与技术资源等都可被称为人力资源。

信息资源,指人类社会信息发展环节中,以信息为核心的多种多样的信息进程要素集合。它是上述三种资源运动的相互联系形式,并以各种资源为载体,不断进行资源传输等。

本书将江苏港口资源优化配置过程中将投入的资本资源作为主要的资源进行研究,主要原因如下:

1. 资本资源作为一种可用货币形式计量的资源,易精确量化,便于分析,其可在下面的江苏港口资源优化配置的研究中实施有效、准确的控制,能够以数值的形式表示出来。

2. 江苏省政府在对港口进行宏观政策管理时,主要有两大调控手段,一个是地方优惠政策,另一个是投资政策。投资,即投入资本资源的有效配置对江苏港口的发展是至关重要的,作用不容小觑。

3. 资本资源受江苏省 GDP、交通投资、港口投资等相关变量指标的影响,其与腹地经济有着十分密切的关系,也就是说,与投入资本资源相关的参数变量,能够行之有效地将上文中的三大子系统连接起来,形成一个有效的反馈回路,资本资源作为投入对象,具有其他资源所不具有的优越性。

因此,本书在进行系统动力学的模拟仿真时,将资本资源作为江苏港口主要的资源优化配置对象,在文中以投资相关变量的形式出现,将其作为最核心的指标进行研究。

(二) 江苏港口资源优化配置因果关系图分析

因果关系图主要是思考系统内各要素间的因果关系,并借助反馈环将之表示清楚,这是系统动力学建模分析时相当关键的步骤。只有掌握好内部各要素的因果作用,才能对系统各部分构造拆解清楚,最终确立系统变量间的关联情况,确立系统与外部环境的关联点。

第六章 江苏港口资源优化配置效果评价

江苏港口资源优化配置的因果关系图反映的是江苏港口在进行资源配置的过程中,按照江苏港口资源系统结构分解成的三大部分,对该系统内腹地经济的发展过程、港口群需求的变化、港口群资源供给的影响发展部分因果流动变化及三大部分之间的相互作用关系作出介绍。

如图6-3,因果关系图1描述的是江苏港口腹地经济发展水平、腹地所需满足的运输需求、港口群的运输需求与江苏港口能力不足构成港口能力不足的负反馈环,腹地经济总量的增加对整个江苏港口的运输能力提高了要求,随后造成港口群能力不足的情况越来越严重,这样又对对港口群腹地的开发造成负面影响。

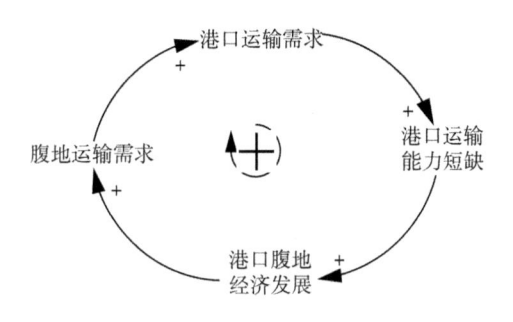

图6-3 因果关系图1

如图6-4所示,因果关系图2描述的是江苏港口腹地区域的繁荣必定会提高对腹地运输量的要求,继而也会对港口群的运输能力提高要求,最后会提升港口群完成的吞吐量,扩大港口群经济效益,这样又推动腹地经济的繁荣,这样五者之间就构成腹地发展与港口群需求的闭合环路,该环路是一个正反馈环。

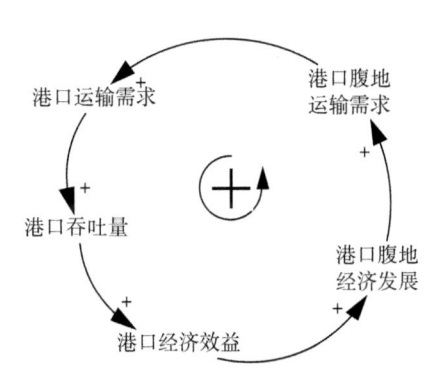

图6-4 因果关系图2

如图 6-5 所示,因果关系图 3 体现出江苏港口腹地的开发将刺激江苏港口对资金更加充足的投入,而对江苏港口投资力度的不断增大将使江苏港口的资源供给增多,而当港口群的供给能力变强后,就会减少港口运输不足的压力,这就又带动了其所对应腹地的发展,这样五者之间就构成了港口群腹地发展与港口群供给之间的一个环路,该环路也是一个正反馈环。

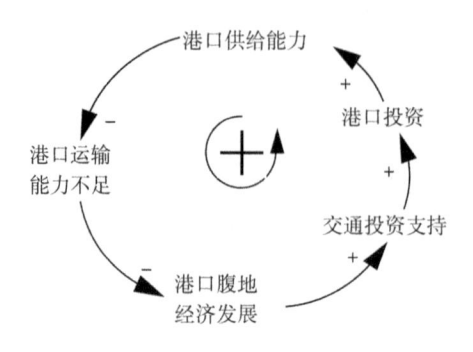

图 6-5　因果关系图 3

如图 6-6 所示,因果关系图 4 表示的是江苏港口资源供给实力的提高必定要消耗为江苏港口提供建设基础的自然资源,而该自然资源的不断使用会加剧江苏港口运行所需资源的负担,继而江苏港口资源的负荷又会影响江苏港口供给能力的增加,这样,上述三者就构成了一个回环,该回环为一个负反馈环。

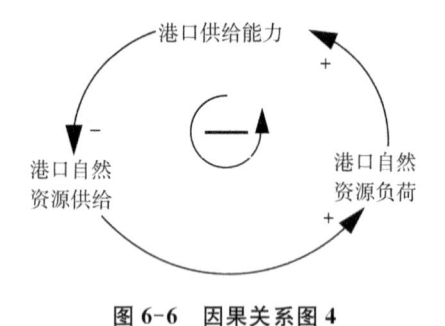

图 6-6　因果关系图 4

通过上文对三个部分因果关系的介绍,已经对三者相互影响的反馈关系有基本了解。下面就是将前面罗列的因果关系环路进行糅合,江苏港口系统的因果关系总图如图 6-7 所示。仔细观察图 6-7 会发现,因果关系总图涉及腹地经济与港口需求、港口供给以及港口资源供给三大主要方面,它们之间是交叉的、综合的相互影响关系。

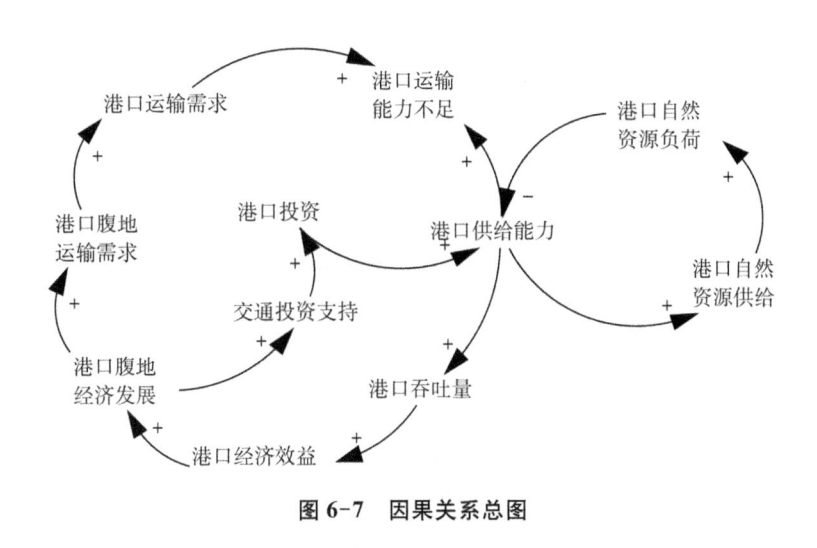

第六章 江苏港口资源优化配置效果评价

图 6-7 因果关系总图

第四节 江苏港口资源优化配置效果系统动力学仿真

一、系统动力学流图

本书系统动力学总流图的构建是按照江苏港口资源系统结构划分确立的，总流图的参数变量分别归类于江苏港口的腹地经济部分、江苏港口需求部分、江苏港口资源供给部分，依据江苏港口系统各变量要素的因果关系，设计出系统动力学总流图，各变量之间的因果关系。

如图 6-7 所示，在构建江苏港口资源优化配置系统动力学模型中，主要设定的资源为资本资源，也就是将投资设为重要的资源变量进行优化配置。

状态变量又被称为流位变量，是在系统动力学模型研究过程中随着时间变化的具有累积效应的积累量。状态变量设定的必要条件：建立模型的人可得到其初始的数据值。通过流率方程来进行定义的变量被称作速率变量。模型中的其他变量为辅助变量或增补变量。

图 6-8 系统动力学总流图中所提供的各个参数变量之间的流动发展情况是根据上文的因果关系图给出的，而且各个变量间的相互影响、循环反馈的关系简单明了，所以此节就不再对系统动力学总流图中各变量的发展变化作更多的解释。

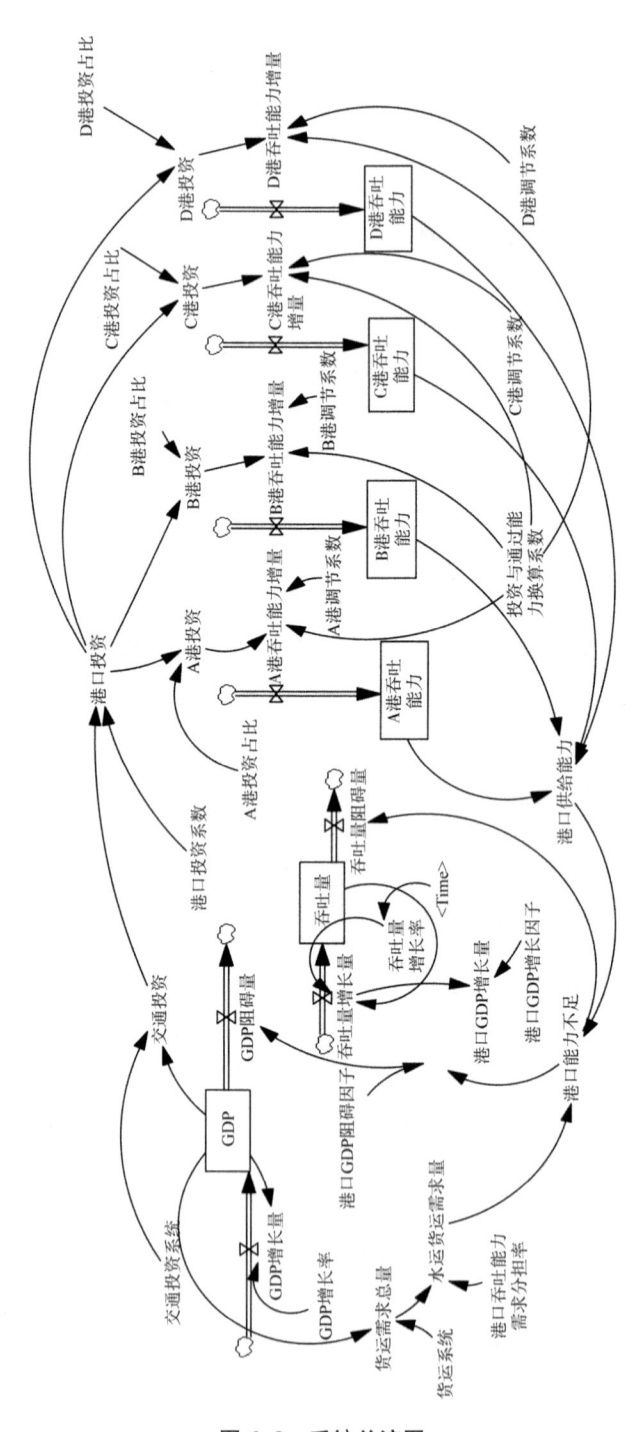

图 6-8 系统总流图

依据上文分设的三个子系统分别设定参数变量,如表 6-2、表 6-3、表 6-4 所示。

表 6-2 腹地经济相关参数变量

腹地经济变量名称	变量类型
GDP	状态变量
交通投资	辅助变量
GDP 增长量	速率变量
GDP 阻碍量	速率变量
交通投资系数	常量
GDP 增长率	常量

表 6-3 港口群需求相关参数变量

港口需求变量名称	变量类型
吞吐量	状态变量
港口能力不足	辅助变量
货运需求总量	辅助变量
水运货运需求量	辅助变量
吞吐量增长量	速率变量
吞吐量阻碍量	速率变量
吞吐量增长率	表函数
港口吞吐能力需求水运分担率	常量
货运系数	常量

表 6-4 港口群资源供给相关参数变量

港口资源供给变量名称	变量类型
A/B/C/D 港吞吐能力	状态变量
A/B/C/D 港投资	辅助变量
港口投资	辅助变量
港口供给能力	辅助变量
港口 GDP 增长量	辅助变量
港口 GDP 阻碍量	辅助变量
A/B/C/D 港吞吐能力增量	速率变量
A/B/C/D 港调节系数	常量
投资与通过能力换算系数	常量
港口投资系数	常量

续表

港口资源供给变量名称	变量类型
A/B/C/D 港投资占比	常量
港口 GDP 阻碍因子	常量
港口 GDP 增长因子	常量

二、模型检验

基于系统动力学建立的模型一般都要模拟运行很多次才可成功。为了检验所构建的江苏港口资源优化配置系统动力学模型是否可行以及是否有效,要对所构建的模型实施检验来完成判断。

1. 测评量纲的一致性。量纲一致性的测评需要实施多次运行验证,这是模型构建成功的前提,它的作用必须引起重视。每个变量的量纲必须定义准确、保证正确性,每个方程表达式左右双方的量纲也要保证一致。应用软件 Vensim 中设置着"Units Check"按钮,点击它可以分别对所有的方程式的量纲一致性进行检验,本书的模型在量纲一致性检验中顺利过关。

2. 行为适合性检验。行为适合性检验是当系统运行于极端状态下时对其完成的检验,一般在对极端条件认识比较清楚时,这更有利于改进模型在一般状态中的模拟效果。假设论文 SD 模型内的港口不具备任何能力,一般来看这种条件一定会阻碍社会经济运行。观察论文模型的模拟轨迹,如果江苏港口在没有任何运营能力的状态下,社会的经济发展总额积累是相当缓慢的,在一些年份中还出现减少的现象。这正是江苏港口系统缺失运营机能造成货运不足,必然不利于社会产值总额的积累,而此现象恰恰与经济理论相符。

3. 模型与现实系统有效性检验。本文所构建的 SD 模型的研究基础是其结构,假如保证模型与构建结构相匹配,但是在模型构建过程中所设立的参数与现实系统有很大的差距,则该模型的可信度也是比较低的,所以必须检验模型的参数。

本文主要从三个方面对参数进行检验:在构建江苏港口资源整合模型时,需赋值或者定义表达式给所需的参数,随后选取其中部分重要的参数,而没有必要把全部参数进行运行检验;当模型具有不同的结构时,对其的运行会出现不同的行为,而本阶段的检验就是依据两者的匹配程度来判断该结构是否有效。

首先,针对江苏港口资源优化配置仿真系统相关参数变量输入初始数值,进行多次模拟计算,获得基本的运行结果;其次,通过将模拟结果与真实情况进行比对,进而评价模拟模型可行性,通常,比较关键参量的仿真结果与真实值合理范围;最后,观察模拟结果与现实值的发展轨迹是否保持一致,只是存在较小偏差。论文中模拟模型的关键参量运行值与实际系统中该值的对比,依次如图6-9至图6-10所示。

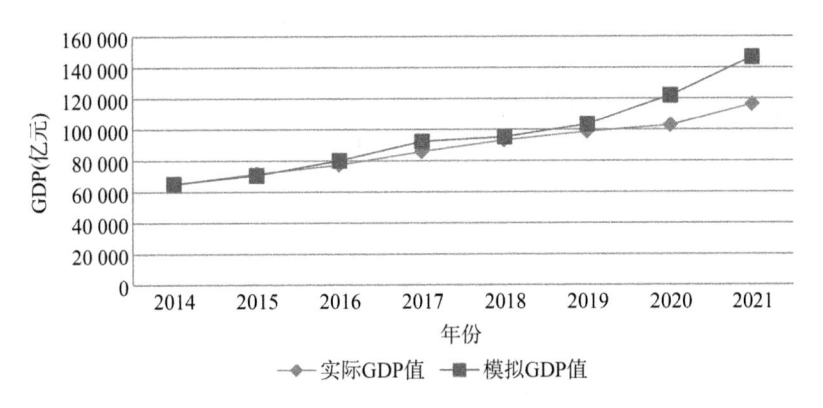

图 6-9　江苏省 GDP 实际值与模拟值

图 6-10　江苏省港口吞吐量实际值与模拟值

显而易见,模拟结果和实际数据的误差均控制在5%以内,表示该模型的模拟效果还是比较好的,可以用该模型实施模拟,并对运行结果讨论分析。

三、模型模拟

为了实现江苏港口资源优化配置,提升江苏港口的资源利用率,较大程度发挥港口自身经济功能,来带动港口所处城市、所对应腹地经济的开发,其中一个很重要因素或者措施就是借助政策手段,政策主要分为两种:一种是地方优惠政策,比如国家给予的一定的税收优惠政策、海域使用金优惠、土地出让金优惠、年度净利润全额留用、港建费返还优惠等;而另一种是投资政策,这也为促进港口发展发挥相当重大的作用,而本模型主要就是通过一定程度的投资调整来对江苏港口资源优化配置效果进行分析探讨。

本书主要是通过国家对投资比例从 GDP 中分配给交通投资的份额、交通投资分配给港口投资的份额、各个港口投资占港口总体投资的比重,进行研究,模拟出最合理的数值。通过整合、调配苏州港、南通港、南京港、连云港港四大港口的投资份额、比例,来优化港口的经济运营效益,以探讨不同的投资发展形势对港口的能力在需求与供给方面产生的影响,随后总结不同的港口资源调配政策对腹地发展的重要性,验证了江苏港口资源优化配置后的优越性,系统动力学模型对本系统研究的适用性、有效性。

1. 投资政策模拟设定。江苏港口在进行资源优化配置前完成的模拟设为方案 1,在程序中用方案 1 代表;翻倍港口调整资源投资额设为方案 2,此时各港口在投资比重方面与方案 1 相同;方案 3 港口资源配置内容为不仅要翻倍总投资额,还要调整对四大港口投资比重,比重分配安排如表 6-5,表中投资比例按照苏州港、南通港、南京港、连云港港的顺序进行。

表 6-5 投资分配安排

政策方案	港口投资系数	港口投资比例
方案 1	0.078	2∶1∶0.5∶4
方案 2	0.156	2∶1∶0.5∶4
方案 3	0.156	1∶1∶1∶2

2. 借助 Vensim 仿真软件基于上述内容所作的铺垫对模型进行模拟仿真。设定不同的投资方案意味着资源的不同配置方式,即不同实施方案,反映出对江苏港口运输需求与供给能力以及腹地经济的发展趋势的影响,体现在港口系统的配置效益差异上。

四、结果分析

对上述投资政策各方案模拟后,计算结果见图 6-11～图 6-13,从图中我们清晰地看到在 3 个方案下的江苏港口供给能力、需求量及港口所在腹地经济的发展趋势和它们之间的差异。

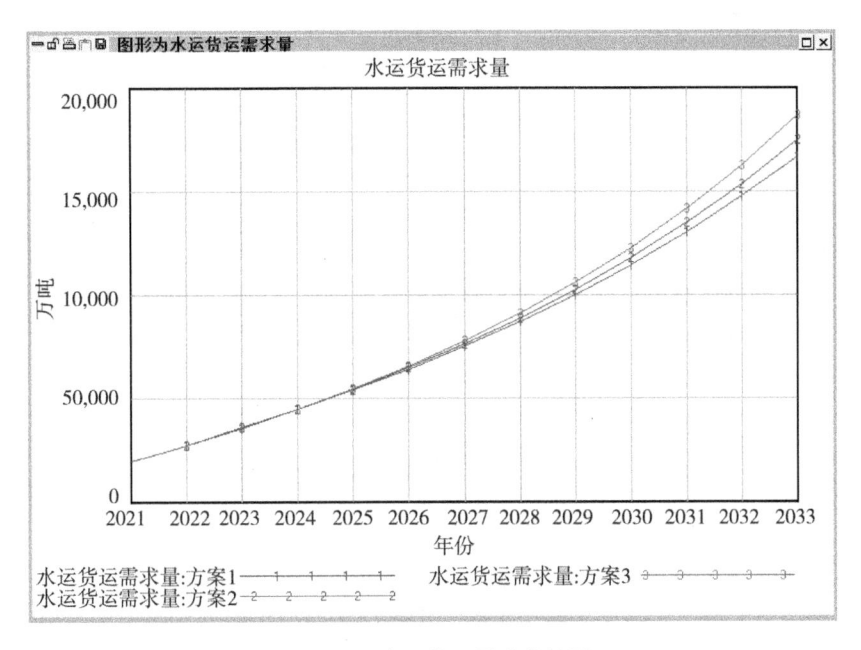

图 6-11　水运货运需求趋势图

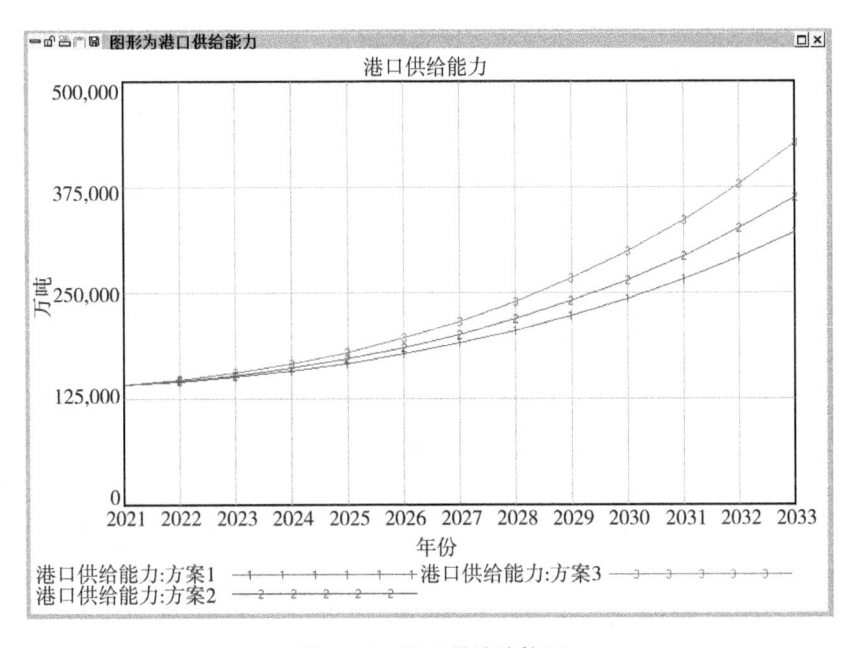

图 6-12　港口供给趋势图

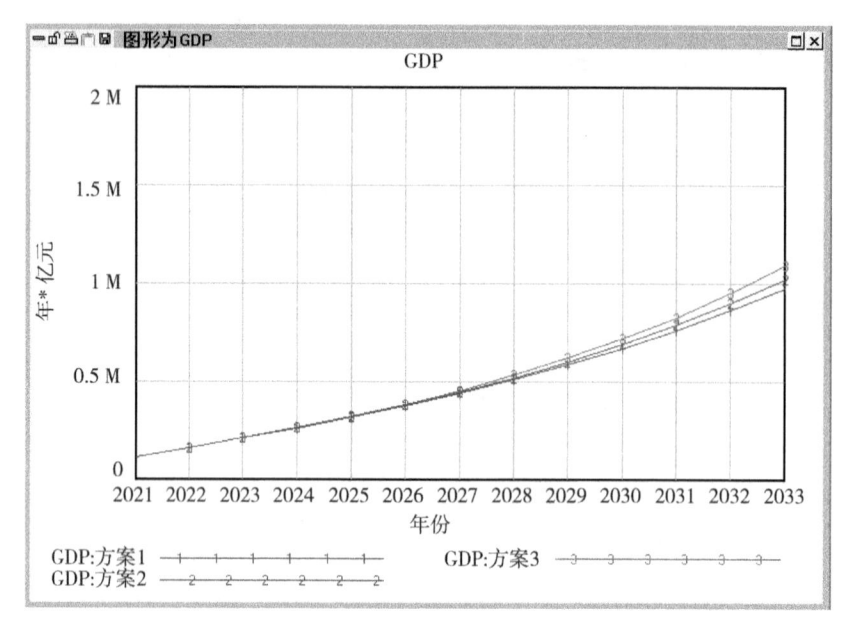

图 6-13　腹地经济趋势图

1. 在方案1的情况下,也就是图中显示的方案1状态下,明显发现江苏港口的运输需求能力、港口群供给能力发展以及腹地经济的增长与另外两种方案相比相对比较迟缓,这是因为在港口进行资源配置优化之前,江苏港口存在重复建设甚至恶性竞争等现象,造成自然资源与社会资源的浪费,港口整体功能没有得到更好的发挥。

2. 方案2将对所有港口的投资额在原来的基础上翻倍,投资的增加必然会提高港口基础设施等硬件水平及其软环境的实力,江苏港口资源得到更好的重新配置,进而激发港口的发展潜力,所以会发现方案2的港口供给能力与运输需求都比方案1状态下的实力强大,与此同时,港口的进步又会推动腹地经济蒸蒸日上,经济效益进一步提高,亦是优于方案1状态下的腹地发展。

3. 方案3在对江苏港口投资翻倍的基础上,又拓展配置四个港口的投资配比,以期它们之间配合更默契,整体优势最大。通过观察上面所示结果图,方案3的港口能力发挥最为充分,不论是港口的运输需求还是供给能力均发展最快,增长也多于其他两个,腹地经济自然而然也是推进速度最快的,不过经济发展具有本身的自然规律,可以说具有不断积累、循序发展的特点,港口的运输能力与腹地发展相辅相成,所以它们的发展是较平稳的,呈现逐渐上升的趋势。

对3种方案进行分析得出:调整江苏港口的资源配置状况,通过加大对港口的投资额度,并调整各港口投资的比例,可以提升港口整体的竞争实力、充分有效地发挥港口的功能,促进江苏港口的运输需求量,提高港口供给能力,提升江苏港口腹地经济开发速度。

江苏港口建设投资是不能也是不可能无限制增加的,否则港口的供给能力定会出现不同程度的供过于求现象。在合理配置港口资源之前,四大港口均出现大规模的投资,致使港口建设不断交叉重复,持续扩大港口能力,造成一定程度的资源浪费、重复建设,其中江苏港口投资中连云港港区所占比重最大,主要是为了"一带一路"建设,所以为了保证江苏港口能够协调优化发展,针对江苏港口系统进行资源整合,尤其是对投资资源的优化配置显得至关重要。

第七章
江苏港口资源优化配置的实证分析

第一节 连云港港口物流与城市经济发展的关系研究

一、绪论

（一）研究背景与意义

现代港口物流的发展对港口的服务功能提出了更高的要求，使得城市与港口的关系变得越来越密切。城市作为港口设施的载体，成为港口产业发展的依托。港口作为城市的一个重要组成部分，港口物流对城市经济的发展起着重要的作用。随着港口与城市的一体化发展，港口正成为开展国际贸易的集中场所，对城市经济的增长产生强有力的推动作用。

世界上大多数经济发达地区都与港口结合在一起，港口与城市共生共荣。在欧洲，地中海、大西洋边和莱茵河、多瑙河两岸，出现了一批著名的港口城市，如伦敦、汉堡、鹿特丹、阿姆斯特丹、马赛、安特卫普等。在北美，东西海岸和五大湖区是经济先行的地区，形成了洛杉矶、纽约、蒙特利尔、旧金山等经济发达的港口城市。在亚洲，日本东京经济圈和阪神经济带形成了横滨和神户两大港口城市，中国香港和新加坡更是全球重要的经济枢纽。在我国沿海地区亦形成了环渤海、珠三角、长三角等几大港口城市集聚地带，其城市发展规模相当于全国平均水平的 2 倍左右，其中上海、天津、广州的非农业人口超过 500 万。从港口物流实际贡献来看，港口物流不仅带来丰厚的港口生产作业和船舶停靠收费等直接收益，而且带来的陆上交通及服务业、港口工业、港口贸易等综合收益更是十分巨大。中国台湾的高雄港为高雄市提供了一半以上的就业人口,荷兰的鹿特丹港素有"欧洲门户"之称。作为欧洲第一、世界第三大港口,欧洲大陆所需原料以及出口货品很多由此进出,其货运情况也是欧洲经济的一个"晴雨表"。同时鹿特丹港也是荷兰的工业中心并促进着荷兰经济的发展,鹿特丹港对荷兰经济的贡献占荷兰 GNP 的 10% 以上,并提供 50 万个就业岗位。可见港口物流作为特殊的城市功能,对促进和推动城市发展是至关重要的。

我国港口城市发展不平衡,中小港口城市还有很大的发展空间。从地理位置上看,连云港港口以及连云港市位于陇海铁路线与长三角和环渤海经济圈集合点,附近有密集的城市群,腹地幅员纵深,连结中东西部与海外两大市场,这是连云港港口和城市最大的特点,也是最大的资源。这就决定了港口物流和城市发展的战略取向,与这个特点和资源之间存在密不可分的发展战略关系。

本书通过介绍港口物流与城市关系的发展以及连云港港口物流与城市经济发展的关系,采用 DEA 数据包络法分析连云港港口物流与城市经济发展的关系,本文选取了从 2012 年到 2021 年十年间的数据,采用软件计算得出连云港港口物流与城市经济之间的关系是弱有效的,两者基本上呈现出有效发展的态势,并且分析了有效性的原因。文章最后,对"港口-城市"一体化发展提出了具体措施,为连云港市"以港兴市"战略布局提供一些理论依据,促进连云港港口物流和城市经济的快速发展。

(二) 国内外研究现状

近年来研究港城关系的文章很多,从研究内容的角度而言,研究主要侧重三个方面:城市经济对港口发展的影响;港口发展对城市经济的影响;港口发展与城市经济的相互关系。

国外学者对港口与城市关系的研究起步较早。联合国贸发会在港口管理专论中指出:港口是内陆腹地和沿海间交通链的一部分,港口受交通链中其他部分的质量和自然条件影响。港口功能对进口和出口费用有重要的影响,进而影响国民经济及城市经济。HoyleB 进行了集装箱港口的竞争策略研究。欧洲学者 Nozick LK 和 Turnquist MA 根据经济发展和物流园区用地规模的关系,从经济发展的角度建立约束区域物流园区用地规模指标体系,提到港口和城市在土地使用、交通运输、资源利用和环境影响四个因素相互影响,每个影响因素的作用程度归因于腹地和区域的政治决策。Notteboom TE 和 Winkelmans W 分析了港口管理在国际贸易、运输以及海运战略中结构的变化。Carbone V 和 Martino MD 通过引进 SCM 方法对一个具体的港口进行分析,主要讨论了物流与港口管理之间的共同发展。指出现代物流是服务化与信息化的集中体现。港口作为全球综合运输网络的节点，其功能正在不断拓宽，朝着提供全方位的增值服务方向和经济一体化方向发展。港口功能的拓展不仅是现代物流发展的要求，而且是港口推动现代物流发展的作用的体现。Yao Chen. Ranking 使用 DEA-CCR 模型和 DEA 可加性模型分析了四个澳大利亚港口和其他 12 个国际集装箱港口的效率。Pilsch MC 指出随着生产和消费的全球化，航运业成为促进全球范围的货物流动日益重要的组成部分，尤其是港口物流对城市经济发展起着重要的作用。Bichou K 和 Gray R 认为，港口物流与供应链是相互联系的，为企业甚至是整个物流系统而服务的，有效地降低了价格并为客户服务。他们提出，通过将港口物流以及供应链管理明确化可以建立相关的港口体系，并对其中的一个体系进行了调查分析。Notteboom TE 和 Rodrigue JP 提出了港口区域化概念，并说明港口区域化发展是一个循序渐进的过程。

自改革开放以来，我国开始重视海洋经济和沿海港口的建设，所以国内关于港口及其城市的研究也基本开始于此。本书对相关的研究成果和文献从以下几个角度进行总结：

首先是关于港口对于城市的带动作用的研究：车军利用 DEA 方法来研究港口对国民经济及区域经济的效益的影响，并揭示了港口和城市之间的发展路径。孔庆峰、李秀娥基于日照港 1986 至 2005 年的数据进行探讨分析，结果表明日照港的发展带动了腹地经济的增长。荆钶迪分析了港口产业集聚在地区经济当中发挥的效应，主要是能够提升地区竞争力、促使临港产业丰富从而带动所在地区经济增长。朱文涛考虑到 2002—2004 年间江苏南部地区第三产业发展水平还未提升，提出这个地区要想实现一、二、三产业的优化调整，港口物流的作用很关键。主要是港口物流的发展使得临港工业企业运输费用下降、利润增长，能够为现代服务业，如保险金融业务、法律业务、咨询业务提供发展基础，进而有效提高二、三产业的发展质量。刘琳等在空间层面上研究港口与所在城市的关系，研究了中国沿海港口和城市的数据，利用空间计量验证在腹地城市经济增长中港口发挥的效用。研究表明，港口会对所在城市经济有积极作用，对其他城市也有作用。陈炜焕和徐伟通过熵权 TOPSIS 法构建了考量港口发展水平的港口综合性实力评价指标，从静态影响的 OLS 回归呈现港口对青岛市产业的影响，也利用动态关系 VAR 模型、脉冲响应等揭示港口综合力和青岛市产业的关系，都表明港口对青岛市三大产业存在正向拉动作用，其中，港口对二、三产业的促进作用更显著，尤其是对第三产业的作用还有较大的发展空间。

其次,港口与腹地经济关联度分析。罗永华讨论了2004—2014年湛江市城市经济发展变量与港口集装箱吞吐量、货物吞吐量关联性是否明显,首先利用灰色关联度模型,得出的结果显示一、二、三产业以及地区生产总值与港口物流的两个指标关系程度比较高,又进一步利用线性回归模型,也得出港口物流有利于促进各个产业的发展。傅英坤采用DEA方法和灰色关联分析探讨山东省省域内的港口和地区发展之间的关系,构建两者关系评价模型,明确了合适的指标评价机制,计算出港口城市经济与港口关联度较强。孟飞荣、高秀丽以环北部湾的湛江港、北海港、防城港和钦州港为对象进行分析,利用港口与腹地经济耦合协调度分析,研究表明在2000至2014年期间内,港口和城市大多不协调或者协调度很低,还发现协调度的提升源于腹地经济规模和港口体量的变化。陈娜分析了上海港港口物流与上海市经济协同发展的过程,结果表明这两个系统之间的协同度基本呈上升趋势,2018年达到极度协同,此后协同发展趋势放缓。

通过对国内国外的研究进行整理分析,可以发现随着人们逐渐认识到海洋经济和港口功能的重要性,对港口与港口城市经济增长之间的关系也逐渐形成了较为完善的研究理论体系和研究方法体系,众多的学者从不同的角度出发,应用不同的研究手段,探讨了港口以及城市的问题。在对港口城市经济发展过程中港口的作用研究中,基本得出了港口设施建设、港口产业集聚、港口货物吞吐量等对港口城市或者腹地区域的经济增长和各个产业有着积极作用,正向影响地区GDP等经济增长指标,对二、三产业尤其是第三产业有着较大的作用空间。在港口发展阶段的研究中,基于不同的经济发展背景,港口或者港口与城市之间的关系处于变动的模式,不同的学者也提出了各自的阶段划分依据。在港口与腹地经济关联性分析上,一般运用协调度分析,结论基本表明港口相关指标与腹地的经济指标和产业指标关联性较强,协同度也在提升。

已有文献在内容上侧重港口货物吞吐量对城市生产总值影响的研究,而关于港口因素对城市经济增长和产业结构变迁的作用的实证分析比较少,对于我国沿海港口整体的研究也较少。港口经济对区域经济影响的研究仍然是热点课题,以往的研究为后续研究提供了理论基础和方法依据,为学者们的进一步探讨打下了良好基础。

(三)研究方法

1. 综述部分:搜集资料,总结国内外研究现状。
2. 理论研究部分:运用规模经济理论、城市经济增长理论、企业核心竞争力理论、区域一体化理论等理论,指出港口作为沿海地区的一个海内外资源的对接地,与所在城市经济发展,产业结构的分布都有必然的联系。

3. 数学模型部分:搜集、调研、选择相关经济指标,建立连云港港口物流与城市经济发展的有效性 DEA 模型,利用数学计算和相关软件对数学模型进行计算,对计算结果进行判断和分析。

4. 采用定量与定性分析相结合的方法。

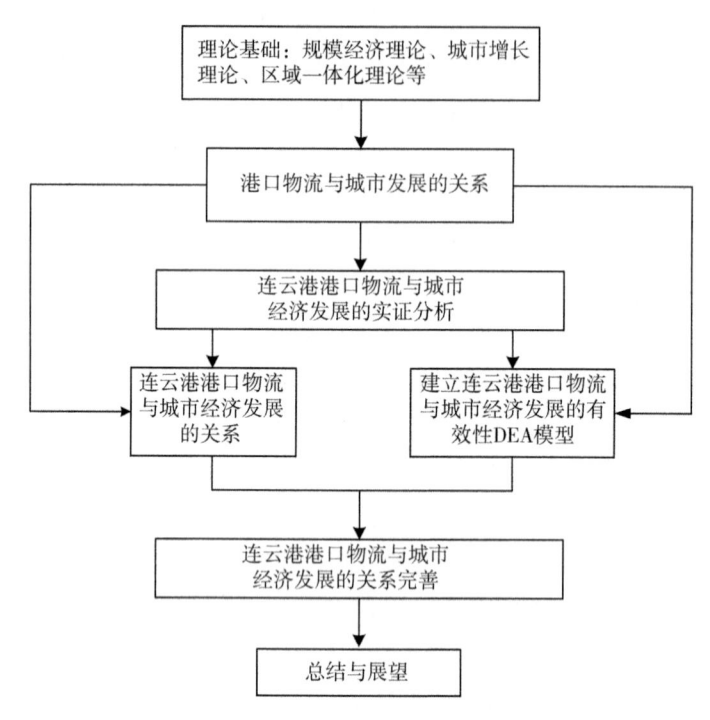

图 7-1　连云港港口物流与城市经济发展的关系研究路线

（四）研究内容

第 1 部分:绪论。介绍国内外港口物流与城市经济发展关系的研究现状,以及论文的选题背景、意义和研究的方法和内容。

第 2 部分:港口物流与城市关系的发展研究。介绍港口物流的发展特征与趋势,港口城市发展的一些基本情况、港口物流与港口城市经济发展之间的关系、提出港城关系新的发展情况。

第 3 部分:连云港港口物流与城市经济发展的关系。介绍连云港港口和港口物流的基本情况及其与连云港城市经济发展的关系和互动情况。

第4部分:连云港港口物流与城市经济发展的有效性论证。这是本文核心内容之一,在港口指标中选择了连云港港历年的港口货物吞吐量(万吨)、港口集装箱吞吐量(万 TEU),在城市经济指标中选择了连云港市历年的固定资产投资(亿元)、规模以上工业总产值(亿元)、连云港 GDP(亿元)、社会消费品零售总额(亿元),建立 DEA 模型,最后通过计算动态研究连云港 10 年来沿海港口物流和城市经济相互发展演变过程中关系有效性的变化情况。

第5部分:总结与展望。对"港口-城市"一体化发展提出了具体措施,为连云港市"以港兴市"战略布局提供一些理论依据,促进连云港港口物流和城市经济的快速发展。

二、港口物流与城市发展的关系

(一)港口物流的发展特征趋势

20世纪90年代以来,越来越多的港口正在改变传统、单一的货物装卸运输功能,逐渐向提供现代物流服务的方向发展。开展现代化的物流服务已成为港口寻求长远发展、增强竞争力的主要源泉。

1. 现代港口物流的概念

港口物流是以港口作为物流的中心节点提供的综合性多功能服务,对现代港口物流进行概念界定,首先应该体现出物流质的规定性。

"物流"一词源于国外,随着物流业的发展,以美国、日本为代表的各国对它进行了不同的定义,总的来说,物流概念包含以下规定性:第一,物流活动的对象是贯穿生产领域和流通领域的物资流和信息流,活动目的是对其进行科学规划、管理与控制;第二,物流的作用是将物资由供给主体向需求主体转移,创造时间价值和空间价值;第三,物流活动包括运输、保管、装卸搬运、包装、流通加工、配送及有关的信息活动。

随着世界经济一体化和贸易自由化进程的加快以及运输集装箱化和现代信息系统的产生,物流的内涵和外延正在逐渐扩大。现代物流是由运输、存储、包装、装卸、流通加工、物流信息传递、单证处理等诸多环节构成的综合服务体系。

港口作为全球综合运输网络的节点,更确切地说是稀缺节点,其功能也在不断拓宽,并朝着提供全方位增值服务方向的现代物流发展。由于港口独特的地理位置以及在整个物流体系中的重要地位,港口物流作为一个独立的概念被提出。

传统的港口物流主要是提供装卸、仓储、转运服务,随着现代物流的发展,港口物流的内涵和外延都发生了深刻的变化。现代的港口物流是指以建立货运中心、配送中心、物流信息中心和商品交易中心为目的,将运输、仓储、装卸搬运、代理、包装加工、配送、信息处理等物流环节有机结合,形成完整的供应链,能为用户提供多功能、一体化的综合物流服务。

从严格意义上说,港口物流并不是指现代物流活动的一个基本类型,但是在现代物流体系中,港口作为物流过程中的一个无可替代的重要节点,完成了整个物流系统中的许多的基本服务和衍生的增值服务。因此"港口物流"是一个实践意义大于理论意义的定义,而在国外也有"Port Logistics"之称。总之,港口物流的概念是指以港口作为整个物流过程中的一个重要节点,依托在这个节点上所形成的服务平台上所进行的物流活动。很显然,港口物流活动是整个物流系统中的一部分,是指以港口仓储服务为主要表现形式,整合了仓储、内陆运输、货运代理、拆装箱、装卸搬运、包装、加工以及信息处理等功能的服务。而港口物流服务平台将是决定港口物流活动的关键因素。

2. 现代港口物流的发展特点

世界经济一体化和贸易自由化的进程加快,使物流的内涵正在逐渐扩大,物流的外延正在加快形成国际物流。在此背景下,港口物流的功能和特点发生了许多变化。同传统的港口物流相比,现代港口物流具有国际化、多功能化、系统化、信息化和标准化等特点。

(1) 国际化。国际贸易全球化、世界经济一体化趋势使港口的国际贸易的作用更加突出。多数的港口主要从事国际物流服务,如配送中心对进口商品从代理报关业务、暂时储存、搬运和配送、必要的流通加工到送交消费者手中实现一条龙服务,甚至还接受订货、代收取资金等。

(2) 多功能化。港口物流发展到集约阶段,向多功能化方向发展,形成一体化物流中心,提供仓储、运输、配货、配送和各种提高附加值的流通加工服务项目。多功能化提高了港口的服务功能,推动了产销分工专业化,将过去商品经由运输、仓储、批发到零售点的多层次的流通途径,简化为由港口集成服务到用户的门到门服务模式,从而提高了社会的整体生产力和经济效益。

(3) 系统化。港口物流向生产和消费两头延伸并加进了新的内涵,将原本仓储、运输的单一功能扩展为仓储、运输、配送、包装、装卸、流通加工等多种功能,这些功能子系统通过统筹协调、合理规划,形成物流大系统,控制整个商品的流动,以达到利益最大或成本最小,同时满足用户不断变化的客观需求,更加有效地服务于社会经济活动。

(4)信息化。全球经济的一体化趋势,使商品与生产要素在全球范围内以空前的速度流动,电子数据交换技术与国际互联网等技术的应用,使物流效率提高,产品流动更加容易和迅速。信息化是港口物流发展的必由之路。

(5)标准化。港口物流的国际性要求在物流过程中实现标准化,在商品包装、装卸搬运、流通加工、信息处理等过程中采用国际统一标准,以便参与到区域、全球物流大系统和物质经济循环中。

(二)港口城市的基本内涵

港口城市,即以优良港口为窗口,以一定的腹地为依托,以比较发达的港口经济为主导,连接陆地文明和海洋文明的城市。港口城市是城市的一种具体类型或者是一种特定的表现形式,因而具有港口和城市的双重内涵,是港口和城市的有机结合体。

现代化港口城市是港口和城市结合的产物,它除了反映城市内在的一般要求之外,还要有自身的特定的内涵和运动规律,港口经济是现代化港口城市的重要特征之一。认清港口城市的本质和特征并大力发展港口经济,对于建设现代化港口城市、促进经济发展是大有裨益的。

港口城市是一种特殊的城市类型,它位于江河湖海沿岸,并建有码头设施,辟有航线;在空间结构上,港口是城市的重要组成部分。发达的港口经济往往是现代化港口城市区别于其他城市的主要特征。世界知名的港口城市大多是国家或地区最重要的经济中心城市,有的还是具有世界影响的国际贸易和金融中心,如中国香港、上海。

现代化港口城市是港口城市发展的高级阶段。现代化港口城市是指经济社会发达,现代化水平很高,城市综合环境质量很好,具有优良的港口资源和较高的利用水平,港口设施配套完善,外向型经济和港口服务业发达并成为城市主要支柱产业之一。作为现代化港口城市,都以现代化的港口为依托,具有雄厚的综合经济实力,市场化水平和外贸依存度较高;同时,城市综合发展水平和现代化程度较高,港口服务业和集疏运网络等基础设施十分发达。

城市作为港口的载体,与港口相互关联、相互促进、共同发展。随着经济全球化进程的加快,国家之间的经济障碍越来越小,跨国公司的国别属性也不断弱化。与此同时,城市经济的作用愈加明显。港口城市随着地区性(国际)市场的形成、区域性(国际)分工和贸易的发展以及海上交通工具的更迭,港口功能与城市功能的逐步融合而形成。现代化港口城市主要有以下几个方面的内涵:

1. 现代化港口城市以港口为中心展开生产力布局,实现其经济增长,港口促进了城市的发展

按生产力布局理论,生产力因素的空间组合方式及发展变化基本规律是"趋优分布",即生产力诸因素总是客观地和必然地向着在自然、技术、经济、社会等方面有某种优势的区域空间聚集。因此,生产力布局具有明显的空间指向性。它取决于各种相关因素的力量对比,指向引力最大的地区,也就是成本最低点或利润最高点的地区。其中工业布局的重要任务之一就是尽可能地缩短各生产要素之间、生产和消费之间的空间间隔,以取得劳动节约的效果。这一原理同样适用于城市的布局。

城市基本上沿着四个指向发展:自然资源指向、劳动指向、交通区位指向、市场指向。在地区性或国际性市场中心或贸易中心周围兴起的城市,由于新的科技革命带来科学技术的进步,自然资源的节约,各种新能源、新材料的问世,特别是现代交通运输工具和技术的进步以及信息技术的发展,地面空间距离和运作时间相对缩短,在单一国家或局部地区生产对资源的需求相对下降。相反,由于国际分工向纵深发展,世界经济一体化趋势明显加强,商品交换在世界商品生产链条中的地位和作用更加突出,交通区位指向出现超过自然资源指向的势头,也就是区位优势逐渐大于资源优势。

2. 港口经济是港口城市的重要特点之一,港口是港城经济发展的重要基础

所谓港口经济,从狭义来讲就是以港口为中心,以相关区域和产业为重点的经济形态。它包括相关地区生产力布局,发展与港口有关联的产业的特色经济等。港口经济是陆地经济和海洋经济的结合,具有强烈的外向性,它能产生很强的经济能量聚集、扩散和辐射效应,具有带动整个区域经济发展的区位优势。

港口城市不是原来就有的,而是港口经济发展到一定程度的结果。优良港口是孕育港口经济的基础。从空间分布上看港口城市就是在港口及其邻近地区兴起的城市。当纯粹的港口自然资源转化为生产力,自然优势转化为军事优势、经济优势,港口经济的雏形才开始萌芽。港口经济的孕育、生长和繁荣的程度取决于两个方面:一是港口的自然因素,包括地理位置、气候、地质地貌、水文等;二是港口的社会因素,包括港口资源的开发利用程度、港口的经济社会能量聚集程度以及港口的影响力和聚集力等。一般来说,随着现代文明的重心由内陆文明向海洋文明转变,海港特别是优良海港比其他港具有更强、更大的自然力和经济社会等方面优势。这些为港口经济的孕育、产生和发展创造了良好的基础,也为港口城市的兴起创造了良好的前提条件。港口本身具有的区位优势

是港口经济快速增长的决定性因素。港口大范围、大规模的集散功能,极大地拓展了市场,促进了社会分工、比较利益、规模经济和聚集效益的实现,从需求和供给两方面使港口城市的发展处于十分有利的地位,加之乘数作用较大,因此,推动了港口城市经济的增长。

3. 港口经济内在各种要素相互影响作用促使港口城市的产生

随着港口的开发利用,港口经济发展到一定规模和水平,港口及其邻近地区凭借其有利的区位和水、陆、空交通枢纽等优势,逐步发展成为区域内最具活力和潜力的新的经济生长点,并吸引更多的生产力要素向其周围集中。集中的结果必然产生聚集经济效益,反过来引致派生的或二次的生产力要素集中过程,吸引生产力要素进一步聚集,加速经济活动的集中。经济活动的集中又相应带动了人口及科技、文化活动的集中,同时对港口及其邻近地区各种相应设施提出更高的要求,这样又促进了港口及其周围各种设施的配套建设。这种循环往复、不断扩张的过程,最终导致以港口为核心的港口城市的产生。

4. 港口城市是港口经济的载体

港口城市的规模为港口经济的发展提供可容空间。港口城市的发展规模与港口经济的发达程度成正相关关系。港口城市的规模越大,港口经济集聚和发展的可容空间越大,影响力就越强,其覆盖范围就越广。特别是国际性港口大城市,人流、物流、信息流、技术流、资金流等经济能量的集中和扩散范围远远超过国界,达到前所未有的程度,客观上带动了港口经济向纵深延伸。

港口城市的各种服务设施和交通、通信条件是港口经济发展和发挥作用的主要物质基础。与港口城市发达的工商业相适应,港口城市一般拥有国内或国际性的金融机构、科研实验中心、教育中心、信息咨询机构以及发达的通信网络等服务设施,这些为港口城市经济的高效运作和发展奠定了良好的基础,为港口经济的不断延伸、扩张、辐射提供了必要的物质条件。

5. 港口综合运输体系及信息网络是港口经济能量传输的动脉

现代运输业是由铁路、公路、水路、航空和管道五种主要运输方式组成的。所谓综合运输体系,就是各种运输方式在社会化的运输范围内和统一的运输过程中,按照各自技术经济特征,形成分工协作、有机结合、联结贯通的交通运输综合体。

港口综合运输体系及信息网络系统是港口经济成长的扩张动脉,是港口城市集聚、扩散能量的基本渠道,也是联结一个核心(港口)、两个扇面(海向腹地,陆向腹地)的网络。它是以港口运作和大吨位水上运输为龙头,与其他各种运输方式相配套、相协调的运输系统。由于优良港口具有海陆空三维发展空间、再加上经济能量在优良港口及其邻近区域集聚或扩散的需要,在整个运输过程中往往有各种运输方式参加,通过各种运输方式和各个运输环节衔接协调,相互配合,组成有机、统一、高效的联动机,担负港口经济能量的吞吐。在这一运输体系中,港口装卸和海洋运输处于主导地位,是整个运输体系最重要的环节,其他运输方式在参与过程中充分发挥自身的优势。港口在现代化综合物流链中也起到了中心环节的作用。

6. 港口与城市相互依存、共同发展

现代港口的发展对港口的服务功能要求越来越高,使得城市与港口的关系变得越来越密切。城市作为港口设施的载体,成为港口产业发展的依托。港口作为城市的一个重要组成部分,对城市的经济发展起着重要的作用。随着港口与城市的一体化发展,港口正成为开展国际贸易的集中场所,成为城市经济增长的强有力的推动力。如我国沿海地区防城港、湛江、深圳、广州、珠海、海门、厦门、福州、宁波、上海、苏州、连云港、日照、青岛、烟台、天津、秦皇岛、营口、大连、丹东等地都是全国经济发展速度快的地区,都得益于港口。我国第一批14个沿海开放港口城市的国内生产总值占全国 GDP 的 1/5。

7. 港口不仅为其所在的港口城市服务,港口更是整个区域经济中心并为广大腹地服务,依托港口腹地经济的发展而发展,并同时促进整个腹地经济的发展。

经济区域是由经济中心、经济腹地和经济网络三部分共同组成的有机的社会经济系统。经济中心聚集区域内部最大的经济优势和大容量的经济社会能量,是区域经济系统的心脏,是带动区域经济发展的龙头;经济腹地是经济中心辐射和直接影响的区域范围。其范围受交通条件、运输成本等多种因素影响;经济网络是联结经济中心和广大腹地的"动脉",三者不可或缺。随港口的发展,港口城市在成为区域中心的过程中,通过经济网络而使整个区域(包括腹地)的经济能量在港口及其邻近区域聚集,并形成一定规模,进而推动港口经济的增长和港口城市的崛起。当港口城市确立其区域经济中心地位后,其扩散辐射的强度逐步超过聚集的强度,这时港口城市将源源不断地向腹地输出经济能量,带动腹地经济的起飞。因此,从某种程度上说,腹地经济是港口经济发展的延续,港口经济在一定区域范围内起"龙头"作用。港口城市以腹地为依托,相互依赖,相互促进,联动发展。我国港口城市如何为中西部、东北大开发作出更大贡献,是发展港口经济中必须处理好的重大问题。

(三) 港口物流对城市经济的贡献

1. 港口物流极大地促进了城市经济的快速发展

面对经济全球化和我国加入 WTO 的新形势,现代港口物流在城市社会经济发展中的地位与作用发生了深刻的变化,港口作为海运转为其他运输方式(陆运、内河航运)的必经过渡点的作用逐渐减弱,作为组织外贸战略要点的作用日益增强,成为综合物流运输链中的一个重要环节,是城市和区域经济发展的重要支柱。从地缘上看,港口的水域、陆域、岸线是城市的一部分,也是城市的宝贵资源,城市可以利用港口的地缘优势,建设工业区、开发保税区、临港物流园区,以及兴办围绕港口物流而存在的众多服务性产业。从港口物流所起的作用来看,港口是国内外两大市场交流的先导区,充当着城市现代化发展的"龙头"与"窗口",直接服务于城市经济和区域经济。港口城市依赖港口的地缘优势和经济先导作用可增加城市的财政收入,扩大城市的就业机会,提升城市在国际与国内的竞争地位和影响力。从我国港口城市的发展历程可以看出港口作为水陆枢纽对城市的发展所起的重要作用。

通过对我国 2018—2022 年不同地区国内生产总值和进出口总额分析我们可以发现(见图 7-2),沿海天津、山东、广东等 11 个省市;近海吉林、安徽、湖北等 7 个省市和内陆、四川、新疆、西藏等 12 个省市的经济总量的区域差异是比较明显的,沿海地区明显优于内地,如果再对比沿海、近海及内陆三类地区的外向型经济状况,就会发现造成这种差异的主要原因(见图 7-3)。以外贸依存度,即进出口总额、出口额或进口额与国民生产总值或国内生产总值之比来统计(见图 7-4)。外贸依存度,是开放度的评估与衡量指标,是反映一个地区的对外贸易活动对该地区经济发展的影响和依赖程度的经济分析指标。说明沿海地区外向型经济成分对经济总量的贡献远远高于内陆地区,或者说沿海地区有效地利用了港口的区位优势,不断扩大域外需求,发展外向型经济,实现经济增长。

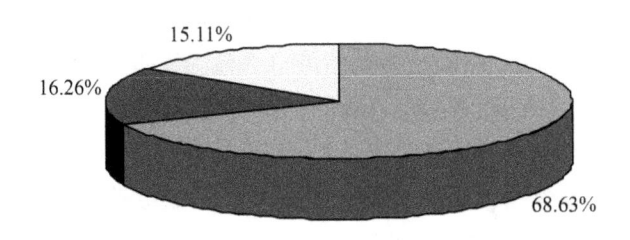

图 7-2 沿海、近海、内陆省市国内生产总值和进出口总额占全国 GDP 比较

资料来源:根据各省及各省辖市 2018—2022 年统计公报有关数据进行累加后整理

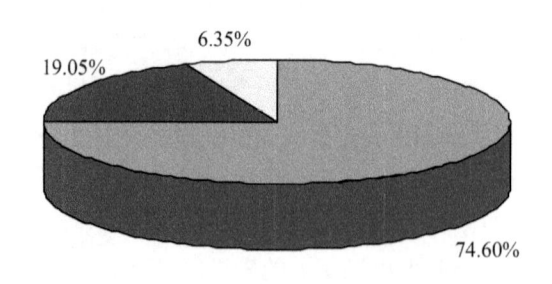

6.35%
19.05%
74.60%

■ 沿海省市　■ 近海省市　□ 内陆省市

图 7-3　沿海、近海、内陆省市进出口总额比较

资料来源:根据各省及各省辖市 2018—2022 年统计公报有关数据进行累加后整理

12.60%
85.90%

■ 沿海省市　■ 内陆省市

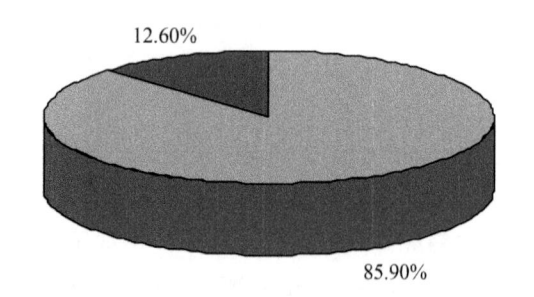

图 7-4　沿海、内陆省市平均外贸依存度比较

资料来源:根据各省及各省辖市 2018—2022 年统计公报有关数据进行累加后整理

港口物流对城市经济发展的促进作用主要表现在:一是港口物流直接创造国内生产总值、税收和就业机会。二是从产业角度上讲,港口物流具有广泛的前向关联和后向关联效应;前者主要指港口物流为工业、贸易和其他部门提供装卸、堆存等相关服务,后者指港口物流直接消耗工业、贸易和其他行业的产品和服务。三是由于独特的地理位置,港口工业具有生产和集聚功能,这对港城经济发展具有重要作用。四是港口物流能为所在城市带来巨大的社会效益。港口物流及相关产业的发展给港口城市创造了众多的就业岗位,树立了城市政府的良好形象。在交通运输中,港口作为枢纽与所在城市的结合更为密切,它是城市形象的一个重要组成部分,港口是对外开放的门户,是吸引外商投资的环境中最重要的因素。由于便利的交通,促进了城市与其他国家港口城市的经济、文化的交流,增进了了解,为城市走向世界、让世界了解城市创造了条件。

2. 港口物流功能的拓展对城市经济发展的推动作用进一步增强

现代物流业的崛起深刻地改变了传统运输业的经营方式，使得现代港口功能由传统的货物运输中心、商业和工业服务中心向以物流为中心为转变，集国际商品、资本、信息、技术等于一身的资源配置型港口发展，在服务范围、服务方式、信息处理等方面不断延展新的领域，朝全方位的增值服务的方向发展。随着港口物流功能的拓展，通过港口物流产业的前、后向联系直接带动修造船、运输代理、仓储和陆上运输服务业等相关产业发展，产生初级乘数效应，在此基础上会诱发以港口物流为依托的冶金、石油等临港工业、制造业发展以及房地产、建筑、金融、保险、信息等第三产业的兴旺，从而产生二级乘数效应，上述过程循环往复构成了城市产业持续增长的机制。

3. 港口物流已经逐步成为城市经济发展新的经济增长点

在新一轮的城市发展竞争中，港口物流已经逐渐成为城市经济发展新的经济增长点。面临着当前国际新一轮产业转移的客观趋势，国际产业转移看好中国，发达国家以跨国公司为主体，加快向发展中国家转移制造业，并且制造、研发和服务联动转移。国际物流、国际市场配置纷纷而至，国内各大城市都在抓住这一机遇发展城市经济，新一轮的城市发展竞争不可避免，而其中港口城市间的竞争更多地体现在以港口物流的发展寻求城市新的经济增长点、充分利用港口所发挥的现代物流的核心平台作用，利用第三代港口所包含的临港工业、临港商贸、港口物流园区等临港产业，形成运作灵便、实力强大的临港产业地带，形成城市经济新的增长点。

以上海市为例，洋山国际深水港的建设充分显示了上海市政府以港兴城的战略远见，在论证洋山国际深水港建设的必要性中，其中一个支撑点就是洋山深水港的建设是上海参与国际竞争、中心经济城市竞争和保持城市可持续发展的需要。面临着亚太地区经济中心城市之间的竞争日益激烈和长江三角洲城市群的竞争愈加明显的严峻形势，上海市政府突出重围，走出一条新路，依托洋山国际深水港的建设，加快城市增长方式从增量方式向效益模式的转变，建成后的洋山国际深水港将极大地提升上海在国内外港口城市中的竞争地位。

综上所述，港口物流是城市重要资源，是多功能的基础设施，是城市工业、商业、金融业及其他服务业发展的重要条件。在新的形势下，充分挖掘和利用这一资源，将会推动和促进城市经济发展，为城市创造良好的经济效益和社会效益。随着港口物流管理体制的逐步完善，港口物流将与所在城市联动发展，形成城市中的竞争地位。

(四) 港城关系的新发展

港口和城市在港城关系演进的过程中互为因果,互动发展。对港城关系的作用机理分析如下:

1. 港口在城市的发展上具有非常重要的先导性作用和带动作用。人类的经济、社会活动依赖于江河和海洋,沿江河、海洋从事生产和生活,而港口依托江河和海洋为人类提供运输、渔业、贸易等服务,并衍生和带动其他产业,从而使人类集聚,进而形成城市。这一过程表现可以用图 7-5 表明。

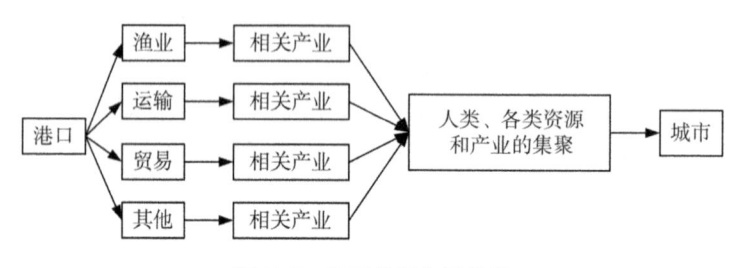

图 7-5 港口关系作用机理

2. 当城市(或区域)的经济和社会活动积聚到一定程度时,就需要通过运输和交通与外部世界进行交往,建立广泛的联系。使港口成为城市(或某一区域)的经济和社会活动与外部联系的首选方式和重要节点。其过程可表示如图 7-6。

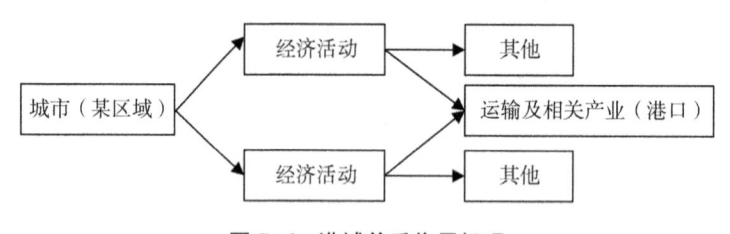

图 7-6 港城关系作用机理

3. 从港城关系的基本作用机理可以发现港口和城市一兴俱兴、一损俱损的现象。21 世纪海洋经济成为人类产业发展的主攻方向,港口和城市的依存关系在未来将更为密切。目前,全世界经济总量的 20% 集聚在离海(江、河)岸线宽度 100 千米的沿海、沿江、沿河地带内。全世界的经济发达地区绝大多数与港口结合在一起,共生共荣。全世界百万以上人口的经济中心城市有 216 个,其中坐落在江河两岸的有 92 个,占总数的 42.6%,;坐落海洋四周的有

89个,占41.2%;只有35个(占16.2%)分布在陆路要冲,多属内陆国家政治中心,且也在一定程度上靠近江河两岸。在我国,沿海地区特别是东部沿海地区是全国经济最发达同时也是发展速度最快的地区,特别是14个率先开放的沿海城市,从北到南,形成了我国经济繁荣景象中一长串闪亮耀眼的明珠。

4."港兴城兴、港衰城衰",是世界各大港口城市几百年来的普遍现象,至今没有改变。但是随着经济和社会的发展,人类的社会和经济活动范围进一步扩展,使相邻港口城市之间的人流、物流、资金流和信息流联系日益密切,导致城市的兴衰不但与城市所在港口发展有关,也与近邻的港口发展有关。这种趋势在世界范围内表现为依托大港口群兴起了大的城市群。国际性特大的城市带都伴有相应的国际性大港群,也从一个侧面表明,现代化城市的发展离不开港口(港口群)的依托。

5. 在港口经济孕育发展的不同阶段,港口城市的建设开发模式应该有所不同。特别是有些港口所处的区域,由于历史和特定因素的影响,经济发展状况比较复杂,要根据港口经济发展的实际情况,因地制宜、因时而异。既可以有所侧重选择一种开发模式,也可以综合运用一种以上模式,建立一组多层次、多目标、多功能的增长开发系统,由"点"连"轴"及"面",联"点"成"带"结"网",实现点、轴、面最佳开发和空间结构优化,促进港口经济成长,推动港口城市的崛起,带动港口所在地区的发展。

"建港兴城,以港兴城,港为城用,港以城兴,港城相长,衰荣共济",这是世界范围内港口城市发展演变的普遍规律。它一方面揭示了港城关系的变迁过程,另一方面也揭示了港城关系相互作用的机理。港口物流的发展将促进依托港口的城市经济的发展,反过来,城市经济的繁荣也将促进依赖城市的港口物流的繁荣,两者之间是相辅相成的。

三、连云港港口物流与城市经济发展关系的定性分析

(一)连云港港口的基本情况

1. 连云港港口的地理位置

连云港港口是新亚欧大陆桥东端起点、江苏最大海港,南联长三角、北接渤海湾、隔海东临东北亚、西连中西部并直通中亚、欧洲,处于沟通东西、海陆转换的交汇节点上。为带动区域协调发展,贯通亚欧贸易通道,被国家定位为25个沿海主要港口、12个区域性中心港口、长三角港口群三大主体港之一,被江苏省确立为沿海港口群核心和集装箱干线港,叠加汇聚了江苏沿海地区开发、东

中西区域合作示范区、长三角一体化发展、"一带一路"标杆示范、江苏自贸试验区等国家战略。

连云港港口是长三角港口群三大主体港之一和江苏最大的综合性海港。在改革开放的澎湃大潮中,连云港港融入长三角、呼应渤海湾、服务中西部,率先舞起"新丝绸之路"这根靓丽的彩带,昂起"新亚欧大陆桥"这条钢铁巨龙的龙头。独特的地理位置让连云港港成为区域经济的要冲。连云港港位于太平洋西海岸、中国黄海之滨,与韩国、日本等国家主要港口相聚在500海里的近洋扇面内,是我国南北沿海与东北亚及东南亚海上交通的要害,同时又是沿海经济带和陆桥沿线经济带的结合部,连云港南连长三角,北接渤海湾,隔海东临东北亚,是连接东西南北的纽带,在我国区域经济协调发展中具有重要战略地位。再加之横贯我国大陆东中西的陇海兰新铁路、连霍高速公路和贯穿南北的沿海铁路等多条主干线和连接京杭运河的通榆运河均与港口连接,这更加有助于连云港港通过海运纽带和陆桥通道连接韩国日本、辐射陇海兰新、沟通中亚欧洲,可在更大范围内发挥长三角经济圈和环渤海经济圈的辐射作用,促进江苏沿海、陆桥沿线地区经济提速发展。港口腹地功能让连云港担起"西连港"的历史责任。连云港港作为腹地推动型并逐步向港口拉动型转变的港口,区别于东部沿海其他港口的最大特点就是其服务主体为中西部地区,始终与中西部地区的经济发展息息相关。在港口货物吞吐量中,来自中西部地区的货物始终高达60%。在20世纪80年代,连云港港曾首开先例地提出港口权属腹地化的新见解。

连云港港口现已形成以连云港区为主体、赣榆港区为北翼、徐圩港区和灌河港区为南翼的"一体两翼"组合大港,进港航道最高等级为30万吨级,万吨级以上泊位70个,可接卸满载32.5万吨的矿石船和1.7万标箱的集装箱船,年度吞吐规模达到2.44亿吨和近500万标箱。随着"一港四区"的拉开和拉动,临港产业容纳空间广阔、后发优势明显,现已形成石化、冶金、装备制造三大千亿级产业集群、12个百亿级特色产业,国家级石化产业基地正在加快建设。

连云港港口"铁公水""海江河"多式联运体系发达,在陆向通道上,国际班列已覆盖中亚地区主要站点,并延伸至土耳其伊斯坦布尔、德国杜伊斯堡南北两条线路,2020年又新增日本至蒙古铁海快线班列,班列满载率、重箱率基本达到100%,回程运量占比增至43.5%。辟有内陆城市海铁联运通道7条,海铁联运量位居沿海港口前6位。在海向通道上,每年新辟6条以上集装箱航线,现已拥有中东波斯湾、美西南、南非等3条远洋干线在内的航线70条,联合24家企业成立内河港际合作联盟,海河联运线达到10条,基本实现苏鲁豫皖内河港口全覆盖。中哈物流合作基地现已形成中哈物流场站和霍尔果斯无水港"双枢纽",并实现了业务互动和信息通联,2021年进出集装箱近503.49万标箱。上合组织出海基地以上合组织物流园为关键支撑,现已建成运营保税物流中心、内河港、公路港项目、智慧物流信息服务中心、铁路专用线等功能平台,2021年物流量突破13 853.66万吨、同比增长近4.05%。同时,连云港拥有保税物流中心、多式联运监管中心、期货交割库、启运港退税试点、"三互""三个一"、国际贸易"单一窗口"等口岸开放政策,特别是江苏自贸试验区获批建设,港口区块快速推出"保税+出口"混拼、"船车直取"零等待、哈国过境小麦监管、陆海联运信息共享、多式联运"一站式"监管服务等一批制度创新成果,班列运行和通关效率明显提升。

2. 连云港港口物流发展情况

(1)港口集装箱业务发展情况

2010年以来,连云港港口集装箱吞吐量呈现出波动性上升的发展趋势,其中2010至2013年处于稳定增长阶段,2014、2015年相较2013年下降约48万标准箱,2016年至2020年相对增长较稳定,2020年达到480.43万标箱,相较于2019年上涨0.5%,位居全国第13位,详见表7-1。

(2)港口货物业务发展情况

2010年以来连云港港口货物吞吐量呈现稳定增长的变化趋势,从2010年的13 506.4万吨稳步增加,港口吞吐量复合年增长率达5.82%。具体来看,到2013年港口货物吞吐量突破两亿吨,达到20 165万吨,此后继续稳定增长,截至2020年增加至25 169万吨。

进一步,就港口外贸货物吞吐量来看,从2010年的7804万吨稳步增长,港口外贸货物吞吐量复合年增长率达4.93%。具体来看,到2013年港口外贸货物吞吐量突破一亿吨,达到10 599万吨,此后继续稳定增长,截至2020年增加至13 248万吨。详见表7-1。

表7-1 2010—2020连云港港口物流集装箱与货物吞吐量　单位:万标箱、万吨

	2010	2011	2012	2013	2014	2015	2016	2017	2018	2019	2020
集装箱吞吐量	387.10	485.19	502.01	548.77	500.54	500.92	470.33	471.07	474.56	478.11	480.43
港口货物吞吐量	13 506	16 628	18 528	20 165	21 008	21 075	22 135	22 841	23 560	24 432	25 169
外贸货物吞吐量	7 804	9 158	9 681	10 599	11 036	9 992	11 233	12 042	11 884	12 923	13 248

数据来源:《2021连云港统计年鉴》。

(3)港口物流基础设施发展变化

港口物流竞争力的提升与港口物流基础设施密切相关,与港口生产用码头

泊位数量关系尤为密切,其中不仅仅是要看港口可用于生产的码头泊位数量,随着国际货轮运载能力的快速提升,万吨级以上泊位数更是决定港口竞争力的核心因素。1990 年以来,连云港港口生产用泊位数与万吨级以上泊位数均呈现稳定增长的发展趋势,分别从 1990 年的 18 和 13 个增长至 2020 年的 84 和 76 个,港口泊位快速增长发生于 2005 至 2015 年,在这个 10 年里生产用泊位数与万吨级以上泊位数分别增加 30 个,2016 年以来生产用泊位数与万吨级以上泊位数又进一步分别增加至 84 和 76 个,增长趋势尤为显著,说明连云港港近些年来在港口基础设施建设方面投入显著,详见表 7-2。

表 7-2 1990—2020 连云港港口生产用码头(泊位)数量   单位:个

	1990	1995	2000	2005	2010	2015	2016	2017	2018	2019	2020
港口码头泊位数	18	25	30	32	59	62	64	76	76	78	84
港口万吨级以上数	13	20	25	27	40	57	57	71	71	71	76

数据来源:《2021 连云港统计年鉴》

截至 2020 年底,连云港港口现有生产性库场总面积 574.21 万平方米,容量 2 432.35 万吨,其中仓库、圆筒仓和堆场分别为 25.82 万平方米、14.46 万平方米和 574.21 万平方米。在堆场中,煤堆场 37 万平方米,容量 190 万吨,集装箱堆场 100.9 万平方米,堆存能力 12.08 万标箱。

(4) 港口货物集疏运情况

截至 2020 年底,连云港港口货物集疏运相较于 2019 年增长 12.5%,其中铁路增长 11.7%,公路增长 1.4%,水路增长 22.8%。港口货运集装箱种类包括煤炭及制品,石油、天然气及制品,金属矿石,钢铁,矿物性建筑材料,水泥,木材,非金属矿石,化学肥料及农药,盐,粮食,机械、设备与电器,化工原料及制品,有色金属,轻工、医药产品,农林牧渔业产品及其他近二十大类。

(5) 港口国际国内航线运行情况

截至 2020 年底连云港港已开通至东亚的中国台湾地区、日本、韩国,以及越南、菲律宾等东南亚地区,西亚和中东地区,以及北美洲和非洲的国际航线,2020 年国际集装箱吞吐量 242.49 万标箱,吞吐货物 1 295.50 万吨。内支线开通了至青岛、上海、宁波、舟山、泉州的航线,2020 年集装箱吞吐量 21.67 万标箱,吞吐货物 327.67 万吨。国内航线主要开通与宁波、舟山、深圳、珠海、蚌埠、泉州、青岛、天津、射阳、营口、大丰、宿迁、淮安、钦州、上海、盐城等城市港口的航线,2020 年集装箱吞吐量 216.27 万标箱,货物吞吐量 3 268.11 万吨。

(二)连云港港口物流与城市经济发展

1. 连云港港口物流促进了连云港城市经济发展

(1) 港口物流为连云港市税收做贡献

税收增长主要得益于连云港口岸进出口吞吐量、集装箱量持续增加。另外,虽然近两年来受疫情影响,行情波动较大,但是连云港口岸主要税源商品,即铁矿砂、铜矿砂、铅精矿、铬矿等资源性货物由于国内需求增长迅速、国际价格上涨幅度较大,保证了连云港口岸矿砂进口贸易总额大幅增长,拉动了税收的大幅增长。

(2) 连云港"一体两翼"港口物流定位促进临港经济发展

为了提升连云港港口竞争力,提升主港区的功能,主港区以集装箱运输为主导功能,执行"建设港口群,发展组合港"的思路。建设"一体两翼"的亿吨组合大港,充分发挥港口的龙头带动作用,提升整个区域经济的发展实力。以主港区为中心,配合两翼产业发展建设港口群。

构建依托连云港港口、面向苏北及长三角区域、服务新亚欧大陆桥区域、辐射东南亚的现代物流体系。通过港区内部交通体系加强"一体两翼"主体港区对两翼港区的带动作用,未来港区内部也将形成以公路为主,铁路、水运为辅综合联络交通:

①主体港区与北翼港区。主体港区与北翼港区之间,形成242省道北段和204国道赣榆北段为主要交通联络线,沿海铁路和通榆运河连云港北段作为辅助交通方式,修建海头铁路支线,实现与沿海铁路的联系。

②主体港区与南翼港区。主体港区与南翼港区之间,以226省道作为主要交通联络线,辅以沿海铁路、东干河等其他运输方式,为实现铁路直达港口,修建垎子口港口支线和燕尾港港口支线联系连盐铁路。

连云港抓住沿海开发机遇,立足本地产业和资源优势,着力建设临港产业集群。"一体两翼"港口发展战略规划推出,140平方千米的临港产业区具备项目进驻条件,数百家船舶制造、新型能源、现代制造、石油化工等临港企业成功落户。

电子信息和太阳能电池材料产业方兴未艾。近年来,连云港市积极引进电子信息和太阳能电池材料项目:总投资2亿元的登泰产业园年产60兆瓦太阳能光伏电池板项目已投产;总投资4 000万美元的香港高立平板电视和液晶电脑显示器、总投资7 000万美元的香港珩星电子封装、总投资2 600万美元的东方星发光二极管等项目都在建设之中。同时,连云港在风力发电设备制造和风力发电厂的建设上均取得重大进展。连云港和中复集团合作投资10亿元打造风力发电机叶片工业园。目前,一、二期工程项目已建成投产,年生产风电叶片能力达到700套,产值将达10亿元,成为国内最大的1.5兆瓦风电叶片生产基地。另外,连云港还与协鑫集团和国电集团建立了战略合作,共同进行风电产业链的建设。

连云港医药产业萌芽于20世纪70年代,起步于80年代,90年代中期初具雏形,经过十余年发展,至2005年前后进入培育成长期。随后,恒瑞医药、康缘药业、豪森药业、正大天晴药业四大药企开始崭露头角,陆续推出了天晴甘美、热毒宁注射液等拳头产品,恒瑞专利药品艾瑞昔布获国家SFDA临床批件,豪森建成首个GMP生产车间。2006年后,连云港医药产业发展进入突破转型期。以四大药企为龙头的医药企业坚持创新与国际化双轮驱动,集聚创新人才、优化产品梯次、拓展研发布局,实现了从仿制到自主原创、从国内走向国际的转型发展。目前,连云港医药产业正处于加速崛起的新时期。中华药港核心区位于连云港自贸试验区、国家级连云港开发区、综合保税区"三区政策叠加"的最佳区域,项目分三期推进。核心区全部建成后,可容纳200余家医药企业入驻,集聚医药人才5 000人以上,持续优化产业生态,加速产业集聚发展,全力打造"港城特色、全国一流、世界知名"的千亿级中华药港。如今,连云港的医药产业也逐渐走向国际、融入国际,不仅与强生制药、山德士、BioMarin等国外知名药企和阿尔伯特-爱因斯坦医学院、德州大学MD艾德森癌症研究中心、瑞典卡罗林斯卡医学院等科研机构在新药筛选、临床研究、生物药物、药物制剂等多方面开展合作,还有40多种制剂、原料药等医药产品进入国际市场。

石化产业是实体经济的基础和支柱,也是连云港的战略性支柱产业。2014年9月,连云港石化产业基地被国务院列为全国七大石化产业基地之一,基地以炼油、乙烯、芳烃一体化为基础,现已形成盛虹石化、卫星石化、中化连云港循环经济产业园三大产业集群。连云港石化产业基地所在的徐圩港区是连云港"一体两翼"组合大港南翼的重要组成部分。目前,徐圩港区已形成陆域10平方千米;一港池、二港池、四港池航道、六港池航道均已建成通航,30万吨级深水航道已全面建成。连云港石化基地龙头项目——盛虹炼化一体化,该项目建成投产后,便可实现年营业收入约925亿元,利税超200亿元(现已投产)。

③港口物流加强城市对内和对外的经济辐射能力

随着世界经济一体化进程的加快,城市的对外开放程度进一步提高,对外贸易日益繁忙活跃,港口物流作为城市对外开放的门户和吸引外资的窗口,在与城市内部和外部的相互活动中不断增强对内对外经济辐射能力。连云港市正是由于拥有一个开放度高的港口——连云港港,国际贸易活动日益频繁活跃,加速了连云港市外向型经济的发展。连云港港现已开辟了至东欧、西非、地中海、美国、加拿大、波斯湾、澳大利亚、新西兰、韩国、日本等国际外贸运输航线,同世界上 40 多个国家和地区的 140 多个港口有货运业务往来。随着长江三角洲经济发展速度的加快,各类物资、原材料、产品的进出口量会逐渐增加,连云港港将进一步促进城市辐射能力的增强。

2. 连云港市的经济发展为连云港港口物流持续发展提供支撑

(1) 城市为港口物流提供有关的各种服务

连云港城市经济的发展,各行各业的兴起,推动了金融业、信息通信业的发展。反过来,它们又给连云港港口物流的持续发展提供强有力的支撑。连云港市本着"以港兴市,以市促港"的战略目标,加快连云港金融业发展,积极改善投资环境,创新金融服务,进一步完善金融市场功能,充分利用国内外金融市场融资,同时积极推进信息化的应用和建设工程,为港口物流发展创造良好的环境,在推进连云港向现代化港口大都市的发展进程中也使连云港港口物流做大做强。

(2) 城市为港口提供综合物流活动的空间和内陆连接通道

随着经济全球化进程加快和国际贸易活动日益频繁,港口已逐渐成为人流、物流、信息流和资金流的中心。这就要求城市为港口物流提供活动空间和连接内陆运输的通道,海上运输的货物到达港口城市,要求城市为港口提供一定的物流平台并形成内陆物流,城市运输网布局及其有效衔接程度都影响着港口的集疏运情况,影响着港口物流功能的运转,没有城市基础设施的支持,港口物流的发展也只能是空谈。

连云港经过二十几年的建设创造了十分便利的交通系统。连云港地处苏北,东临太平洋与日本、韩国隔海相眺,向西沿陇海线可直达西部内地,再向西经西亚、东欧至大陆桥的西端点——鹿特丹。铁路运输可直达国内东南西北大多数主要城市。靠云台山脉形成的天然深水港完全可以丰富国内国际海上航线,是很好的海运中转站或海陆联运的联结点。公路交通也十分便利,有宁连高速、京沪高速相连。连云港具有非常好的区位优势,在发展现代物流和国际物流方面潜力非常大。连云港的港口不仅会为苏北地区的发展作出贡献,更重要的是很多中西部地区会利用连云港良好的进出口通道,使其成为发展自己经济的有利条件。从城市的地理环境、气候条件、基本构造方面看,国际化的港口城市既可以强有力地推动现代物流、国际物流的发展,又能够使城市在经济结构和产业结构调整的过程中,形成更有效的区域经济国际化高地。在连云港建立起中西部地区物流大进大出的绿色通道是完全具备条件的。

(3) 城市的产业结构影响港口性质和规模

一般而言,以轻工业为主的城市,港口的吞吐量不会很大;城市经济外向度高,对外贸易发达,港口就会有比较大的规模;城市产业结构向重工业和精细加工业转变时,干散货的比重就下降,而杂货、集装箱的比重就上升。

随着经济快速发展,通过推动工业化、城市化进程等一系列措施,连云港市产业结构得到了逐步调整,并向优化和升级的方向发展。据近年来统计数据,连云港市产业结构总体上呈现出第一产业比重下降,第二、第三产业比重上升的基本走势。产业结构变动的一般规律表明:在经济发展过程中,产业结构演变从最初的"一二三"比重分布,经过"二三一"或"二一三"中间过渡,最终必然达到"三二一"。三次产业结构由十年前的 14.3∶46.4∶39.3 调整为 2021 年的 10.7∶43.6∶45.7。一是集聚了特色鲜明的主导产业。坚定不移做大产业、做强产业,构建起"两轴五片多园区"的空间布局,形成了以石化、冶金等临港基础工业和新医药、新材料、新能源、装备制造等高新技术产业为骨架的现代产业体系。石化、冶金得益于港口形成的比较优势,发展由小变大、由弱变强;新医药、新材料、新能源、装备制造产业竞争力强、产品附加值高,持续发展壮大。2021 年,全市工业应税销售突破 4 000 亿元,六大主导产业应税销售突破 3 200 亿元,占全市比重超过 80%。二是培育了国内知名的龙头企业。精准靶向施策,全力培优培强,形成上市公司引领、重点企业支撑、中小企业跃进的梯次发展格局。上市企业优势明显,全市上市企业达 11 家,恒瑞医药、翰森制药、中国生物医药 3 家企业市值超 6 000 亿元。重点企业支撑有力,全市规模以上工业企业突破 1 000 家,年产值超百亿企业 10 家。特色企业竞相发展,引导专特精新企业深耕专业领域,诞生了苏北第一家科创板企业联瑞新材,培育了中复神鹰、奥神新材等一批细分市场"隐形冠军"。三是打造了千亿级的新增长极。按照环保安全、工艺装备、投入产出、品质品牌"四个世界一流"标准,全力打造国家级石化产业基地。盛虹炼化一体化项目正式进入投产阶段,卫星石化、中化国际等龙头项目相继投产达效。"中华药港"核心区高端化学制剂、国际医疗器械产业园一期建成投用,项目入住率超过 70%。在这种背景下,连云港港的规模也日益扩大,港口货种结构也形成了以煤炭、钢材、木材、铁矿石、粮食、化工产品等为主体的特色,集装箱吞吐量也是节节攀升。

（三）连云港港口物流发展存在的问题

1. 腹地经济水平低

腹地指围绕港口集散物资的地域，对连云港来说，直接腹地包括江苏北部、山东南部、安徽东部地区。以苏北地区为例，徐州、淮安、盐城、连云港和宿迁五市 2020 年人口总量为 3 041.6 万人，占 13 市人口总量的 37.6%，人均 GDP 为 77 168.6 元，低于江苏省平均水平，人口与经济呈现不同步的状态。港口聚集大量资金、信息、人才要素，可以吸引相关产业集聚，促进资源整合配置，从而有效拉动周边区域经济增长，产生辐射效应。腹地经济同样影响着港口物流的发展水平，连云港港腹地的经济增速不如苏州、宁波等地，当地企业货源不充足。

从货物进出口结构上看，以煤炭、矿石、矿物原材料等传统散货为主，自有产业需求对港口吞吐量的支撑性不强。而且集装箱运输是国际经济贸易的载体，连云港港的集装箱吞吐量受到腹地外向经济影响。其次，港口物流依赖于服务、信息以及区域内其他支柱产业，连云港及周边腹地缺少领先的物流服务企业，围绕国际物流的整体服务水平有待提高。

连云港港间接腹地与国际化大港重叠度高，竞争压力大。上海港作为中国第一大港，国际航线触达亚欧、中东、非洲、东南亚多个地区，基本覆盖海上丝绸之路规划轨迹。其港口物流发展离不开腹地支撑，依托于自身的金融中心地位和长江经济带，腹地为上海提供了大量的货源和完善的贸易服务体系。由于连云港周边的港口发展水平较高，聚集宁波舟山港、上海港、青岛港等成熟先进的大港，服务和价格差距导致大部分国际货流选择传统干线运输。在低附加值领域，处在东部沿海的日照港与连云港港口货物结构相似，多以煤炭、矿石、粮油等原料为主，竞争激烈。

2. 港口基建设施不足

基建设施、通信设备的先进程度和交通网络的完善程度直接决定了港口物流效率。随着"一带一路"倡议的深化和自由贸易试验区的建立，连云港港口吞吐量逐年增长。根据《连云港统计年鉴》公开的数据，港务船舶、装卸机械以及机车车辆整体与前几年维持在相同水平，机车台数自 2012 年起就稳定在 10 辆。工作船、起重机械、搬运机械等较 2018 年有小幅度下降。设施器械数量的波动一方面来自短期的贸易波动，如受油价以及国际局势影响；另一方面，设施设备的使用现状影响着采购需求。在吞吐量整体攀高的情况下，作为新亚欧大陆桥的重要节点，港口势必要跟上多种运输方式转换的节奏，硬件设施建设跟不上，将很难为建设国际港口、优化联运衔接提供强有力的保证。

3. 内河航道运输短板

内河航道的运输短板制约了连云港海河联运、河江海联运等多种运输方式的发展。长三角一带，内河网络密集，是紧密衔接周边地区的优良通道。同时，作为疏港方式的一种，它的构建水平也影响着港口运力和相关联运方式的效率。虽然连云港港口在集疏运能力上具有优势，相比于青岛港和苏州港，这种优势并不均衡，连云港港的内河航运呈现出明显短板。

4. 航线运输密度偏小

目前，连云港港远洋航线密度较小，缺乏直达航线。不少航线需要转到基本港进行货物配货，使得集装箱的海运费上涨。此外，对于近洋航线，虽然密度比远洋航线大，与其他港口竞争缺乏优势；对于内贸航线，大多数是中转航线，直达航线数量少，中转时间长。

5. 服务协同水平待完善

（1）管理机制

连云港当地已经提出多条政策改进，以期对症下药，例如针对航线单一问题开辟新航线、调整排班出航密度；针对内河运输短板修缮碍航路段，允许集装箱船舶免费过闸；并为公路运费和港口作业费提供多项补贴减免。但由于关联部门众多，各种运输方式转换的环节多、成本高，流畅度降低，联运优势难体现。为符合"一带一路"建设国际物流枢纽的要求，连云港港势必要在联运方式的发展和整体机制协同上取得突破。

（2）信息交流

连云港港已经具备智能闸口、远程操控、电子场图等技术，初步实现了车、人、船、货、场的智能调度。尽管口岸信息化建设颇显成效，内部信息较为畅通，港口与公路、内河、铁路的信息却是割裂的。例如，中国铁路部门设有 TMIS 信息系统，航运则依托于各大物流公司的自信息系统，这些信息系统相互之间无法实现信息共享，导致经营人或客户在跟踪货物流通情况时不够便利。2021年全国首个"海事、船检、运政三部门协同信息系统"在福州上线，虽然短期内不可能打破所有环节的信息壁垒，但福州信息协同一体化的布局方向也为连云港提供了一个参考。

（3）企业发展

不同地区的港口有不同的产业特色和经营模式定位，如深圳港以智慧物流为特色，天津港更侧重金融服务。连云港港将重心放在了绿色电子口岸和多式联运上，2021年前7个月，它的海河、海铁联运量分别增长了13.8%和9.4%。连云港港目前缺少可以承担多式联运业务的物流领军企业，现有企业以分段货运代理为主。国际船代货代和结算服务业,工业生产、金融、贸易、物流等产业融合度有待提高。

(4) 物流园区

物流园区是港区提供联运服务的重要节点,目前五大园区中最为先进的是中哈物流园,拥有与码头互联互通的信息系统,可以做到船站直取,并在车号箱号识别后自动放行,大大提升了作业效率。由于建立时间短,资金投入、基础设备等问题。除了中哈物流园外,其他物流园区尚未实现与港口的信息共享。

四、连云港港口物流与城市经济发展关系的 DEA 分析

(一) 数据包络(DEA)方法简介

1. 数据包络(DEA)方法的基本思想

数据包络分析(Data Envelopment Analysis,DEA)是 1978 年美国著名运筹学家 A. Charnes 和 W. W. Cooper 等以相对效果概念为基础发展起来的一种新的效率评价方法。具体来说,DEA 使用数学规划模型比较决策单元间的相对效率,它按照多指标输入和多指标输出对决策单元进行评价,并且输入与输出指标的单位可以不统一。

DEA 的基本思想是:将每一个被评价的单位或部门视作一个决策单元(Decision Making Unit,DMU),一个 DMU 在某种程度上是一种约定,由所有的决策单元构成评价群体,处于同一群体下的每个决策单元都具有相同输入指标和相同的输出指标。在指标项和单元组(评价群体)确定以后,采用数学规划模型对输入输出数据进行综合分析,得出每个 DMU 综合效率的数量指标,据此将各 DMU 定级排队,确定有效的(即相对效率最高的)DMU,并指出其他 DMU 非有效的原因和程度,给主管部门提供管理信息。同时,DEA 还能判断各 DMU 的投入规模是否恰当,给出非 DEA 有效的 DMU 与 DEA 有效的 DMU 之间的差距的数据,以此作为各非有效 DMU 调整投入规模的正确方向和程度:扩大还是缩小,改变多少为好。从经济学角度看,DEA 还可以给出 DMU 投入规模效益的分析结果,以此作为管理决策部门制定规划与计划时的依据。

DEA 特别适用于具有多输入、多输出的复杂系统。这主要体现在以下两点:

(1) DEA 以决策单元各输入输出的权重为变量,从最有利于决策单元的角度进行评价,从而避免了确定各指标在优先意义下的权重。

(2) 假定每个输入都关联到一个或多个输出,而且输入输出之间确实存在

某种关系,使用 DEA 方法则不必确定这种关系的显式表达式。DEA 方法排除了很多主观的因素,因而具有很强的客观性。

2. 数据包络(DEA)方法应用方式分析

DEA 方法有两种不同的应用方式:静态的横向比较评价与动态的纵向比较评价。

(1) 横向比较评价

对同类型的各个决策单元进行比较分析,确定与先进单元之间的差距,并利用评价指标进行因素分析,找出各个评价单元的薄弱环节和主要问题所在。

(2) 纵向比较评价

对同一个决策部门按不同的时期划分为不同的决策单元,从而按时间(按年或月等)顺序进行综合效率评价。这样可以进行动态追踪分析,了解其发展状况。

本文拟采用纵向比较评价方法,动态研究连云港 10 年来沿海港口物流和城市经济相互发展演变过程中关系有效性的变化情况。

3. 数据包络方法的优点

首先,它是一种可以用于评价具有多投入、多产出的决策单元的生产(或经营)效率的方法。由于 DEA 不需要指定投入产出的生产函数形态,因此它可以评价具有较复杂生产关系的决策单元的效率;

其次,它具有单位不变性(unit invariant)的特点,即 DEA 衡量的 DMU 的效率不受投入产出数据所选择单元的影响;

第三,DEA 模型中投入、产出变量的权重由数学规划根据数据产生,不需要事前设定投入与产出的权重,因此不受人为主观因素的影响。

DEA 的优点吸引了众多的应用者,应用范围已扩展到美国军用飞机的飞行、基地维修与保养,以及陆军征兵、城市建设、银行等方面。目前,这一方法应用的领域正在不断地扩大。它也可以用来研究多种方案之间的相对有效性(例如投资项目评价);研究在做决策之前去预测一旦作出决策后它的相对效果如何(例如建立新厂后,新厂相对于已有的一些工厂是否为有效),DEA 模型甚至可以用来进行政策评价。

(二) 数据包络方法的数学模型

1. DEA 模型的特点

(1) DEA 模型的优点

① 可以处理多个投入和多个产出的绩效分析问题,不必知道两者之间的函

数关系,给数据模型的设置带来方便。

②DEA 模型中的权重是模型数学规划自动产生的,不必人为设定参数,因此不受人为主观因素影响,结论更加客观公正。

③DEA 模型也可以处理组织外环境变量,可以同时评估不同环境下决策单元的效率。

④不受计量单元的影响。即只要各 DMU 采用相同的单元,得出的目标函数不受投入、产出计量单元的影响。

⑤可以同时处理定性和定量因子。

(2) DEA 模型的缺陷

①DEA 模型所得出的效率是相对效率,通过各个 DMU 相互比较而来,因此 DMU 的个数和投入产出项的个数都能影响最后结果。每增加一个 DMU 会增加一个限制式,得到的最适解会小于或等于原先的解,DEA 效率会随着 DMU 个数的增加出现单调非递增的趋势。而增加投入和产出项会降低模型的鉴别力,所以一般认为,DMU 的个数要大于投入项和产出项相加的两倍。

②DEA 虽然可以得出有无效率的结论,但是没有深入地考察误差项,没有定量地分析造成无效率的原因。

③DEA 是一个无参数分析方法,因此得出的结论对各个输入数据很敏感,对投入和产出项的选取要严格合理。

DEA 方法的应用步骤如图 7-7 所示。

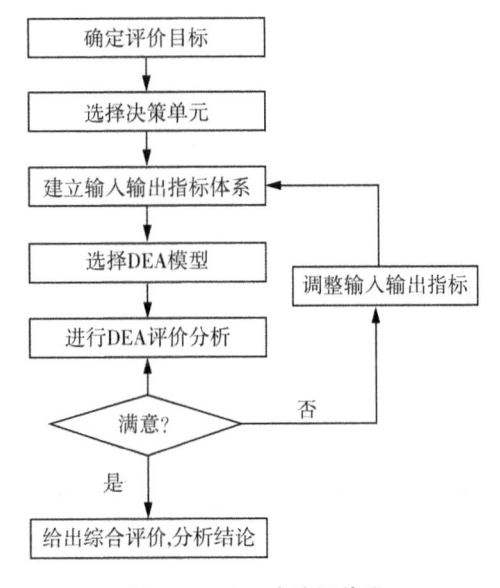

图 7-7　DEA 方法评价图

2. DEA 方法的 C²R 模型研究

C²R 模型是假设有 n 个决策单元,每个决策单元 DMU 都有 m 种类型输入(表示对"资源"的耗费)以及 s 种类型输出(表示消耗了"资源"之后表明"成效"的信息量)。其形式为:

$$\boldsymbol{X} = \begin{bmatrix} x_{11} & x_{12} & \cdots & x_{1j} & \cdots & x_{1n} \\ x_{21} & x_{22} & \cdots & x_{2j} & \cdots & x_{2n} \\ \vdots & \vdots & & \vdots & & \vdots \\ x_{i1} & x_{i2} & \cdots & x_{ij} & \cdots & x_{in} \\ \vdots & \vdots & & \vdots & & \vdots \\ x_{m1} & x_{m2} & \cdots & x_{mj} & \cdots & x_{mn} \end{bmatrix}$$

$$\boldsymbol{Y} = \begin{bmatrix} y_{11} & y_{12} & \cdots & y_{1j} & \cdots & y_{1n} \\ y_{21} & y_{22} & \cdots & y_{2j} & \cdots & y_{2n} \\ \vdots & \vdots & & \vdots & & \vdots \\ y_{i1} & y_{i2} & \cdots & y_{ij} & \cdots & y_{in} \\ \vdots & \vdots & & \vdots & & \vdots \\ y_{s1} & y_{s2} & \cdots & y_{sj} & \cdots & y_{sn} \end{bmatrix}$$

其中 x_{ij} 为第 j 个决策单元对第 i 种类型输入的投入总量,$x_{ij}>0$;y_{rj} 为第 j 个决策单元对第 r 种类型输出的产出总量,$y_{rj}>0$;v_i 表示第 i 种类型输入的一种度量或称权;u_r 表示对第 r 种类型输出的一种度量或称权;且 $i=1,2,\cdots,m$;$r=1,2,\cdots,s$;$j=1,2,\cdots,n$。

记 $\boldsymbol{X}_j=(x_{1j},x_{2j},\cdots,x_{mj})^\mathrm{T}$,$\boldsymbol{Y}_j=(y_{1j},y_{2j},\cdots,y_{sj})^\mathrm{T}$,$j=1,2,\cdots,n$。则可用 $(\boldsymbol{X}_j,\boldsymbol{Y}_j)$ 表示第 j 个决策单元 DMU_j。

对应于权系数 $\boldsymbol{v}=(v_1,\cdots,v_m)^\mathrm{T}$,$\boldsymbol{u}=(u_1,\cdots,u_s)^\mathrm{T}$,每个决策单元都有相应的效率评价指数:

$$h_j = \frac{\boldsymbol{u}^\mathrm{T}\boldsymbol{Y}_j}{\boldsymbol{v}^\mathrm{T}\boldsymbol{X}_j}, j=1,2,\cdots,n \tag{7-1}$$

总可以适当地选择权系数 $\boldsymbol{v}$ 和 $\boldsymbol{u}$,使其满足 $h_j \leqslant 1, j=1,2,\cdots,n$。

现在对第 j_0 个决策单元进行效率评价。简记 DMU_{j_0} 为 DMU_0,$(\boldsymbol{X}_{j_0},\boldsymbol{Y}_{j_0})$ 为 $(\boldsymbol{X}_0,\boldsymbol{Y}_0)$,$h_{j_0}$ 为 h_0,$1 \leqslant j_0 \leqslant n$。在各决策单元的效率评价指标均不超过 1 的条件下,选择权系数 v 和 u,使 h_0 最大。于是构成如下的最优化模型:

$$(\overline{P})\begin{cases} \max V_{\overline{P}} = \dfrac{u^{\mathrm{T}} \boldsymbol{Y}_0}{v^{\mathrm{T}} \boldsymbol{X}_0} = h_0 \\ s.t.\ h_j = \dfrac{u^{\mathrm{T}} \boldsymbol{Y}_j}{\boldsymbol{v}^{\mathrm{T}} \boldsymbol{X}_j} \leqslant 1, j=1,2,\cdots,n \\ u \geqslant 0, v \geqslant 0 \end{cases} \quad (7-2)$$

利用 Charnes-Cooper 变换,可以将 ($\overline{P}$) 化为一个等价的线性规划问题。令:

$$t = \frac{1}{\boldsymbol{v}^{\mathrm{T}} \boldsymbol{X}_0} > 0, \omega = tv, \mu = tu \quad (7-3)$$

则原分式规划转化为:

$$(P)\begin{cases} \max \mu^{\mathrm{T}} \boldsymbol{Y}_0 = V_P \\ s.t.\ \omega^{\mathrm{T}} \boldsymbol{X}_j - \mu^{\mathrm{T}} \boldsymbol{Y}_j \geqslant 0, j=1,2,\cdots,n \\ \omega^{\mathrm{T}} \boldsymbol{X}_0 = 1 \\ \omega \geqslant 0, \mu \geqslant 0 \end{cases} \quad (7-4)$$

若线性规划 (P) 的最优解中存在 $\omega^0 > 0, u^0 > 0$,并且目标值 $\mu^{\mathrm{T}} \boldsymbol{Y}_0 = \boldsymbol{V}_P = 1$,则称决策单元 j_0 为 DEA 有效(C^2R)。C^2R 评价单元的规模有效性和技术有效性也称综合有效性。

根据线性规划对偶理论,并引入新的变量 s^+ 和 s^-,可以将线性规划(P)表示为:

$$(D) = \begin{cases} \min \theta = V_D \\ s.t.\ \sum_{j=1}^{n} \lambda_j x_j + s^- = \theta x_0 \\ \sum_{j=1}^{n} \lambda_j y_j - s^+ = y_0 \\ \lambda_j \geqslant 0, j=1,2,\cdots,n \\ s^+ \geqslant 0, s^- \geqslant 0, \theta_c\ 自由 \end{cases} \quad (7-5)$$

并称(D)为(P)的对偶规划。

其中,x_0 表示第 j_0 个 DMU 输入向量,y_0 表示第 j_0 个 DMU 输出向量,θ 表示投入缩小比率,λ 表示决策单元线性组合的系数。

(D) 模型的计算可以分为两个阶段。首先,求出最小的 θ 值(θ^*),然后以 θ^* 为已知数,再求出最大的松弛变量,最后得到(D)的最优值。若 $\theta^* = 1$,

$s^+=s^-=0$,则称 j_0 单元为 DEA 有效;若 $\theta^*=1$,s^+,s^- 存在非零值,则称 j_0 单元为 DEA 弱有效;若 $j_0<1$,则称 j_0 单元为 DEA 无效。在实际计算中,可利用线性规划的单纯形法求解。

(P)模型中假定评价有效性的约束条件是所有 DMU 的有效性最大值是1,这是借鉴自然过程中能量转化效率的最大值为 1 的原则。模型的主要特点是将投入产出指标的权重 v 和 u 作为取得待评决策单元 j_0 有效性最大值的优化变量。决策变量 j_0 有效性或者等于 1,或者小于 1,前者表示决策单元 j_0 是相对有效的,后者表示决策单元 j_0 是相对无效的。对于相对无效的决策单元,模型的解还可以反映出该决策单元与相对有效单元的差距。对于所有的决策单元依次解上述的模型,可以得出各个决策单元的相对效率,不同决策单元解对应的评价指标权重一般来说是不同的,这种权重选择方式更具有客观性。数据包络分析方法通过对权重精细的选择,使一个在少数指标上有优势,而在多数指标上有劣势的决策单元有可能成为相对有效的决策单元。使用该方法,如果决策单元被评价为相对无效的,这有力地说明该决策单元在各个指标上都处于劣势。

(三) 港口物流-城市经济 DEA 评价模型研究

DEA 方法以决策单元各输入输出的权重为变量,避免了确定各指标在优先意义下的权重,且不必确定输入输出指标间关系的显式表达式,具有很强的客观性。因此,DEA 方法特别适用于具有多输入多输出的复杂系统,而这正符合港口城市系统、港口物流-城市经济系统运行中大量生产要素投入带来多种产出(产品或服务)的特点,故采用 DEA 方法建立港口物流对城市经济贡献的有效性评价模型是具有科学依据的。

1. DEA 有效性评价模型的分析

本文以 DEA 方法中的 C^2R 模型为基础,建立港口物流-城市经济 DEA 评价模型,从而评价港口物流与城市经济关系是否有效。根据 DEA 方法的两种应用方式,港口物流-城市经济关系有效性的 DEA 评价模型在实际运用中,分成横向和纵向两个评价过程,即首先通过对决策单元间的横向比较来分析和寻找评价单位的薄弱环节和存在的主要问题,包括两个子模型:

(1) 港口城市经济有效性评价模型;

(2) 港口物流有效性评价模型。

再通过纵向比较对某一个决策单元进行动态追踪分析,并分析不同时期的有效性状况。

将模型两部分进行综合,并结合两个阶段的有效性评价分析,得出港口物流与城市经济、城市经济关系的有效性,最终对评价模型得出的结论进行分析研究。

2. DEA 有效性评价模型的决策单元

前面章节中已经分析过,港口物流发展离不开所处城市和区域,只有城市和城市经济发展了,港口物流才会得到真正的发展;另一方面,港口城市应充分利用港口物流的优势,促使其经济增长。港城互动,港口城市成长为区域经济中心,港口物流通过港口城市的中心带动作用推动区域经济的发展。

因此,港口物流、港口城市经济作为主要研究对象,被确定为港口物流-城市经济 DEA 评价模型横向比较评价过程中的决策单元。

港口物流-城市经济 DEA 评价模型纵向比较评价过程的研究对象为单一的港口城市,目的是研究该对象的港口物流和城市经济发展动态演变过程。因此,纵向评价过程的决策单元为时间(年份)。

3. DEA 有效性评价模型的评价指标选择

港口物流-城市经济 DEA 评价模型中,评价指标主要分成港口城市有效性评价指标和港口物流有效性评价指标两部分,并且根据 C^2R 模型,港口城市指标和港口物流指标各自分别有输入指标和输出指标。

(1) 港口城市有效性评价指标

城市有效性评价即对城市宏观经济运行状况进行评价。城市是一个复杂庞大的系统,存在着许多输入与输出指标,可供选择的指标也是名目繁多,但是根据 DEA 评价指标选择的原则和我们的评价目标,模型中的港口城市指标为:

输入指标(CI(X)):固定资产投资总额(x_1)、全社会从业人员总数(x_2);

输出指标(CO(Y)):GDP(y_1)、工业总产值(y_2)、社会消费品零售总额(y_3)。

①固定资产投资总额。城市运行一个主要的投入是资金投入。资金投入包括流动资金投入、固定资产投资等指标。相对其他指标而言,固定资产投资额所占比重较大,是反映城市宏观经济状况的一个重要指标。

②全社会从业人数。城市运行的另一个主要投入是人员(劳动力)的投入,因此我们选择全社会从业人数指标。

③城市 GDP。众所周知,GDP 是衡量城市经济输出的主要指标,用于衡量城市经济整体运行水平。

④社会消费品零售总额是指各种经济类型的批发零售、贸易业、餐饮业、制

造业和其他行业对城乡居民和社会集团的消费品零售额和农民对非农业居民的零售额的总和。选择这个指标,是因为它不仅反映了商业经济的活跃程度,而且反映了人民生活的质量和水平。尤其对于港口城市来说,其物流量比较高,商业零售额也往往比非港口城市高出几倍。因此它能很好地评价港口城市特殊的结构和产出。

(2) 港口物流有效性评价指标

在现代港口城市中,港口物流指标体系反映了港口资源的水平、区位条件、利用程度、发展规模以及港口相关产业发展的水平和质量等。但是,对于现代港口物流指标体系的研究还没有系统化,还没有公认的标准。港口的性质比较复杂,有公共部门的性质,也有企业的性质,"港口相关产业"概念也一直模糊不清。此外,关于港口物流的数据收集的难度也较大,我国 2000 年才第一次编写《中国港口年鉴》。根据以上情况和模型的需要,确定以下港口评价指标:

输入指标(PI(K)):生产性泊位数(k_1)、万吨级以上泊位数(k_2)、基本建设投资额(k_3);

输出指标(PO(L)):货物吞吐量(l_1)、集装箱吞吐量(l_2)。

①生产性泊位数。生产性泊位是港口生产运行的基础设施条件,反映了港口生产运行的总体规模,因此作为输入指标。

②万吨级以上泊位数。随着船舶大型化的趋势愈发显著,现代港口物流发展也显现出深水化和大型化的趋势。为了适应船舶大型化(特别是集装箱船舶大型化)的趋势,港口深水泊位的建设已经成为现代港口物流发展的重要方向,因此选择该指标作为对生产性泊位数指标的一个补充。

③基本建设投资额。港口物流属于资金密集型产业,资金投入量大,是一个港口城市最为主要的基础设施建设项目,在基本建设资金中占据主要部分。因此用基本建设投资额作为输入指标之一。

④货物吞吐量。货物吞吐量是衡量港口物流整体运行状况的最主要的经济指标,因此作为输出指标之一。在港口物流的统计中还有旅客运量指标,考虑到本文分析的重点主要是港口货运功能及其功能拓展对城市经济的贡献,因此不用旅客运量作为输出指标。

⑤集装箱吞吐量。集装箱运输已经成为现代运输业的主要发展趋势,港口的集装箱吞吐量已经成为衡量港口地位、港口重要性的一项核心指标。现代港口物流的建设和发展也已经将建设集装箱码头作为建设的首要任务,因此选择集装箱吞吐量作为输出指标之一。

此外,相对于城市评价指标,我们没有选择诸如"港口产业从业人员"这类人力投入的指标。主要是因为,随着港口物流现代化步伐的加快,港口装卸自动化水平迅速提高,大量现代化装卸机械在港口物流使用,港口部门从劳动密集型向资金密集型、技术密集型转变,这使港口部门自身对劳动力投入量的需求已经呈现明显减少的趋势,人力投入不再是港口物流主要的投入。"港口产业就业人数"还有港口间接就业人数部分,港口间接就业人数的确随着港口物流的发展不断增加,但是"港口相关产业"一直是个模糊不清的概念,导致难以准确地得到港口间接就业人数,而且这方面的数据统计资料很有限,为了确保模型的准确性,故不使用"港口产业就业人数"作为模型的输入指标。

4. DEA 有效性评价模型

分析和确定港口物流-城市经济 DEA 评价模型的模型构成、决策单元和评价指标后,以 C^2R 模型原理为基础,建立港口物流-城市经济 DEA 评价模型。

(1) 港口城市有效性评价模型

假设有 n 个决策单元(港口城市),根据港口城市有效性评价指标,构成以下输入输出形式:

$$\boldsymbol{CI}(\boldsymbol{X}_j) = \begin{bmatrix} x_{11} & x_{12} & \cdots & x_{1j} & \cdots & x_{1n} \\ x_{21} & x_{22} & \cdots & x_{2j} & \cdots & x_{2n} \end{bmatrix}$$

$$\boldsymbol{CO}(\boldsymbol{Y}_j) = \begin{bmatrix} y_{11} & y_{12} & \cdots & y_{1j} & \cdots & y_{1n} \\ y_{21} & y_{22} & \cdots & y_{2j} & \cdots & y_{2n} \\ y_{31} & y_{32} & \cdots & y_{3j} & \cdots & y_{3n} \end{bmatrix}$$

其中 $\boldsymbol{X}_j = (x_{1j}, x_{2j})^\mathrm{T}$,$\boldsymbol{Y}_j = (y_{1j}, y_{2j}, y_{3j})^\mathrm{T}$,$(\boldsymbol{X}_j, \boldsymbol{Y}_j)^\mathrm{T}$ 表示第 j 个决策单元(港口城市)的输入输出指标向量(下标 i 为输入输出指标标号;下标 j 为决策单元标号)。由对应权系数 $\boldsymbol{v}_c = (v_{c1}, v_{c2})^\mathrm{T}$,$\boldsymbol{u}_c = (u_{c1}, u_{c2}, u_{c3})^\mathrm{T}$,得出各决策单元(港口城市)的效率评价指数:

$$h_{cj} = \frac{\boldsymbol{u}_c^\mathrm{T} \boldsymbol{Y}_j}{\boldsymbol{v}_c^\mathrm{T} \boldsymbol{X}_j}, j = 1, 2, \cdots, n \tag{7-6}$$

根据 C^2R 模型原理和 Charnes-Cooper 变换,建立港口城市有效性评价模型。其形式为:

$$(\overline{C}) = \begin{cases} \max \mu^T Y_0 = V_{\overline{C}} \\ s.t. \omega_c^T X_j - \mu_c^T Y_j \geqslant 0, j=1,2,\cdots,n \\ \omega_c^T X_0 = 1 \\ \omega_c \geqslant 0, \mu_c \geqslant 0 \end{cases} \quad (7\text{-}7)$$

根据线性规划对偶理论,并引入新的变量 s_c^+, s_c^-,可以将线性规划 $(\overline{C})$ 表示为:

$$(\overline{C}) = \begin{cases} \min \theta_C = V_C \\ s.t. \sum_{j=1}^n \lambda_{cj} x_j + s_c^- = \theta_c x_0 \\ \sum_{j=1}^n \lambda_{cj} y_j - s_c^+ = y_0 \\ \lambda_{cj} \geqslant 0, j=1,2,\cdots,n \\ s_c^+ \geqslant 0, s_c^- \geqslant 0, \theta_c \text{ 自由} \end{cases} \quad (7\text{-}8)$$

若 $\theta_c^* = 1, s_c^+ = s_c^- = 0$,则称 j_0 单元为城市经济有效(θ_c 为城市经济有效性数值);若 $\theta_c^* = 1, s_c^+, s_c^-$ 存在非零值,则称 j_0 单元为城市经济弱有效;若 $\theta_c^* < 1$,则称 j_0 单元为城市经济无效。

(2) 港口物流有效性评价模型

假设有 n 个决策单元(港口物流),根据港口物流有效性评价指标,构成以下输入输出形式:

$$PI_1(K_{1j}) = \begin{bmatrix} k_{11} & k_{12} & \cdots & k_{1j} & \cdots & k_{1n} \\ k_{31} & k_{32} & \cdots & k_{3j} & \cdots & k_{3n} \end{bmatrix}$$

$$PO_1(L_{1j}) = \begin{bmatrix} l_{11} & l_{12} & \cdots & l_{1j} & \cdots & l_{1n} \end{bmatrix}$$

其中 $K_{1j} = (k_{1j}, k_{3j})^T$,$L_{1j} = (l_{1j})^T$,$(K_{1j}, L_{1j})^T$ 表示第 j 个决策单元(港口物流)的输入输出指标向量。由对应权系数 $v_{P1} = (v_{P1}, v_{P3})^T$,$u_{P1} = (u_{P1})^T$,得出各决策单元(港口物流)的效率评价指数:

$$h_{P_{1j}} = \frac{u_{P_1}^T L_{1j}}{v_{P_1}^T K_{1j}}, j=1,2,\cdots,n$$

根据 C^2R 模型原理和 Charnes-Cooper 变换,建立港口物流有效性评价模型。其形式为:

$$(\overline{P_1})\begin{cases} \max \mu_{P_1}^T L_{10} = V_{\overline{P_1}} \\ s.t.\ \omega_{P_1}^T K_{1j} - \mu_{P_1}^T L_{1j} \geqslant 0, j=1,2,\cdots,n \\ \omega_{P_1}^T K_{10} = 1 \\ \omega_{P_1} \geqslant 0, \mu_{P_1} \geqslant 0 \end{cases} \quad (7-9)$$

根据线性规划对偶理论,并引入新的变量 $s_{P_1}^+, s_{P_1}^-$,可以将线性规划 $(\overline{P_1})$ 表示为:

$$(P_1) = \begin{cases} \min \theta_{P_1} = V_{P_1} \\ s.t.\ \sum_{j=1}^{n} \lambda_{P_1 j} k_j + s_{P_1}^- = \theta_{P_1} k_{10} \\ \sum_{j=1}^{n} \lambda_{P_1 j} l_j - s_{P_1}^+ = l_{10} \\ \lambda_{P_1 j} \geqslant 0, j=1,2,\cdots,n \\ s_{P_1}^+ \geqslant 0, s_{P_1}^- \geqslant 0, \theta_{P_1} \text{ 自由} \end{cases} \quad (7-10)$$

若 $\theta_{P_1}^* = 1, s_{P_1}^+ = s_{P_1}^- = 0$,则称 j_0 单元为港口物流有效(θ_{P_1} 为港口物流有效性数值);若 $\theta_{P_1}^* = 1$,$s_{P_1}^+, s_{P_1}^-$ 存在非零值,则称 j_0 单元为港口物流弱有效;若 $\theta_{P_1}^* < 1$,则称 j_0 单元为港口物流无效。

(3) 纵向评价过程的模型应用

纵向评价过程中,将上述两个模型中的决策单元(DMU)从港口城市和港口物流改为时间 t,评价指标不变,分别以港口物流为输入、城市经济为输出,以城市经济为输入、港口物流为输出,即可动态研究某一个港口城市 n 年来港口物流和城市相互发展演变过程中有效性的变化情况。纵向评价过程中的港口城市有效性评价模型(C_t)和港口物流有效性评价模型(P_t)如下:

$$(C_t) = \begin{cases} \min \theta_{C_t} = V_{C_t} \\ s.t.\ \sum_{j=1}^{n} \lambda_{C_t t} x_t + s_{C_t}^- = \theta_{C_t} x_{t_0} \\ \sum_{j=1}^{n} \lambda_{C_t t} y_t - s_{C_t}^+ = y_{t_0} \\ \lambda_{C_t} \geqslant 0, j=1,2,\cdots,n \\ s_{C_t}^+ \geqslant 0, s_{C_t}^- \geqslant 0, \theta_{C_t} \text{ 自由} \end{cases} \quad (7-11)$$

$$(P_t) = \begin{cases} \min \theta_{P_T} = V_{P_T} \\ s.t. \sum_{j=1}^{n} \lambda_{P_t t} x_t + s_{P_t}^{-} = \theta_{P_t} x_{t_0} \\ \sum_{j=1}^{n} \lambda_{P_t t} y_t - s_{P_t}^{+} = y_{t_0} \\ \lambda_{P_t t} \geqslant 0, j = 1, 2, \cdots, n \\ s_{P_t}^{+} \geqslant 0, s_{P_t}^{-} \geqslant 0, \theta_{P_t} \text{ 自由} \end{cases} \quad (7-12)$$

5. DEA 有效性评价模型研究结论

使用港口物流-城市经济 DEA 评价模型评价港口物流对城市经济贡献有效性,我们有以下结论:

(1) 横向评价阶段

根据各港口城市的城市有效性和港口物流有效性不同组合,被评价的港口物流和港口城市存在 4 种情况:港口物流有效且城市有效的被称为双有效城市;港口物流无效且城市无效的被称为双无效城市;港口物流有效但城市无效的;港口物流无效但城市有效的。详见表 7-3。

表 7-3　港口物流城市经济 DEA 评价模型横向评价结论

模型评价结果	港口城市类型
$\theta_c = 1$ 且 $\theta_p = 1$	双有效
$\theta_c < 1$ 且 $\theta_p = 1$	港口物流有效但城市无效
$\theta_c = 1$ 且 $\theta_p < 1$	港口物流无效但城市有效
$\theta_c < 1$ 且 $\theta_p < 1$	双无效

双有效城市是各 DMU 的标杆,双有效城市的港口物流优势得到充分体现,港口物流和城市经济发展中投入和产出均显示出规模经济性,相对于其它评价对象,该港口城市的港口物流成为城市经济发展的增长点。

当某个 DMU 的模型评价结果为 $0.9 < \theta_c < 1$(或者 $0.9 < \theta_P < 1$),则该 DMU 的城市发展(或港口物流发展)进入良性的快速发展阶段;当某个 DMU 的模型评价结果为 $0.9 < \theta_c < 1$ 且 $0.9 < \theta_P < 1$,则该 DMU 的城市经济和港口物流开始逐步向良性互动的方向发展。

(2) 纵向评价阶段

港口物流和城市关系发展的三个阶段:

①若在 t_0 年,港口物流对城市经济有效性数值等于 1,但城市经济对港口

物流有效性数值大于 0.9 小于 1,这表示:港口物流对城市经济有效,城市经济对港口物流无效,城市经济对港口物流的投入产出效率低,但有效性系数大于 0.9,说明城市经济已经进入到良性发展的阶段,只要加大经济在港口物流方面的投入力度,就可带动港口物流业的发展。

②若在 t_0 年,港口物流对城市经济有效性数值等于 1,城市经济对港口物流有效性数值等于 1,表示在 t_0 年港口物流与城市经济的投入产出配合具有规模经济性,即港口物流在配合城市经济发展上表现优秀,港口物流和城市经济达到有效的发展水平。

③若在 t_0 年,城市经济对港口物流有效性数值等于 1,但港口物流对城市经济有效性数值大于 0.9 小于 1,这表示:城市经济对港口物流发展有效,港口物流对城市经济无效,港口物流没有发挥出其优势特点,港口物流的投入产出效率低。但有效性系数大于 0.9,同样说明港口物流已经进入良性发展的阶段,港口物流开始成为城市经济发展的"增长极"。

(四)连云港港口物流与城市经济发展的有效性 DEA 实证分析

建立了港口物流-城市经济 DEA 评价模型后,本节以我国江苏连云港港口物流和连云港城市的经济发展现状为例进行实证分析,由于本文只研究连云港港口物流对连云港城市经济发展的有效性,所以只采用纵向评价研究各时期连云港港口物流和城市经济相互发展演变过程中有效性的变化情况,横向评价暂不研究。

1. 实证分析的数据及指标选取

根据港口物流-城市经济关系有效性 DEA 评价模型对输入和输出评价指标进行设定,分别选取港口物流评价指标数据和连云港城市经济评价指标数据。表 7-4 为 2012—2021 年连云港城市经济对港口物流的有效性 DMU 评价指标,表 7-5 为港口物流对连云港城市经济的有效性 DMU 评价指标。

表 7-4 2012—2021 年连云港城市经济对港口物流的有效性 DMU 评价指标

DMU 评价指标	2012	2013	2014	2015	2016	2017	2018	2019	2020	2021
输入										
规模以上工业总产值(亿元)	3 413.38	4 101.08	4 862.74	5 433.14	5 974.81	5 484.19	2 575.42	2 719.93	2 811.25	3 681.23

续表

DMU评价指标	2012	2013	2014	2015	2016	2017	2018	2019	2020	2021
GDP（亿元）	1 618.75	1 829.04	1 987.19	2 305.05	2 536.49	2 784.48	2 923.04	3 125.29	3 277.07	3 727.92
固定资产投资额（亿元）	1 280.88	1 350.12	1 716.57	2 077.35	2 385.16	2 603.63	1 859.28	1 986.39	1 987.77	2 154.77
社会消费品零售总额（亿元）	568.82	647.59	731.03	819.64	920.33	1 023.27	1 104.43	1 162.82	1 104.29	1 203.31
输出										
港口货物吞吐量（万吨）	18 528	20 165	21 008	21 075	22 135	22 841	23 560	24 432	25 169	27 709
港口集装箱吞吐量（万TEU）	502.01	548.77	500.54	500.92	470.33	471.07	474.56	478.11	480.43	503.49

资料来源：《江苏省统计年鉴（2010—2022）》《连云港市统计年鉴（2010—2022）》

表 7-5　港口物流对连云港城市经济的有效性 DMU 评价指标

DMU评价指标	2012	2013	2014	2015	2016	2017	2018	2019	2020	2021
输入										
港口货物吞吐量（万吨）	18 528	20 165	21 008	21 075	22 135	22 841	23 560	24 432	25 169	27 709
港口集装箱吞吐量（万TEU）	502.01	548.77	500.54	500.92	470.33	471.07	474.56	478.11	480.43	503.49
输出										

续表

DMU评价指标	2012	2013	2014	2015	2016	2017	2018	2019	2020	2021
规模以上工业总产值（亿元）	3 413.38	4 101.08	4 862.74	5 433.14	5 974.81	5 484.19	2 575.42	2 719.93	2 811.25	3 681.23
GDP（亿元）	1 618.75	1 829.04	1 987.19	2 305.05	2 536.49	2 784.48	2 923.04	3 125.29	3 277.07	3 727.92
固定资产投资额（亿元）	1 280.88	1 350.12	1 716.57	2 077.35	2 385.16	2 603.63	1 859.28	1 986.39	1 987.77	2 154.77
社会消费品零售总额（亿元）	568.82	647.59	731.03	819.64	920.33	1 023.27	1 104.43	1 162.82	1 104.29	1 203.31

资料来源：《江苏省统计年鉴（2010—2022）》《连云港市统计年鉴（2010—2022）》

2. 模型评价过程和评价结果

本文使用 SPSSAU 软件中专门处理数据包络分析的工具对连云港港口物流-城市经济 DEA 评价模型进行处理，从而解决模型的计算问题。

表 7-6　2012—2021 年连云港城市经济对港口物流的有效性 DMU 评价有效性分析

DMU	技术效益 TE	规模效益 SE(k)	综合效益 OE(θ)	松弛变量 S−	松弛变量 S+	有效性
2012	1.000	1.000	1.000	0.000	0.000	DEA 强有效
2013	1.000	1.000	1.000	0.000	0.000	DEA 强有效
2014	1.000	0.924	0.924	784.475	68.665	非 DEA 有效
2015	0.883	0.905	0.799	667.531	70.100	非 DEA 有效
2016	0.899	0.848	0.762	787.853	129.410	非 DEA 有效
2017	0.885	0.838	0.742	360.218	134.690	非 DEA 有效
2018	1.000	1.000	1.000	0.000	0.000	DEA 强有效
2019	0.997	0.986	0.983	58.411	13.092	非 DEA 有效
2020	1.000	1.000	1.000	0.000	0.000	DEA 强有效
2021	1.000	0.980	0.980	502.747	108.269	非 DEA 有效

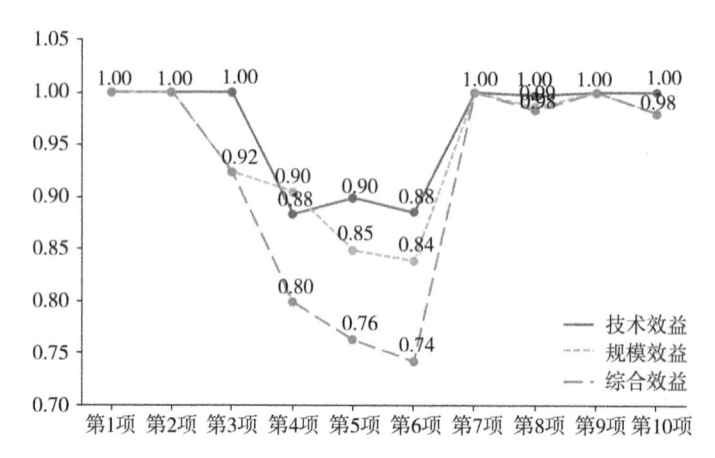

图 7-8　2012—2021 年连云港城市经济对港口物流的有效性 DMU 评价有效性分析

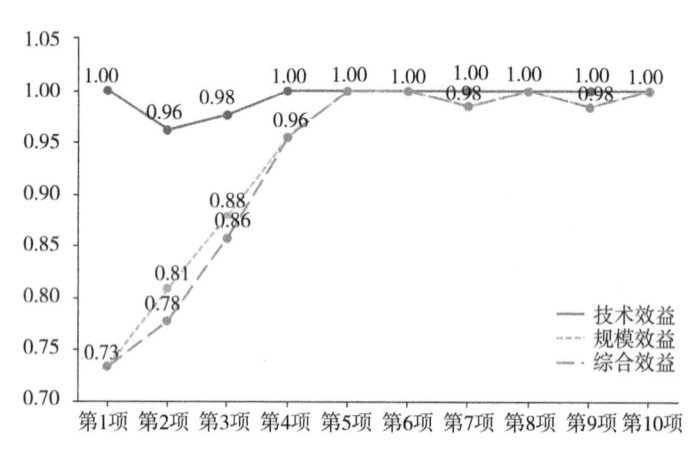

图 7-9　2012—2021 年港口物流对连云港城市经济的有效性 DMU 评价有效性分析

表 7-7　2012—2021 年港口物流对连云港城市经济的有效性 DMU 评价有效性分析

DMU 年份	技术效益 TE	规模效益 SE(k)	综合效益 OE(θ)	松弛变量 S−	松弛变量 S+	有效性
2012	1.000	0.733	0.733	84.721	259.158	非 DEA 有效
2013	0.962	0.808	0.778	96.294	385.509	非 DEA 有效
2014	0.976	0.878	0.858	46.441	319.843	非 DEA 有效
2015	1.000	0.955	0.955	50.727	110.312	非 DEA 有效
2016	1.000	1.000	1.000	0.000	0.000	DEA 强有效
2017	1.000	1.000	1.000	0.000	0.000	DEA 强有效
2018	1.000	0.985	0.985	13.311	80.612	非 DEA 有效

续表

DMU 年份	技术效益 TE	规模效益 SE(k)	综合效益 OE(θ)	松弛变量 S-	松弛变量 S+	有效性
2019	1.000	1.000	1.000	0.000	0.000	DEA强有效
2020	1.000	0.984	0.984	11.102	454.398	非DEA有效
2021	1.000	1.000	1.000	0.000	0.000	DEA强有效

表7-8 连云港港口物流和连云港城市经济纵向有效性评价结果

年份	连云港城市经济对 港口物流有效性系数	是否有效	连云港港口物流对 城市经济有效性系数	是否有效
2012	1.000	有效	0.733	无效
2013	1.000	有效	0.778	无效
2014	0.924	无效	0.858	无效
2015	0.799	无效	0.955	无效
2016	0.762	无效	1.000	有效
2017	0.742	无效	1.000	有效
2018	1.000	有效	0.985	无效
2019	0.983	无效	1.000	有效
2020	1.000	有效	0.984	无效
2021	0.980	无效	1.000	有效

（五）模型评价结果

表7-8清楚地反映了2012—2021年连云港港口物流与连云港城市经济关系有效性结果。以城市经济为输入指标，港口物流为输出指标的DEA有效性结果是：2012—2021年共有4年有效性系数为1，说明这些年份城市经济对港口物流的贡献是有效的，而另外6个年份DEA无效；以港口物流为输入指标，城市经济为输出指标的DEA有效性结果是：2016、2017、2019、2021 4个年份是有效的，而其他6个年份是无效的。根据这些数据，可以得到四种不同类型，如图7-10。

由图7-10可知根据港口物流和城市的有效性关系，可以把十个年份分成四种类别，2016、2017、2019、2021这四个年份城市经济对港口物流有效而港口物流对城市经济无效，2014、2015这两个年份港口物流对城市经济、城市经济对港口物流全为无效，2012、2013、2018、2020这四个年份港口物流对城市经济有效而城市经济对港口物流无效。以城市经济为输入指标，港口物流为输出指

```
                港口物流对
                城市经济有
                效性
                         ┌──────────────┬──────────────┐
                         │ 2012、2013、  │              │
                    有效 │ 2018、2020    │              │
                         │              │              │
                         ├──────────────┼──────────────┤
                         │              │ 2016、2017、  │
                    无效 │ 2014、2015    │ 2019、2021    │
                         │              │              │
                         └──────────────┴──────────────┘
                             无效            有效     城市经济对
                                                      港口物流有
                                                      效性
```

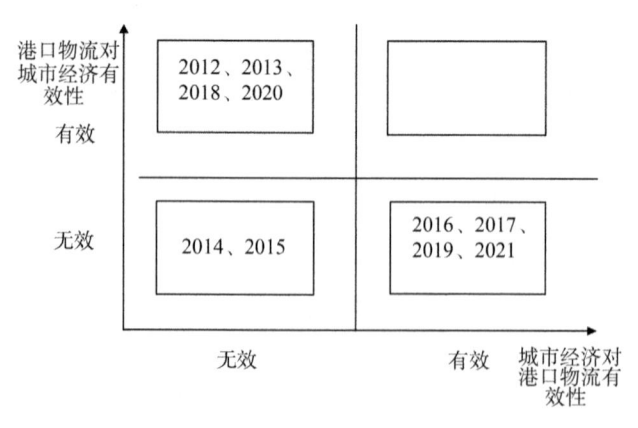

图 7-10　连云港港口物流与城市经济有效性分类

标的 DEA 有效性中 2012、2013、2018、2020 4 个年份有效性系数为 1,说明这些年份城市经济对港口物流的贡献是有效的,连云港城市经济的发展对港口物流发展起到了带动和促进作用,投入产出率较高;而另外 6 个年份 DEA 无效,说明城市经济对港口物流的投入产出率较差,但是这 6 年的有效性系数除 2015、2016、2017 3 个年份外,其余均大于 0.9,说明连云港城市的经济已经进入到良性发展的阶段,进一步加大城市经济对港口物流的投入力度,加大对港口物流基础设施建设的投资,可以促进港口物流保持递增状态,带动港口物流进一步发展。以港口物流为输入指标,城市经济为输出指标的 DEA 有效性结果中,2016、2017、2019、2021 年是有效的,说明这 4 年连云港港口物流对城市经济的贡献是有效的,港口物流的发展拉动了城市经济的发展,对城市经济有促进作用,投入产出率较高;而其他 6 个年份是无效的,即 2012 年(0.733)、2013 年(0.778)、2014 年(0.858)、2015 年(0.955)、2018 年(0.985)、2020(0.984),说明这几年连云港港口物流对城市经济的投入产出率较差,除了 2012、2013、2014 年的有效系数低于 0.9 外,其余 4 年的有效性系数均大于 0.9,表明连云港港口物流也已经进入了良性发展的阶段,港口物流的进一步发展会促进城市经济更好、更快地发展。从总体来看,2012—2021 年间,连云港港口物流与城市经济关系有效的,即以城市经济为输入,以港口物流为输出的 DEA 有效性系数和以港口物流为输入、城市经济为输出的 DEA 有效性系数都严格为 1 的不存在,各年至少有一种投入产出是 DEA 无效而导致整体的无效。但从 2018—2021 各年无效的系数都是在 0.9 和 1 之间来看,也可以认为连云港港口物流与城市经济之间的关系是弱有效的,两者基本上呈现出有效发展的态势,并且发展态势趋好。

"以港兴市",顾名思义就是以港口的发展带动城市的振兴。连云港市因港而得名,依港而兴,港口物流在全市发展大局中占据着十分重要的战略位置。在连云港经济发展优势中,港口优势是最具核心竞争力的优势;在带动区域经济发展的资源中,港口资源是最重要的核心战略资源。可以说,没有港口,连云港市沿海开发就失去重要依托;没有港口,连云港市就难以成为首批沿海开放城市;没有港口,连云港市就难以成为区域经济发展的龙头和引擎;没有港口,连云港市就名不符实。因此,改革开放以后,连云港市十分重视港口的建设与发展,逐步确立并实施了"以港兴市"战略。

如今的连云港港,已经成为大中小泊位配套、内外贸并重、货客运兼顾、运输功能齐全、多式联运发达的综合性国际化港口,并打造出了铁矿石、红土镍矿、机械设备、氧化铝、有色矿、化肥、粮食、胶合板等一批货运品牌,成就了大陆集装箱服务最佳港、大陆桥跨境运输第一港、海铁联运示范港等美誉。同时,港产城联动发展进一步密切,科技创新、绿色发展如火如荼,船用岸电、能源监管、智慧互联、节能环保等一批新技术、新工艺被研发应用,港口具备产业化造船能力,并将启动国内首艘纯电动拖轮建造,进一步引领绿色智慧港口建设。

五、连云港港口物流支持城市经济发展的对策和建议

通过上述分析,可以看出虽然连云港港口物流与城市经济之间总体上呈现有效的发展关系,但这种有效关系并不总是必然存在的。为此,有必要针对连云港港口物流与城市经济如何有效发展提出措施与建议以保持和完善两者之间的有效性。

下一步,连云港港口将深入落实习近平总书记"将连云港—霍尔果斯串联起的新亚欧陆海联运通道打造为'一带一路'合作倡议标杆和示范项目"的重要指示,按照江苏省委、省政府把连云港确立为"一带一路"交汇点的战略支点的要求进行部署,紧扣"国际枢纽港、产业集聚港、综合物流港、高效贸易港"建设,提高港、航、路、园的无缝对接水平,不断开创跨国界、跨行业、多元合作、多式联运的全新物流服务模式,突出枢纽通道,聚焦特色业态,努力打造出亚欧重要国际交通枢纽、开放门户、合作平台的"港口样板"。

(一)港口枢纽经济体系构建

结合国内外相关学者观点及基于港口的相关认识,港口枢纽经济就是充分发挥港口作为综合运输枢纽、生产要素最佳结合点和信息集聚中心的核心优

势,以枢纽设施为基础,在装卸、运输等港口功能的基础上,整合供应链上下游资源,促进物流、航运、金融等关联产业高度集聚,促进港口、产业、城市联动融合发展。港口枢纽经济体系就是基于港口枢纽而集聚形成的综合经济体系。连云港市发展港口枢纽经济,就是要依托独特的港口区位交通和资源条件,利用重大战略实施机遇,围绕港口、产业、城市联动融合发展,加快人流、物流、信息流和资金流等生产要素向临港地区集聚,重点构建四大体系。具体如下:

1. 枢纽设施体系

立足连云港市,放眼全省、中西部乃至中亚地区,重点畅通战略运输通道,提升港口航道能力,强化港口集疏运衔接,构建与连云港市战略地位和区位交通条件相符合、与岸线和水域资源相匹配、与国际航运相对接、与腹地经济和临港产业发展相适应的港口基础设施体系。

2. 枢纽功能体系

以服务双向开放为导向,以服务区域经济产业发展为导向,对标国内外知名港口发展水平,在连云港港传统的货物装卸和集散运输功能的基础上,提升港口枢纽的综合运输服务功能,重点提升国际运输、多式联运、口岸开放等服务水平,构建更具竞争力和影响力的港口枢纽功能体系。

3. 枢纽产业体系

围绕港口主要货种,从全程供应链视角,联动港航产业上下游,延伸集聚相关服务性产业,以现代物流、港航金融、商贸交易、航运服务和邮轮旅游等为重要内容,构建以港航为核心的现代服务产业体系。

4. 综合服务体系

创新港口枢纽经济发展的机制模式,营造宽松、便利的港航市场环境,完善促进港航相关服务产业集聚的资源、资金、政策等支撑,全面构建有利于连云港港口枢纽经济发展的配套管理和服务体系。

(二) 连云港港口枢纽经济发展路径

连云港市发展港口枢纽经济的总体思路是充分发挥连云港港的综合运输枢纽、生产要素最佳结合点和信息集聚中心等核心优势,按照存量整合提升为主、增量补短板为辅的基本方针,以港口枢纽功能为基础,向供应链上下游延伸拓展,促进临港工业、国际贸易、大宗商品交易等产业高度集聚,打造"一核、两区、三带"港口枢纽经济区,统筹推进联动、整合、开放、绿色"四个发展",形成各种要素大集聚、大流通、大交易的枢纽经济体系,推动产业结构升级,提高经济发展质量效益水平,使连云港港与"一带一路"倡议、区域经济社会发展及物流业现代化更好地融合、互促发展。

"一核、两区、三带"是连云港港口枢纽经济发展的具体体现,即:

1. 一核。连云港港口枢纽经济核心区,以连云港区-上合物流园-"一带一路"(连云港)国际商务中心为依托,以国际航运、现代物流为特色,加快要素有机融合和创新发展,具备对接国际市场的航运服务体系,公路、铁路、水路运输无缝衔接的综合联运体系,承载国际贸易、大宗商品交易、保税物流等产业集聚发展,打造成为支撑区域产业升级和高质量发展的枢纽经济增长极。

2. 两区。即徐圩港区、赣榆港区以差异化运输功能和港航生产性服务产业集群为特色打造的两大枢纽经济片区。徐圩枢纽经济片区以徐圩港区和徐圩新区为依托,打造以石油化工、钢铁物流为特色,具备公路、铁路、水路、管路运输无缝衔接的综合性港口物流枢纽经济片区;赣榆枢纽经济片区以赣榆港区和临港产业园区为依托,打造以服务临港工业为主,具备一定区域辐射能力的港口物流枢纽经济片区。

3. 三带。发挥连云港港的辐射带动优势,形成连云港港口枢纽经济支撑和带动区域经济增长的空间载体和重要地带,具体为以新亚欧陆海联运通道为支撑的陆桥经济带、以沿苏北运河-淮河海河联运通道为支撑的沿河经济带和沿海港航物流发展带。

"四个发展"是连云港市培育港口型枢纽经济发展的动力源和重要方向,即:

1. 港口引领,联动发展。依托连云港港,带动港航生产服务性产业要素集聚,促进资本、技术、管理、人才等功能要素集聚,推动港、产、城互动融合,形成港、产、城互济共生的多功能经济体系。

2. 功能集成,整合发展。充分发挥和利用港口、产业、园区、城市等存量资源,坚持集约集成、整合提升的发展思路,聚焦重大基础设施、重要功能平台、重点产业项目等,推进功能提升和转型升级,打造综合集成优势,实现"1+1>2"的效果。

3. 创新推动,开放发展。契合"一带一路"倡议要求,大胆创新、先行先试,探索建立适合连云港港且符合发展规律的发展模式。积极扩大开放合作,坚持"合作、共赢",提升连云港港口枢纽经济的国际影响力和竞争力。

4. 生态优化,绿色发展。坚持生态优先、绿色发展,促进港口枢纽经济体系发展与生态文明相辅相成、相得益彰,促进港航与自然和谐共生,不断提升可持续发展能力,使绿色低碳循环成为连云港港口枢纽经济发展的突出标志。

（三）打造连云港港口枢纽经济样板

按照上述发展路径，连云港港口枢纽经济的实施重点是以整合提升枢纽设施功能为基础，以建立枢纽经济产业体系为重点，以大力推进枢纽设施、枢纽产业和城市功能融合发展为支撑，聚焦五大样板引领带动发展。

1. 打造"一带一路"交通标杆示范样板——重点建设新亚欧陆海联运通道

我国提出尽快将连云港、霍尔果斯串联起的新亚欧陆海联运通道打造成为"一带一路"合作倡议的标杆和示范项目。交通强国江苏方案将"打造'一带一路'的交通标杆示范项目样板"列为交通强国江苏十大样板之首。发挥连云港港口型国家物流枢纽的要素集聚和辐射带动优势，重点建设新亚欧陆海联通通道，打造成为"一带一路"交通标杆和示范样板，辐射带动陆桥沿线区域产业规模化发展，以连云港港为支点加快陆桥经济带发展。主要工作有：

（1）持续加快连云港港区域性国际枢纽港建设，重点加快30万吨级航道二期及大型专业化泊位建设，加快集装箱干线港建设，推进以多式联运综合管理为代表的示范工程建设；

（2）提升亚欧跨境运输物流服务水平，稳步推进中欧班列发展，打造全国知名的中欧班列品牌，优化西安等地的8个内陆无水港布局，有序推进阿拉木图、阿克套等地沿线物流合作；

（3）建设中哈散粮筒仓项目，推动中哈物流合作基地和霍尔果斯（东门）场站的提质增效。

2. 打造苏北运河-淮河流域运输结构调整样板——重点建设海河联运体系

国务院办公厅印发《推进运输结构调整三年行动计划（2018—2020年）》，明确要求以长三角为主战场，推进大宗货物运输"公转铁、公转水"，并要求推动大宗货物集疏港运输向铁路和水路转移。连云港港传统核心腹地内河航运资源得天独厚，应发挥港口型国家物流枢纽优势，构建海河联运体系，将连云港港打造成为淮河、苏北运河流域最为经济便捷的出海口，促进区域公路运输向水路运输转移，以连云港港为支点加快沿河经济带发展。主要工作有：

（1）加快徐宿连航道规划建设，打通连云港至宿迁、徐州的便捷内河水运通道；

（2）加快推进淮河航道整治和疏浚工程建设，依据《淮河生态经济带发展规划》，提升航道等级，打通淮河出海通道；

（3）大力发展集装箱海河联运，依托连申线航道、徐宿连航道、盐河航道，构建覆盖苏、鲁、皖、豫4省的内河集装箱海河联运网络,打造集装箱海河联运示范项目。

3. 打造综合物流集聚区样板——重点推进上合物流园建设

2015年12月,李克强总理在主持上海合作组织(以下简称"上合组织")成员国总理第十四次会议时提出,上合组织重点打造六大合作平台,其中在加快建设互联互通合作平台中明确提出在连云港建设国际物流园。2016年江苏省政府出台《关于支持上合组织(连云港)国际物流园和中哈物流基地建设发展的意见》,从省级层面为园区发展提供政策支撑。上合物流园作为连云港港口型国家物流枢纽的核心区组成部分,在东西双向开放与贸易合作中有着不可替代的地位和作用,打造综合物流集聚区,提升服务能力势在必行。主要工作有:

(1) 整合提升一批物流设施,重点优化整合公路港、内河港、铁路装卸场站等设施功能,强化与港口的功能联动、业务协同、信息共享,打造一体化运作的公铁水联运平台;

(2) 加快中亚-环太平洋商贸物流集散中心建设,以大宗散货交易中心建设为重点,加强与"一带一路"沿线国家物流、商贸、产业合作,培育多式联运全程物流运营商,打造中亚-环太平洋沿岸国家和地区之间的集散中转、分拨配送、商贸金融、展示服务基地;

(3) 加快上合组织成员国的国际物流合作基地建设,放大中和物流合作示范效应,加快构建服务上合组织成员国的跨国供应链枢纽,建设共享共用的国际物流合作平台,打造上合组织共用出海口的物流仓储基地、综合物流服务基地、产业合作发展基地;

(4) 加快现代物流业创新发展的试验示范园区建设,完善园区综合服务功能,提升运营管理水平,加快服务模式和管理模式创新,探索国际物流合作机制,打造集约化程度高、辐射带动能力强的示范物流园区。

4. 打造港产园联动发展样板——重点推进徐圩港产园联动发展

2011年6月,国家发展和改革委员会印发《国家东中西区域合作示范区建设总体方案》,提出在连云港市设立东中西区域合作示范区,将徐圩新区定位为产业合作功能区。2017年7月,江苏省政府批复《关于同意连云港石化产业基地总体发展规划》,在徐圩新区规划建设多产品链、多产品集群的大型炼化一体化基地,带动长三角、江苏沿海地区和新亚欧大陆桥沿线区域相关产业及经济发展。连云港港口型国家物流枢纽建设应充分发挥徐圩港口、园区的资源优势,优先推进临港产业集聚,打造港产园联动发展的样板。主要工作有:

(1) 加快国家东中西区域合作示范区建设,放大东西双向开放功能,招引中亚五国设立商务机构,深化与日、韩、美、澳及东南亚地区的投资贸易合作,注重承接有技术、有品牌、有市场的国际国内知名公司落户,鼓励在示范区设立地区总部、研发机构、采购中心和产业基地,并向中西部地区拓展分支机构;

(2) 加快推进徐圩新区石化产业基地建设,大力推进盛虹炼化一体化、东华能源烷烃资源深加工基地和新材料项目、中化连云港循环经济产业园项目等一批重点产业项目,高标准打造千亿级石化产业基地。

5. 打造现代航运服务发展样板——重点推进连云港国际航运服务集聚区建设

2014年,国家发布《国务院关于促进海运业健康发展的若干意见》《关于加快现代航运服务业发展的意见》,明确要求大力发展高端航运产业。连云港港口型国家物流枢纽建设要求进一步发挥港口枢纽优势,大力推进现代航运服务产业发展,为提升区域经济发展质量和效益水平提供重要支撑。主要工作有:

(1) 推动国际航运中心功能转型升级,聚力打造货运交易、船舶交易、人才市场和航运信息等航运服务平台;

(2) 打造"一带一路"国际商务中心,面向"一带一路"沿线国家和地区,建设区内带动、区外辐射、具有良好国际影响力的高水平区域性国际商务集聚区和示范区,加快商务中心基础设施建设,推动公共服务平台建设,加强专业人才队伍建设和招商引资力度,培育塑造港口商务服务品牌;

(3) 打造区域性船用保税油供应中心,加强与浙江舟山保税燃料油供应中心联动合作,着力打造价格优势,提高服务水平,改善国际船舶所有人加油体验,优化保税油市场环境。

第二节　江苏射阳港发展对策建议报告

一、射阳港简介

射阳港,隶属于江苏射阳港经济开发区,拥有7.3万公顷滩涂,2 090平方千米海域。背倚苏、鲁、皖,经济腹地辽阔。近年来,射阳港瞄准深水大港建设目标,实施筑导堤、疏航道、建码头等系列工程,完成投入近25亿元,实现3.5万吨级通航能力。

（一）码头泊位

2013年10月建成2个万吨级泊位；2016年2月开工建设通用码头三期工程，建设2个3.5万吨通用码头泊位，水工部分兼靠5万吨级散货船。建成总长近16千米南北导堤，疏浚深水航道7.2千米，水深8米，实现万吨级全天候、3.5万吨级乘潮通航能力，码头总长780米，宽34米，总面积26 520平方米，配置10台多用途门坐式起重机。工程设计年通过能力425万吨，其中钢材30万吨、石材60万吨、散粮30万吨、煤炭195万吨、集装箱3万TEU以及其他件杂货75万吨。

（二）陆域堆场

万吨级泊位后方18万平方米陆域堆场建成使用，3.5万吨泊位后方陆域堆场东西宽度约440米，南北纵深约523.5米，总占地面积约23万平方米，布置有集装箱堆场3个、石材钢材堆场6个、煤炭堆场4个、件杂货堆场2个；今年11月底全部竣工并交付使用。5万吨级码头后方陆域堆场95.733公顷已吹填成陆。

（三）现代物流园区

规划射阳港现代物流园区333.3公顷，已开工建设河海物流园项目，正在办理总投资约6 600万元的"一纵一横"道路相关手续。总投资1.1亿元、高12层的联检综合大楼工程已开工建设。

二、射阳港优势分析

（一）优越的地理位置

射阳港是江苏沿海重要出海通道之一。早在1919年，孙中山先生在《建国方略》中就提出要将射阳港建成深水良港；1978年江苏省人民政府批准建港；1994年获批为国家二类对外开放口岸，2017年3月获批国家一类临时开放口岸。射阳港地处射阳河和黄沙河入海口的交汇处，形成的天然港湾，具备良好的避风条件。同时，港口离射阳县城19千米，是盐城沿海五县（市）中离县城最近的港口；距国家级中心渔港黄沙港不到7千米，有利于港城联动、商港和渔港联动。泊稳条件优良，港口航道由两条导堤延伸形成，全年作业日可达300多天。码头货场丰富，万吨级码头与后方上万顷货场无缝对接，减少短驳成本和通关时间。

(二) 健康的生态环境

射阳港经济区百万公顷海涂是太平洋西岸面积最大、原始生态保持最好的湿地,已经建成国际标准的18洞高尔夫球场、万公顷生态林场,正在建设射阳湾国际精品小镇,即将建设世界级的大型湿地公园和中国地理南北分界线东部起点标志园(现已建成)。这些景观建成后,和周边的世界珍禽丹顶鹤自然保护区、4A级景区百年古刹息心寺、百里菊乡等景观连成一体,将成为独具魅力的海滨生态健康休闲旅游目的地之一。

(三) 完善的生活配套

总投资2亿元人民币的220 KV兴阳变电所已投运,为射阳沿海提供充足的电力资源。北区新港污水处理厂一期工程日处理能力1.5万吨,已建成投运;南区一期工程日处理5 000吨污水处理厂2016年12月份已建成投运。采集射阳河优质水源的射阳县洁源地面水厂,日供水能力2万吨;总投资3 000万元、总里程15千米的引淡水工程已通到园区。射阳港发电厂三期工程配套供热,满足园区企业供热需求。已建成具备交换、传输、通讯、数据、移动电话、邮政等功能的通信网络系统,固定电话承载力为12万门。射阳湾绿色生态小镇,采用简欧风格、突现水绿景观、展示海城风味、规划占地面积3平方千米,其中核心启动区1平方千米,主要建设绿色加速器、"一关三检"、医院、学校、旅游服务中心等项目,起到服务港口、配套园区、策应新城的功能。

(四) 便捷的集运网络

1. 海运方面

射阳港开辟了多条国际、国内航线,现已开通了近洋国际航线、连云港—射阳港—上海港和射阳港—连云港—青岛港集装箱运输支线,经射阳中转的货物可运抵世界各大港口。港口北距连云港80海里,南距上海港280海里,东距韩国木浦港300海里、釜山港380海里、日本长崎港460海里,是我国距离韩国、日本最近的港口之一。

2. 河运方面

射阳港内联径流密布的里下河水系,射阳河、黄沙河等重要河流在此入海。经境内的射阳河等水系可与通榆运河、京杭大运河相连,形成南达长江、北抵京津、辐射江淮的水陆联运、河海联运的水系运输网。

(3) 公路方面

射阳港经济开发区已全面融入上海1.5小时经济圈。射阳港疏港高速公路距G15沈海高速射阳出口25千米,S29宁靖盐高速在射阳境内与G15沈海高速汇通。距北起烟台南至上海的204国道45千米。北起青岛、南至宁波的临海高等级公路纵贯园区。省道S329、疏港大道横贯东西,直抵港区(见图7-1)。

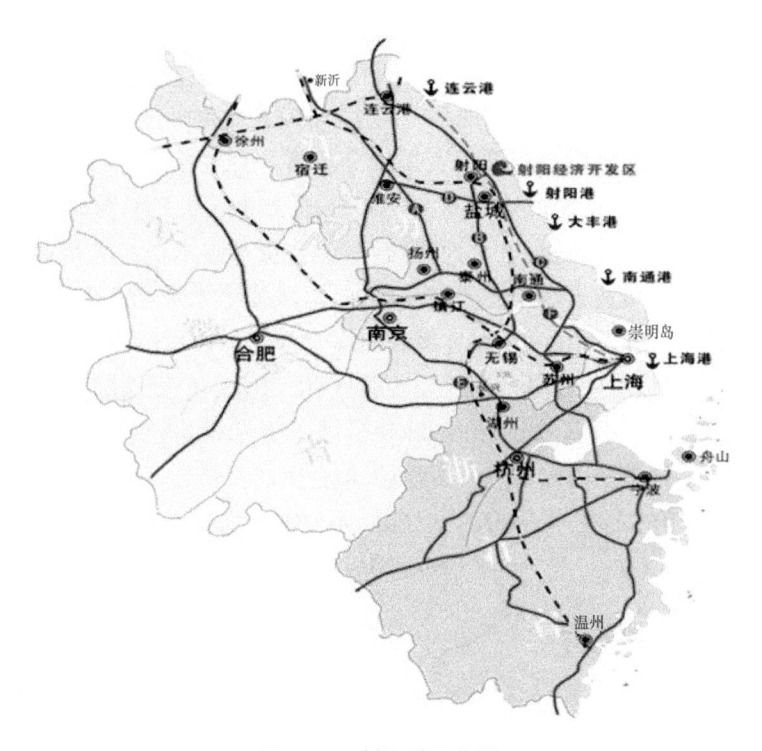

图7-11 射阳港区位图

(4) 铁路方面

距新长铁路盐城站50千米,已开通国内多方向客货运列车。在建的盐连铁路纵贯射阳58千米,县境内设有客、货运站,规划中的射阳港铁路支线直通园区。"十三五"期间,规划开工建设的盐城至南通段高铁将补上沿海快速铁路蓝图的最后一笔,盐泰锡常宜铁路将成为贯穿江苏南北的中轴线,并南接浙江等地。

(5) 航空方面

距空港一类开放口岸——盐城南洋国际机场仅30分钟车程,已开通北京、中国香港、中国台湾、广州、韩国首尔等多个国内国际航线。距连云港白塔埠机场和淮安涟水机场仅1小时车程,3小时车程范围内还分布多个国内国际机场。射阳通用机场已通过民航华东地区管理局选址审查,于 2016 年初开工建设,建成后主要用于飞机制造、组装维修、抢险救护、海事救援、气象探测、飞行培训、观光旅游、航空物流等,配套建设 4 平方千米航空产业园区,力争到"十三五"期末,形成百亿规模的航空产业,建成全省通航飞行基地和航空产业基地。

(五) 蓬勃的有机农业

射阳港经济区拥有 300 平方千米国有土地、80 千米海岸线,每年还向大海淤长陆地 333.3 公顷。工业用地数千公顷,地势平坦成片。东临黄海,射阳河、苏北灌溉总渠贯穿全境,海、淡水资源十分丰富。全年日照时长 2 000 小时左右,风力平均有效功率密度达 110 至 140 瓦/平方米,风、光能源充足。农业用地总面积 1.8 万公顷,占全区总面积的 60%,主要从事水产养殖和水稻与棉花的种植。水产养殖业先后创建了兴港牌、向阳滩牌等无公害农产品品牌,获批为省级农业综合开发示范单位、省级农业综合开发科技示范园区、省无公害农产品产地、国家级农业综合开发科技实验区、国家级水产健康示范场。新海堤以外的河蟹土池育苗基地已形成 2000 公顷以上规模,占据全国市场份额的 60% 以上。射阳是全国棉花生产百强县、粮食生产百强县、水产百强县、中国蒜薹之乡、中国药材之乡、全国果蔬十强县、无公害水果基地县,农副产品资源十分丰富。

(六) 绿色的新兴产业

正在建设健康产业园、新型建材产业园、新能源及其装备产业园和射阳港物流园四大园区。健康产业园一期规划面积 5.6 平方千米,世界 500 强企业新加坡丰益国际、上市公司新希望六和等一批知名企业落户投资,大型民企辽宁辉山乳业集团正在建设乳业全产业链项目。新型建材产业园一期规划面积 3 平方千米,引进恒峰石业、钱江石材市场、精品石材展示馆等项目 22 家,石材产业呈现链式发展良好态势,正在打造华东地区最大石材产业基地。新能源及其装备产业园一期规划面积 6.6 平方千米,中节能、中广核、国华等央企投资的风力发电项目已经投产,华锐风电装运码头工程复工建设。获批江苏省装备制造业新特产业基地。国际前三国内第一的远景能源智能风机提供商成功落户,初步形成新能源装备产业集群。射阳港物流园规划面积 3.5 平方千米,分为大宗商品仓储交易区、建材仓储贸易区、集装箱物流区、保税物流区、农产品加工配送区以及商务贸易配套服务区等六大功能区,即将开工联检综合楼等配套工程建设。

随着江苏沿海开发战略、长三角一体化发展战略和"一带一路"倡议深入实施,射阳沿海迎来了新一轮大开发、大发展的高潮。射阳作为江苏和中国沿海的中心,是连贯海陆、承接南北的枢纽型县份,自然资源丰富,交通、电力等基础设施完备,拥有良好的经济与社会发展的基础和发展前景。射阳港经济开发区已成为射阳经济发展的主力军、主战场、主阵地,致力于建设中国东部沿海多向开放合作的经济新区、长三角北翼多港联动的新型智慧港、长三角城市群近海亲水的新兴魅力港城、江苏沿海临港型绿色制造产业基地、面向东北亚的国际化生态休闲旅游胜地。

三、射阳港存在问题分析

(一)建港条件不足,大型船舶通航困难

射阳河在历史上曾是一条良好的出海通道,曾有 5 000 吨的海轮自上海直达射阳并沿河上溯至 150 千米的阜宁。但 1956 年射阳河挡潮闸建成后,闸下约 15 千米的河道演变剧烈,在河口形成了拦门沙,造成航道通过能力有限。航道淤积泥沙主要来自射阳河开闸水流挟带的上游河段泥沙和潮流带来的外海泥沙。当上游无径流下泄时,涨潮含沙量大于落潮含沙量;当上游有径流下泄时,涨潮含沙量小于落潮含沙量,造成射阳海域海床不稳定,近海水深较浅,深水区离岸较远,无法停靠大型船舶,射阳港现在几乎没有多余的深水岸线可供再建新的泊位,更为困难的是距离射阳港海岸 2.5 千米向外,一道近 3 千米宽的拦门沙横亘在航槽上。自然条件的不足导致射阳港难以接纳大型船舶,小型船舶也只能在涨潮时通行。2016 年,射阳港花费过亿元疏浚航道 12 千米,清淤 700 万立方米(单价 15 元/立方米),但效果并不理想;射阳港 3.5 万吨级进港航道疏浚工程于 2016 年 9 月完工,水深为 -10.5 米到 -11.3 米。2017 年 4 月份到 7 月份正常水深仍保持在 -8 米,少部分浅点为 -6.9 米,从 2017 年 8 月份开始航道及港池回淤突然开始加剧,截至 11 月底航道水深只有 -4.5 米,最浅点为 -3.9 米。

(二)资金财力有限,港口基础设施薄弱

港口是基础设施,具有很强的公共产品属性,而且不管是经营性港口设施,如港口机械,港口仓库、堆场,还是港口公共基础设施,如码头平台、水下护坡、港池、航道、锚地等都需要大量投资。射阳港区是盐城港"一港四区"之一,光靠射阳县的财力无法支撑港口建设。

（三）辐射能力不强，港口运输货种单调

港口的发展离不开货源，没有货就不需要港。由于射阳县企业多为中小企业，物资的输入输出量较少，中小企业更喜欢选择灵活性高的公路运输，而且射阳港口附近有很多港口，与射阳港直接形成竞争关系，导致射阳港的货源更少。散货运输主要包括：煤炭，粮食，黄沙，石子等矿建材料运输；件杂货运输主要包括：袋装粮食、饲料、化肥、建材、石料、钢材等货类。电厂煤炭目前采用的运输方案是：从秦皇岛等港用3万~5万吨船运至射阳港口外锚地，并过驳至2 000~3 000吨小船运至电厂码头装卸。该方案的优点在于3万~5万吨船的运输成本较低且适合煤炭运出港的要求。缺点在于外海过驳作业存在安全风险。矿建材料和化工原料及制品是其他货物最主要的组成部分，主要服务于射阳县城市建设和临港工业，对周边地区的辐射力度相对较弱。

（四）港口功能单一，临港工业发展滞后

长期以来，装卸运输作业一直是射阳港区发展的唯一主线，受多种因素的制约，港口在临港工业、物流、信息等领域的现代化服务功能还没有得到拓展。射阳县"两区一地"建设虽取得一定成效，但受港口功能和发展水平的限制，总体上没有形成规模化的临港产业，港口相关产业发育不足。港口功能的过于单一使得射阳港区临港丰富的岸线及土地资源优势得不到发挥，全县经济、产业结构中"港口经济"成分偏低，从而影响了全县经济的整体水平。

（五）品牌彰显不够，缺乏高端人才支撑

射阳港口的业务主要包括经营业务、物流业务、装卸和海运业务这四种类型。商务科和安全科是射阳港最重要的两个部门。发展离不开人才，射阳港急需的关键人才包括：揽货人才（货代）、安全生产专业人才和港口科技人才。射阳港为使5万吨集装箱码头的顺利投产，港口运营公司16年招聘了20多名集装箱专业人才，后续将再招聘30名，力争将集装箱专业人才储备达到60名。在江苏沿海港口经济飞速发展的过程中，港口的绿色化、多功能化、智慧化建设是大势所趋，需要大批高端的科技人才和技能人才作为港口建设发展的支撑。但射阳港规模小、专业化、集约化水平低和港口腹地临港产业尚未形成成熟产业链的现状，使得真正的科技人才、高技能人才、高学历人才很难被引进，而且员工在港口驻留的时间很短，离职现象时有发生，港口所在地方规模大小、个人发展前景远近和岗位工资高低是影响的主要原因。

（六）航道资源占用，缺少顶层设计方案

射阳县政府认识到港口对城市发展的重要性，支持港口经济发展，重视港口生产指标。射阳港以国有企业为主，由于以前的政企合一思维尚未完全转变，所以射阳港口企业有时从政府角度出发，认为自己所做的工作就是政府所要求做的。射阳港在历史上曾经是个渔港，临近的黄沙港是重要的国家中心渔港。由于地理原因，黄沙港的渔船与进出射阳港的货船在射阳港的航道资源上竞争激烈，这对射阳港的航道安全造成了极大的隐患，使得射阳港的航道安全问题更为突出。迄今为止，尚未出现强大的外部力量进行顶层设计，去解决这个涉及政府、行业主管部门、海事部门、港口企业等几方的航道安全管理问题。

基于以上原因，射阳港广阔的沿海滩涂、盐田尚未得到充分合理规划、整合利用，港口功能特色不够鲜明，与开发较早的沿海港口相比，射阳港临港产业发展未形成系统化，层次不高。加上高端人才匮乏，科技创新能力不足，缺乏龙头企业的引领，带动力和支撑力不够。虽然已经建立了港口经济开发区，但管理体系不够明晰，缺少顶层设计，致使配套设施不够完善，现代物流、金融服务等第三产业发展滞后，自主品牌市场影响力不够，没有形成集群规模，导致经济整体发展受到牵制，相关产业链联系不够紧密，向腹地传递能力相对薄弱，还不能带动射阳县整个产业链条发展。

四、射阳港发展定位建议

射阳港功能定位应能满足下列要求：符合国家与江苏沿海港口布局规划、长江三角洲运输系统规划；能够体现科学发展观和现代港口发展理念；能够突出射阳港特色；能够坚持统筹发展、妥善协调港城间的关系；能够优化和整合资源配置，最大限度地利用好港口资源，促进港口向集约化、规模化发展。致力将射阳港打造为江苏沿海中部独具特色的重要产业港、开放港、绿色港、智慧港，奋力实现射阳经济的高速发展。

（一）立足产业港建设，是射阳港生存之本

港口为企业提供了便捷的运输条件，大大降低了物流成本，从而增强企业的市场竞争力，有利于企业的发展；临港产业又为港口提供了稳定的货源，对港口起到重要的支撑作用。以射阳港电厂为例，目前的煤炭及粉煤灰的运量每年约 300 万吨、第三台 66 万千瓦机组投产后将达到 450 万吨、四期工程上马后将

达到1 000万吨,为射阳港提供了强大和稳定的货源支撑。同时射阳港又为电厂节省了运输成本。加大招商引资力度,大力发展临港产业更是发展地方经济的应有之义。因此,将射阳港定位为产业港具有重要意义,也是射阳港生存发展之本。

(二)聚力开放港建设,是射阳港发展之基

2017年3月,交通运输部批复同意盐城港射阳港区2个万吨级通用码头泊位临时进出国际航行船舶。至此,射阳港区首次开通一类开放口岸。这也是2016年12月份海关总署《国家口岸发展"十三五"规划》公布以来,首个获批的口岸。射阳县委、县政府积极抢抓"一带一路"和江苏沿海开发两大国家战略机遇,全力加快射阳港基础设施建设,努力将港口打造成射阳县对外开放的"桥头堡"、拉动经济发展的"新引擎"。射阳县重大产业项目和外向型经济快速发展,迫切需要开放口岸的支撑。射阳港临时开放口岸获批后,港口对外开放度将显著提升,外国籍船舶即可直达射阳港,有效降低运输成本,提高企业经济效益和竞争力,为石材产业园、益海粮油、海越麦芽等一大批重点企业提供强劲支撑。

(三)重视绿色港建设,是射阳港持续之道

随着港口的快速建设发展及货物贸易量的不断增加,港口生产建设对海洋、陆域的环境影响日益突显,如水体污染、空气污染、噪声以及固体废物污染等。因此,创建节约资源、保护环境、生态和谐、清洁文明的绿色港区,实现高效节能、低碳环保、可持续发展的新兴港口发展模式成为推动港口经济发展的前提。射阳港新能源及装备产业园以新能源产业、装备制造业为产业定位,着力打造三位一体(风电装备产业区、光伏产业区、重型机械与装备制造区)示范产业园,规划到2020年,打造成"中国东部沿海清洁能源区风光产业带""江苏沿海最大的风光互补型新能源及其装备制造基地"。健康产业园根据国家健康产业重点发展方向,结合射阳县现有健康产业基础和资源禀赋,按照"差异化、高端化、集聚化"的要求,形成以健康食品产业为特色,融合制造业、服务业两大行业,构建加工制造、冷链物流、工业旅游三大核心产业,5年形成400亿元产值的国家级健康产业特色基地。

(四)推进智慧港建设,是射阳港提档之策

港口在已有信息化建设成果的基础上,通过智慧港口建设来全面提升港口物流服务的供给质量、供给效率,提高企业品牌效应和核心竞争力,是港口企业

发展方向的明智选择,也是中小港口赶超国内外先进水平,向现代化港口发展的必由之路。射阳港现代物流产业园着力构建"园区＋互联网＋金融"为一体的物流园区生态体系,充分利用港口优势,结合当地市场需求、产业基础和交通基础设施网络,以供应链管理和信息化为支撑,以多式联运、区港联动为特色,以专业市场展示为交易亮点,以大宗商品贸易为提升,搭建大宗商品电子交易平台、物流信息平台、供应链管理中心,实现"信息流＋资金流＋商流＋物流"四流合一,打造立足江苏、面向全国、辐射东北亚,具有重要影响的集信息、交易、物流、金融等服务为一体的基地,成为设施齐全、布局合理、功能完善、服务高效的综合性现代物流园区(见图7-2)。

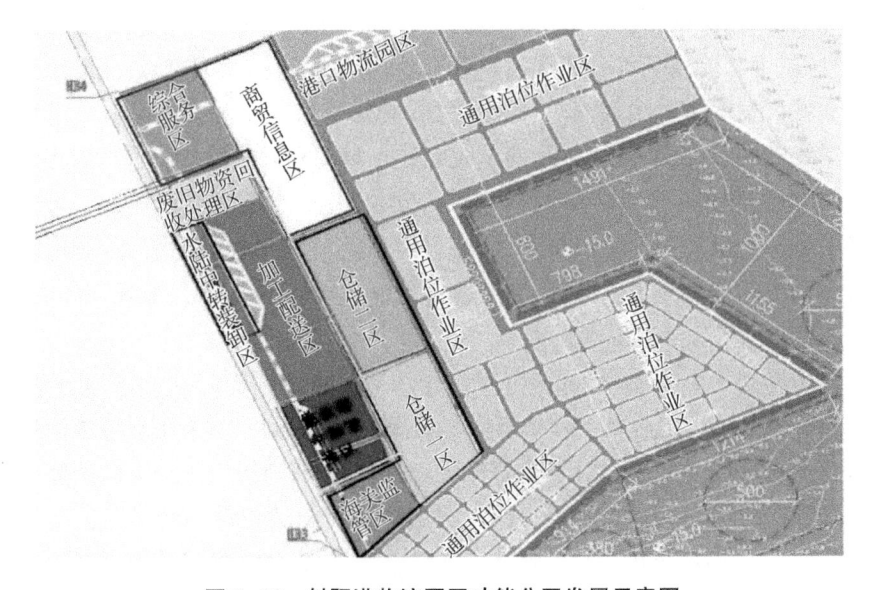

图7-12 射阳港物流园区功能分区发展示意图

五、解决射阳港存在问题的对策与建议

(一)关于岸线资源的开发运用

1. 强化规划,统筹运用策略

2016年国家出台《长江经济带发展规划纲要》形成了"生态优先、流域互动、集约发展"的思路,提出了"一轴、两翼、三极、多点"的格局,是推动长江经济带发展重大国家战略的纲领性文件。《淮河生态经济带发展战略规划研究报告》提出要建设国家第三条出海黄金水道,通过构建淮河经济带,统筹规划淮河

干线航道及重要支流航道的整治工程,疏通淮河直接入海航道,将淮河打造成一条惠及整个流域的黄金水道,带动整个流域经济融入全球航运体系与供应链。射阳港是实现淮河流域河海联动的重要枢纽,战略地位显著。2017年,江苏省先后出台《江苏省"十三五"沿海发展规划》《江苏省港口"十三五"发展规划》分阶段地、多方位地、统筹兼顾地推动江苏沿海发展。与此同时,为了促进港口企业集聚、产业多样化建设,盐城市也出台《盐城港"十三五"发展规划》《射阳港"十三五"发展规划》。国家、省、市各级政策的出台为射阳港的发展创造了良好的政策环境。

适应性策略——港口岸线规划应服从本地区经济和社会发展的总体战略、总目标,满足经济社会发展对港口的需求。协调性策略——岸线规划与海洋功能区划、城市总体规划等有关规划相协调,以港口深水岸线为重点,充分考虑各行业和城市发展对岸线的需求,综合平衡,统筹安排。备选性策略——港口开发对岸线资源条件要求较高,宜港岸线应优先满足港口建设的需要。合理性策略——岸线利用应坚持深水深用,力求充分利用岸线,避免重复建设。可持续发展策略——岸线规划应从长计议,充分考虑港口未来发展的需要,对规划期内暂不利用的岸线应予以保护,做到远近结合,以保证港口可持续发展的需求。

2. 改变思路,建成深水良港

射阳港是淤泥质海岸上的河口港,采用双导堤治理拦门沙,对于充分利用射阳河和老射阳河的丰富的岸线资源是必要的、正确的。但采用双导堤治理的航道,一般等级比较低,对射阳港而言,很难达到5万吨级以上。这就需要突破传统思维,突破以前不切实际的规划,努力探索射阳港建设的新思路。射阳港如何兴建5万吨级以上码头和航道?重新选址,从头建设显然是不必要的和不经济的。天津港也是河口港,刚开始码头建在海河两岸,同样是遇到水深和淤积问题,后来的深水码头和航道都建在海河口以外。天津港的发展经验值得射阳港借鉴。从射阳港实际出发,可以考虑将深水码头建在北导堤的延长段,利用已建部分作为通道。在设计航道工程时考虑深水码头的规划与布局,这样可以大大提高航道等级、缩短深水航道的长度、减少航道的疏浚维护工作。近期内,将射阳港建成5万吨级以上深水大港是可行的。但这需要巨额资金投入且效益产出周期长,投资和招商难度大是射阳港发展过程中最大的瓶颈,因此地方各级政府除加大自身投入和支持力度外,还必须在大项目引进和投融资渠道方面寻求突破,争取得到国家在能源、石化、电力等产业布局上的产业引导和政策扶持。

3. 主动作为,解决货源问题

随着射阳港区的快速发展,化工、电力、粮油、建材等产业纷纷向港口集聚。港口后方未开发的荒滩,已成为各大项目投资开发的热土,依托港口的临港工业区、化工集中区、电厂等或已形成一定规模或正开展前期工作,港口对地方经济和产业发展的拉动作用日益显现。从分货类吞吐量上来看,以前,射阳港进出的货物主要为煤炭和矿建材料等大宗散货,功能相对单一。进一步加大市场调研和货源组织力度,重点拓展石材、粮食、煤炭、木材、钢材等附加值较高的货种,积极开展外贸货运业务,开通集装箱内支线,努力实现港口经营质效提升,这种少批量、多批次的货种可简化物流业务流程,提高作业效率,降低综合物流成本,从而使港口为腹地经济产业服务的功能得到拓展。力争全年完成货物吞吐量1 600万吨,其中外贸吞吐量50万吨以上,集装箱6 000标箱。积极推进与国内、国际船代、货代、港口以及大型港企的内外贸合作,逐步开通至日本、韩国、东南亚地区等的国际航线,建立国际物流运输海上通道。

港口经营也是一个营销的过程,港口企业只有不断推销自己,不断优化自身,吸引更多的客户和货源,才能维持自身的健康发展,因此,做好物流服务也是优化港口运营结构的有效途径。港口物流服务改革创新的重点:一是按一体化运营思路,改变现有管理服务方式,由组货、代理、运输、仓储堆存、装卸等环节各自为政、分头对外,变为"一条龙"服务,所有物流服务由港口物流公司统一承担,向客户提供整体物流解决方案;二是有效整合港口内部和社会物流资源,简化业务流程,提高作业效率,降低综合物流成本;三是按照现代物流标准,对现有服务设施进行改造,提高物流设施、设备技术水平;四是以信息化为龙头,改造企业现有业务网络、信息网络,实现与客户在信息资源上的共享。按此种模式进行的工作基本属于港口内部事务,不需要大的投资,对江苏射阳港而言,简单易行,具有较强的可操作性。

4. 统一管理,解决乱占问题

射阳港适合最新规划建港的岸线为41 km,开发利用的港口岸线仅为1.78 km,且布局分散,开发利用率和集中度都相对较低。在已利用的港口岸线中存在许多问题,如射阳河沿线的渔船占道、一些企业乱圈、乱占岸线,一些建材码头未按审批程序使用,部分港口岸线的陆域部分被工业或企业挤占。因此迫切需要健全政府港口管理机构,尽快行使《中华人民共和国港口法》赋予的各项管理职能,成立港口调度中心,加强对港口资源的控制和管理,加强建设项目的审批和管理工作,通过制订明确海岸线开发的统一规划,形成对港口岸线的有效保护和合理利用。

在射阳港下放到地方管理后,要积极推进港口行业政企分开、政资分开、政事分开和政府与行业组织的分开。转变射阳县政府职能,要变错位为正位,变缺位为到位,变越位为退位。使直接过多干预港口微观经济活动的局面得到根本改观,从而提高港口整体综合实力和企业竞争力。在射阳港行政管理机构设置上,要按精简、统一、效能的原则,建立精简层级、决策科学,合理分工、执行畅通,运转高效、监督有力的港口行政管理体系。对港口市场秩序与市场运行进行平等、公正地监管,保障港口安全和加强环境保护,在具有客观条件、共同意愿、得到公众认可的相邻港口,可打破行政区划,通过地方立法,推行组织体制创新,扩大管理半径,实行集群管理。因地制宜地建立由决策、执行、监督、反馈、协调等环节构成的回路体系,设定权责明确的重大公共决策和协调的联合机构和具体执行、监督、反馈的行政管理机构。

(二)关于港城一体化发展

1. 突破行政区划,统筹规划利用沿海港口群和临港产业资源

在射阳沿海开发过程中,应努力运用市场手段和行政措施,集约利用和合理配置射阳沿海的优质资源,切实将港口发展同临港产业、特色工业园区、港城的发展有机结合,不断通过港口的壮大,有力发展临港产业和需要海陆联运的产业。在保持工业投资较快增长的同时,推进产业结构升级转型,加快新型工业化进程。通过规划控制、政策引导、审批把关等手段,重点培植机械、能源、农产品加工三大优势产业,着力提升纺织、造纸两大传统产业。针对机械产业,积极引进华电集团、振华港机、日本三菱丽阳等知名企业,推进筑宝机械、奥泰重工、华锐风电整机装备等重大项目建设。农产品加工产业方面,农垦麦芽公司加快挂大靠强,新上啤酒生产线;益海粮油二期建成投产,新上小包装精炼油、米糠油及谷壳发电等项目;捷康三氯蔗糖二期投产达效,建成国内最大的三氯蔗糖生产基地。纺织产业方面,注重前延后伸,拉长做粗产业链条,双山集团、振阳集团加大技改投入,加快产品升级换代;推动沙印、尚嘉印染和日达印染等企业提档升级,做强盐城市生态染整中心。造纸产业方面,坚持"绿色造纸,循环经济"的发展理念,将双灯生态工业园建成全国乃至亚洲最大的造纸基地。当然,射阳港也要准确定位,处理好与大丰港、吕四港以及连云港、洋口港、南通港的关系,确保错位发展、错峰竞争,形成主辅竞合的沿海港口群。另外,射阳港也要统筹规划好港城建设、工业加工区以及交通基础等的建设,进一步壮大机械装备、纺织染整、生态造纸、生物食品、新能源五大特色产业,进而形成"港、产、城"一体化发展的新格局。

2. 拓展港口功能，构建"综合性、一体化"港区

射阳港要着眼于国际性、综合性远洋枢纽港和集装箱干线港的目标，全面加大与灌河口、滨海港、大丰港等港口群合作，按照"既分工竞争又优势互补"模式，不断拓展港口功能，共同打造区域现代物流枢纽和组合港口，努力建设成为本地经济发展服务以及与枢纽港、核心港配套的港口。在此基础上，要采取定向组织、政策推进等措施鼓励大丰、射阳、滨海等港口企业之间的全面合作，着力构建"港港联动、港企互动"的苏中港口经济发展的新格局。与此同时，必须联合有关部门打造"快报关、快验放、快检验检疫"的"大通关"格局，为射阳、江苏乃至华东地区的经济建设提供最高效、最周到、最便捷、最优质的港口服务。

3. 强化港口互动，提升与腹地经济系统之间的联系

射阳港在规划、建设过程中，一定要充分发挥区域优势、资源优势和沿海港口群集聚的优势，努力将射阳沿海地区建设成为江苏中部现代物流集疏中心以及韩国、日本前往中国中部甚至西部的重要通道，要充分利用射阳河的独特水运优势，突出海运和水运联动、港口和腹地互动的捷运优势。在此基础上，鼓励和努力引导中国中西部投资主体共同开发和建设港口、码头、仓储等配套基础设施，下狠功夫招引以港口为核心的大产业或者配套产业。射阳港区腹地产业对外联系方式以海运为主，由于盐城地区至今尚不具备形成规模的综合性港口，长期以来物资调运都通过上海及长江下游港口，产品路上运距长，运输成本高。随着射阳港区的建设及后方集疏运体系的完善，射阳港区将成为腹地产业对外联系的重要窗口，承担越来越多的海运任务。与此同时，苏北、皖中、豫东南等广大淮河流域对外联系不畅，加快淮河入海水道工程建设，河海联动，主动打通从该区域到射阳港的铁路通道。陆港"联姻"布局内陆无水港，推进腹地内陆节点的建设、改造和运营，拓展射阳港的腹地空间。

（三）关于经济社会可持续发展

1. 突出环境生态保护，力推城镇化城市化进程

射阳在沿海大开发的过程中，在注重环境保护和良好生态前提下，结合新农村建设，积极有序地推进城镇化、城市化进程，结合临港重点建设项目，强化实施多元化的就业和社会保障体系，科学合理地协调产业结构，促进人口向城镇靠拢、向城市集中，坚持走以特色化、内涵式为主的城镇化、城市化发展道路。加快港城、港产、港口协调发展，努力接受盐城、连云港以及南通等港口群的辐射带动功能，全面强化射阳作为港口城市的功能作用，进一步提升射阳港口在江苏沿海大开发中对国家和区域经济发展的带动作用和示范作用。

2. 突出体制机制创新,增强港产城发展活力

港口经营应实行政企分离,政府不再作为投资主体投资港口,但公用码头属公益性项目,企业在投资时可以争取政府的建设资金补助,缓解资金压力。国家和地区政府也积极鼓励民间资本投资公共交通基础设施建设,企业在投资港口时,可采取合作互利的方式,重心下沉到股份制公司,加强内部融资,减轻债务融资,从管理型的港口企业过渡到运营型的港口企业,以达到优化资本结构的目的。

招商引资是射阳港港口经济发展的不二法门。射阳港沿海开发中,要吃透政策、运用政策,通过驻点招商、敲门招商、拉长产业链招商等形式,建立健全统分结合的招商引资机制,切实加强与南通、连云港以及苏南、上海、浙江、中西部地区的大企业、大公司、大集团的沟通和洽谈;努力强化领导干部率先招商的做法,县级领导带头招引亿元项目,各部门单位主要负责人每年引进一个五千万元以上的项目;组织专业招商小分队开展驻点招商、组织企业主开展拉长产业链招商、组织特色园区开展针对世界、国内 500 强和行业领军企业的敲门招商等。机关工作人员实行"三三制"工作模式,三分之一外出招商,三分之一服务企业、三分之一从事日常工作。对招商引资成绩突出人员要予以重奖。

3. 突出人才队伍建设,引进和培育急需人才

射阳基础教育与职业教育发达,有江苏省最大的民办职业技术学院——明达职业技术学院、国家级重点职业技术学校——江苏省射阳职业高级中学、陈洋职业高级中学等,每年培养机械、电子、商务等专业技术人才和技术工人 3 000 多名。射阳港经济开发区有丰富的劳动力资源优势,全县有适龄劳动力人口 34 万人左右(其中女性劳动力约 15.7 万人),占全县总人口的 35.13%;在县内就业的有 14.6 万人左右,未就业的约 2 万人;在县外务工的约 17.6 万人,占 51.5%。实施"鹤乡英才集聚计划",从 2015 年起到 2017 年,每年计划进 4 000 名大学生(其中全日制本科以上不低于 50%)、700 名专门人才、30 名领军人才。

坚持"人是第一因素""人力资本是第一资源"的理念,在射阳沿海大开发的实践中,必须在政策、创业、服务等层面多引人才、多培养人才,不断为沿海开发提供强有力的人才支持。首先是根据《关于进一步加强人才工作的意见》《射阳县中长期人才发展规划纲要(2011—2020 年)》等文件精神,着力招引沿海开发人才、新特产业领军人才、海外高层次人才,通过招才引智活动、定向委培计划等广纳人才,为射阳沿海大开发提供强劲的人才动力。在此基础上,在射阳沿海大开发的热潮中,加快建设高端人才创业园以及各类创业孵化器等载体,确

保以一流的创业载体,吸引一流的创业人才,从而真正做到将有限的要素向人才集聚,为人才创业提供舞台、搭建平台;与此同时,要努力整合县内外职教资源,着力探索定向委培、就业培训等技术工人培育模式,不断解决新特产业用工短缺问题。

(四)关于科技创新与转型升级

1. 提升理念,建成科技创新港口

按照科学发展观的要求,要树立新的港口价值观和科学发展观:一是树立新的港口经济观,加快发展现代航运服务业和现代港口物流,重视港口量的增长与质的提高的有机统一,重视港口建设项目与临港产业开发的良性互动。二是树立新的港口资源观,重视港口资源保护和科学利用。重视港口资源规划的权威性,重视港口资源整合,建立港口资源配置的市场机制,建立引导型管理部门和服务型管理部门。三是树立新的港口环境观,正确处理好港口经济发展与港口资源、生态环境保护的关系,不断提高全社会对港口可持续发展战略的认识。四是树立新的港口科技创新观,坚持走信息现代化为主导的港口现代化道路,坚持依靠科技进步提升港口生产力。五是树立新的港口人文观,坚持以人为本,重视人性、重视人格、重视人品、重视人本,积极依靠高素质的港口建设者、管理者和经营者,组建和高校紧密合作的协同创新团队、咨询团队,力求培养出一批具有较高自主创新能力的创新人才和研究团队,形成港口科技创新体系。

2. 多式联运,提供现代物流服务

射阳县城距盐城国际机场仅30千米,沿海高速公路贯穿射阳全境,已融入上海三小时经济圈;相继开通至上海、连云港、青岛等内支线,着力建立以港口为核心,机场、公路和内河为配套的立体式、多层面的多式联运交通运输体系,打造真正的"海陆空"立体化、全方位的大交通格局,从而促进多式联运在射阳沿海大开发中发挥应有作用,进一步强力推进现代物流服务业的发展,实现多种运输方式一体化快速发展的格局。在此基础上,射阳港要不断突出港口产业园区对现代物流产业的拉动作用,通过建立物流信息平台和运用物联网技术,全方位构建物流园,多层面拓展现代物流的服务功能,从而在射阳沿海大开发中形成以信息服务为支撑的集生产加工、仓储运输、贸易配送于一体的现代物流产业链。

3. 提效降耗,发展绿色低碳港口

绿色港口的建设和发展要顺应市场经济的发展模式,要向高能效、低能耗、低排放模式转型,要树立节能、低碳、环保的发展理念,加快低碳经济的发展,实现我国港口建设的绿色、低碳、可持续发展。

(1) 推广船舶靠港使用岸电

射阳港可增加为靠泊船舶提供岸电的设备设施,在岸电的来源上,利用临港产业的光伏、风电、生物质能发电等清洁能源,不使用火电,可以从根本上降低碳排放。

(2) 清洁拖车计划

射阳港可开展清洁拖车计划,对原有拖车进行升级或强制更换新车,禁止不满足空气质量控制要求的拖车投入使用。通过系统设计,采用大型车辆来减少运输次数,提高了运营效率,同时对外部集卡采用预约系统,通过手机 APP 实时查询集卡待港时间,减少发动机工作时间和无效做功,减少排放,提高物流过程中的环境友善性。

(3) 应用船舶尾气处理驳船

针对一些船舶每年靠泊射阳港口的次数较少、不具备岸电接收设施的情况,射阳港可采用尾气处理驳船,通过尾气收集和处理实现达标排放,以满足空气质量控制需要。

(4) 提高码头自动化水平

全自动化集装箱码头是智慧港口的一个缩影,射阳港可将自动化集装箱码头投入运营,实现场内全电力驱动自动化操作,实现码头区"零污染排放"。

(5) 采取有效的管理措施

在射阳港运营中,可要求进出港船舶降低船速,海事管理部门采取信息化手段检测船舶航速。采用优化港口装卸工艺,实施建设干线道路、促进夜间装卸及缩短集装箱免费堆存时间等措施,促使码头内物流顺畅,防止货物滞留,减少污染物排放。

4. 超前谋划,引入无人驾驶船舶

(1) 更节省

无人船舶的一个优点是拥有更大的货物运载量和更低的风阻。因为没有船员,所以不需要甲板室、宿舍以及通风、加热、排污系统,这让船舶更轻的同时减少燃料消耗、减少操作和建造成本。在船舶设计制造时可根据射阳港口岸线航道实际情况进行,定制适用于射阳港的船舶,更加节约成本,提高效率。

(2) 航速高、机动性强

当前各国研制的无人船,多数长度在 12 米以内,排水量仅数吨至数十吨,吃水深度仅为传统舰艇的几分之一,航速在 30 至 40 节,最大航速甚至超过 40 节,因此能快速驶往传统舰艇无法到达的特定水域,如浅水区、狭窄巷道等,可按照射阳港岸道的实际情况来订制无人船舶,运用于货物在口岸的转驳。

(3) 专才短缺问题得以解决

无人船舶还能解决海上专业人才越来越短缺的困局。随着船舶越来越复杂,对船员的要求越来越高;从事航海工作越来越没有吸引力,愿意干这份工作的人越来越少,因为要离开家人几周甚至几个月。传统船舶要求船员拥有较高的学历,掌握精深技术,无人船舶将工作转移到了陆地运营中心,而远程控制和无人驾驶技术,可以重新吸引高素质的年轻人进入海运行业,来到射阳港。

5. 提档升级,建设现代智慧港口

(1) 港口转型升级的需求

经济增长速度放缓成为新常态,码头同质化竞争问题越来越突出,港口运营商纷纷将注意力投向价值创新。过去单纯依靠码头节点优势,通过装卸服务获得效益增长的模式变得不可持续。经济新常态下,全国主要港口已开始积极探索转型升级方向,构建差异化的价值主张和竞争优势,借数字化、智能化的创新技术,从单纯的物流运输节点转向营建开放、高效的平台,积极地融入世界贸易一体化的大格局中。不再局限于"货物装卸",改变原本封闭的运作模式,转向与供应链上下游的各方进行协同和合作,建立港口物流生态圈,为货主、物流公司、航运企业及联盟提供更具价值的优质服务。

(2) 总体建设目标

射阳港智慧化建设的总体目标,是以局域网、云计算、智能感知、视频分析、移动终端设备、物联网和大数据等现代信息网络技术为手段,以全方位数据接口和业务规范化应用为特征,整合港口各类信息资源,实现港口与上下游业务伙伴、口岸监管单位、联盟伙伴的信息共享,业务协同,扩大信息技术的应用范围,提高信息技术的应用水平,使有关信息能在各个运输环节之间、各管理部门之间、各货主单位、运输公司、代理公司之间准确、快速传递,形成一站式业务办理中心、客户服务中心、口岸直通中心。达到建立港口物流生态圈,打通物流上下游环节,满足港口各类客户单位综合信息需求、降低物流和贸易成本、提升港口以及口岸整体竞争力,帮助射阳港达到转型升级的目的。

(3) 主要建设架构

一体化运营中心与射阳港电子数据交换(Electronic Data Interchange, EDI)中心、商务平台、公铁水联运平台以及各码头公司业务等系统互通互联,并且集主要的功能模块于一体,主要解决面向客户的功能模块集中在一个平台中操作的问题,同时,客户服务平台在其他信息系统的建设基础之上,将要做一些业务拓展,以为射阳港客户服务为主线,用户涵盖码头公司、口岸企业用户和关检单位。通过相关基础环境支撑港口一体化运营服务中心建设,通过港口业务、公铁水联运、江海转运、危险货物、全程物流、航运交易等业态汇聚上下游业务伙伴,口岸监管单位、联盟企业打造港航立体生态圈。主要功能包括港口装卸、综合增值、口岸直通车、金融、物流商贸、航运六大服务板块(见图 7-3)。

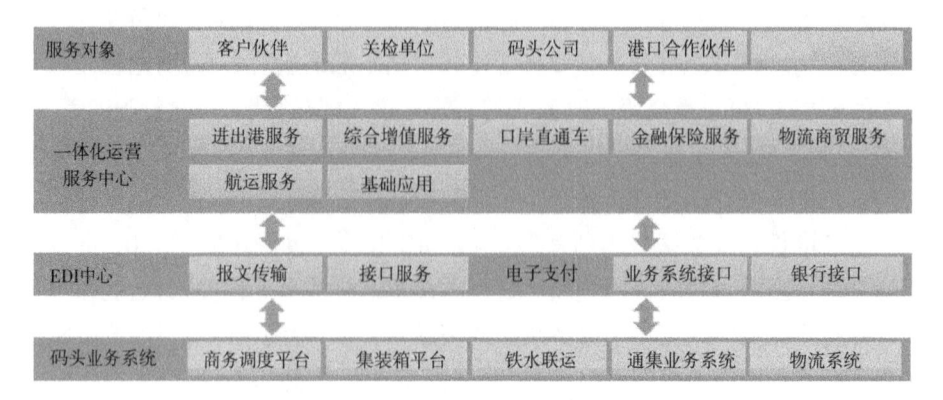

服务对象	客户伙伴	关检单位	码头公司	港口合作伙伴	
一体化运营服务中心	进出港服务	综合增值服务	口岸直通车	金融保险服务	物流商贸服务
	航运服务	基础应用			
EDI中心	报文传输	接口服务	电子支付	业务系统接口	银行接口
码头业务系统	商务调度平台	集装箱平台	铁水联运	通集业务系统	物流系统

图 7-13　港口一体化运营服务中心总体布局

参考文献

[1] 叶必丰.区域经济一体化的法律治理[J].中国社会科学,2012(8):107-130+205-206.

[2] 汪伟全.区域合作中地方利益冲突的治理模式:比较与启示[J].政治学研究,2012(2):98-107.

[3] 徐继华,何海岩.京津冀一体化过程中的跨区域治理解决路径探析[J].经济研究参考,2015(45):65-71.

[4] 张晓钦,韩传峰.中国区域一体化的整体性治理模式研究——以广西北部湾经济区为例[J].同济大学学报(社会科学版),2015,26(5):116-124.

[5] 匡涛涛,易昌良.我国区域治理存在的问题及对策研究[J].新视野,2015(4):59-63.

[6] 韩劲.基于生态功能的京津冀山区一体化治理研究[J].当代经济管理,2015,37(5):55-59.

[7] 刘中起,郑晓茹,郑兴有,等.网格化协同治理:新常态下社会治理精细化的上海实践[J].上海行政学院学报,2017,18(2):60-68.

[8] 张振波.论协同治理的生成逻辑与建构路径[J].中国行政管理,2015(1):58-61+110.

[9] 刘涛,周强,刘作丽,等.国际大都市区空间发展规律与空间治理——兼论对北京的启示[J].城市发展研究,2017,24(11):64-69.

[10] 柳建文.区域组织间关系与区域间协同治理:我国区域协调发展的新路径[J].政治学研究,2017(6):45-56+126-127.

[11] 刘海英,朱檬.农田水利协同治理的瓶颈及运行机制——基于民族团结灌区的实践[J].改革与战略,2017,33(12):130-133.

[12] 李云新,阮皓雅.自然灾害协同治理的实践过程与运行逻辑——以四川雅安为例[J].西南民族大学学报(人文社科版),2018,39(3):193-198.

[13] 何玉华.浙东经济合作区物流资源整合对策研究[J].商业研究,

2010(1):191-193..

[14] 林晓伟,舒辉,陈明.集成化物流资源整合的协同框架分析[J].经济管理,2011,33(2):147-152.

[15] 宫大庆,刘世峰,王跃平.物流资源整合环境下供应链激励机制委托代理研究[J].软科学,2013,27(5):51-55+65.

[16] 穆东.物流资源整合及其低碳化研究现状[J].中国流通经济,2015,29(1):17-24.

[17] 宋志刚,赵启兰.制造集团公司物流资源整合问题研究[J].北京交通大学学报(社会科学版),2014,13(2):1-7.

[18] 樊毓卿.供需视角下钢铁物流资源整合模式及运作机制研究[D].北京交通大学,2018.

[19] 王玖河,郝悦征.基于1-N模式的第四方物流多任务指派决策模型[J].统计与决策,2014(24):51-54.

[20] 姚建明.基于服务能力均衡的网购供应链资源整合决策[J].中国管理科学,2015,23(10):88-97.

[21] 周林,王旭,林云,等.面向空间分布式小批量物流供需的多任务集成调度[J].计算机集成制造系统,2016,22(3):822-832.

[22] 程健南,杨忠振.线上商品与多种快递服务的组合优化研究[J].运筹与管理,2018,27(8):27-31.

[23] 徐小峰,刘靖.多阶段并发的协同物流网络任务-资源集成调配模型[J].运筹与管理,2018,27(7):43-48.

[24] 储昭昉,邓蕾.第三方物流整合对绩效影响:企业特征的调节效应的实证研究[J].数理统计与管理,2015,34(4):580-591.

[25] 刘华明,王勇.3PL服务能力与供应链整合对企业运营绩效的影响[J].预测,2017,36(1):67-73.

[26] 曾欣韵,闵婕.第三方物流整合与物流服务质量、企业运营绩效相关性分析[J].商业经济研究,2019(12):90-93.

[27] 宋光,王妍,宋少华,等.全渠道零售策略下的供应链整合与企业绩效关系研究[J].管理评论,2019,31(6):238-246.

[28] 高树奇,杨斌.港口规划[J].中国图书馆学报,2019(2):72-84.

[29] 葛金.新时代港口[M].北京:清华大学出版社,2019.

[30] 苟大苟.辽宁港口规划[M].辽宁:辽宁出版社,2019.

[31] 曹玮,苏博.福建省港口整合剖析[J].中国港口,2018(7):26-27.

[32] 王柏玲,李慧,许欣.我国港口资源整合的困境及对策[J].经济纵横,2017(4):64-69.

[33] 张婧,邹强.山东海港口协调发展的现状与对策[J].航运经济与管理,2018(6):3-5.

[34] 李娜.我国港口资源整合存在的问题及建议[J].港口经济,2017(5):52-53.

[35] 朱正清.充分发挥资本市场作用　加快推进天津港口资源整合的初步思考[J].天津经济,2016(11):16-21.

[36] 葛拥军,郝英君.从三种融合角度解读港口资源整合[J].中国港口,2017(1):33-35.

[37] 陈以浩.港口资源整合的利弊及化解风险的对策[J].中国船检,2018(11):16-19.

[38] 唐国治.走改革开放之路　建世界最强大港[J].中国港口,2018(12):9-11.

[39] 丁莉.对"港口资源整合"的三点建议[J].中国港口,2016(5):16-17.

[40] 张继良.港口物流系统竞合研究[D].北京:北京交通大学,2012.

[41] 罗芳.长三角港口群协调发展研究[D].长春:吉林大学,2012.

[42] 魏玲.我国沿海港口群综合评价研究[D].大连:大连海事大学,2007.

[43] 宗蓓华.论长三角港口竞争与合作[C].首届长三角科技论坛——长三角港口航运科技论坛论文集.2004:6-8.

[44] 刘志平,李丽,肖汉斌.长江内河港口的竞争力分析[J].武汉理工大学学报(交通科学与工程版),2009,33(4):757-759.

[45] 郑芝杨,肖玲,林志海.大珠江三角洲港口群结构优化研究[J].山西师范大学学报(自然科学版),2011,25(2):110-116.

[46] 鲁渤,王乾.港口物流与对外贸易联动发展研究[J].大连大学学报,2017,38(3):86-90+97.

[47] 秦雯.供给侧改革下珠海港口物流效率及影响因素研究[J].商业经济研究,2018(22):138-140.

[48] 倪志敏,高秀丽.广东省港口物流效率评价及影响因素研究——基于DEA-Tobit模型的实证分析[J],广东海洋大学学报,2017,37(5):11-16.

[49] 孙胜元,张鹏.基于DEA方法的港口效率评价研究——一个文献综述[J].物流技术,2019,38(12):1-5+13.

[50] 蒋建洪,杨建波.基于PCA-DEA的港口物流效率评价研究[J].价值

工程,2019,38(1):87-89.

[51] 马宇鹏.基于供应链理念的港口物流发展策略分析[J].现代商贸工业,2018,39(15):45-46.

[52] 陈荣,李玲.基于交叉效率 DEA-IAHP 的港口物流效率评价研究[J].南阳理工学院学报,2018,10(2):13-18.

[53] 苏丹.物流——低碳约束下港口物流服务供应链的效率研究[J].教育现代化,2017,4(48):261-262+267.

[54] 鲁渤,汪寿阳.中韩集装箱码头运营效率的比较研究[J].管理评论,2017,29(5):175-182.

[55] 吉阿兵,朱道立.基于极效率 DEA 模型的港口绩效评价[J].系统工程,2005(4):119-122.

[56] 刘基良.基于 SUP-DEA 的我国沿海港口企业运营效率研究[J].物流技术,2016,35(2):55-59.

[57] 匡海波.基于超效率 CCR-DEA 的中国港口上市公司成本效率评价研究[J].中国管理科学,2007(3):142-148.

[58] 程长明,陈学云.长江经济带物流业环境效率与环境全要素生产率分析[J].统计与决策,2018,34(18):125-130.

[59] 马晓君,李煜东,王常欣,等.约束条件下中国循环经济发展中的生态效率——基于优化的超效率 SBM-Malmquist-Tobit 模型[J].中国环境科学,2018,38(9):3584-3593.

[60] 刘晶.考虑非期望产出的我国沿海港口效率评价与分析[D].合肥:中国科学技术大学,2015.

[61] 刘勇,汪传旭.基于非期望输出网络 DEA 的集装箱港口群效率评价[J].系统工程,2018,36(4):121-126.

[62] 李静,程丹润.基于 DEA-SBM 模型的中国地区环境效率研究[J].合肥工业大学学报(自然科学版),2009,32(8):1208-1211.

[63] 李根,刘家国,李天琦.考虑非期望产出的制造业能源生态效率地区差异研究——基于 SBM 和 Tobit 模型的两阶段分析[J].中国管理科学,2019,27(11):76-87.

[64] 袁杨,孙加森.基于非期望产出偏好 DEA 模型的中国上市港口企业环境效率分析[J].系统工程,2017,35(5):85-91.

[65] 罗俊浩,崔娥英,季建华.考虑 CO_2 排放的中国八大集装箱港口环境效率评价研究——基于 SBM-DEA 模型[J].科技管理研究,2014,34(21):66-69.

[66] 王腾,梁晶.基于非期望产出超效率 SBM 模型的港口能源效率评价[J].武汉理工大学学报(交通科学与工程版),2018,42(4):637-641.

[67] 孟飞荣,高秀丽."港口-腹地经济"复合系统协调发展水平评价——基于 PLS 通径模型的实证分析[J].海洋开发与管理,2018,35(5):106-113.

[68] 许玉云,郝玉柱.京津冀海港口岸与腹地外向型经济协同度及提升路轻研究[J].商业经济研究,2018(7):144-148.

[69] 郭子雪,张雅辉.唐山港港口物流与腹地经济协同发展研究[J].河北大学学报(哲学社会科学版),2019,44(2):80-86.

[70] 曹炳汝,樊鑫.港口物流与腹地经济协同发展研究——以太仓港为例[J].地理与地理信息科学,2019,35(5):126-132.

[71] 袁一璐,傅海威,刘桂云,等.宁波舟山港港口与腹地协同创新发展现状评估[J].物流科技,2019,42(10):134-137.

[72] 徐伟,宫小涵.青岛港口物流与腹地经济圈协同度实证研究[J].山东科技大学学报(社会科学版),2019,21(5):88-95.

[73] 朱艳.港口物流产业集群与腹地经济互动发展的动因分析[J].商讯,2019(26):144-145.

[74] 彭显娟.广西三大港口群运营能力的比较分析[J].商讯,2019(21):103-105.

[75] 王圣.基于多部门动态博弈的港口腹地供应链优化[J].物流技术,2019,38(11):93-99.

[76] 于敏,许茂增.考虑腹地关系的内河港口竞争策略分析[J].交通运输系统工程与信息,2019,19(5):28-34+41.

[77] 曹卫群.集装箱港口竞争的博弈模型及基于神经网络的吞吐量预测研究[D].大连:大连理工大学,2003.

[78] 周琴.宁波港与上海港的寡头竞争分析[J].宁波大学学报(人文科学版),2007(1):17-21.

[79] 章娴静.港口竞争合作博弈分析——以上海港和宁波港为例[J].物流工程与管理,2009,31(9):13-15.

[80] 周鑫,季建华.基于完全信息条件下的港口竞争合作静态博弈分析[J].武汉理工大学学报(交通科学与工程版),2009,33(5):819-821+927.

[81] 鲁俊.长江三角洲集装箱港口综合竞争力博弈模型研究[D].武汉:武汉理工大学,2016.

[82] 郑斐峰,梅启煌,刘明,等.多港口集装箱配载的双目标精确算法研究

[J].工业工程,2018,21(6):1-6.

[83] 郭利泉,杨忠振.基于对外运输系统的内部运输社会福利最大的多港口地区港口整合方法研究[J].系统工程理论与实践,2018,38(8):2098-2109.

[84] 陈丽玲,雷智鹍,朱逸凡,等.基于改进 L-V 模型的多货种多港口竞合关系[J].长沙理工大学学报(自然科学版),2018,15(3):40-47.

[85] 田茂金,孟燕萍,张亚琦,等.考虑客户满意度的灾后多港口泊位联合应急调度模型[J].计算机应用与软件,2017,34(7):237-243+333.

[86] 郑斐峰,梅启煌,王璐,等.内地多港口间的集装箱配载最优方案[J].计算机工程与设计,2018,39(6):1761-1766.

[87] 程健南,杨忠振.我国多港口地区港口投资均衡状态分析[J].中国航海,2018,41(4):116-121.

[88] 计梦婷,董岗.综合考虑竞争程度与拥挤效应的港口定价策略研究[J].上海管理科学,2019,41(3):71-75.

[89] 翁启伟,杨方方.自贸港建设背景下海南——广东两省港口协同发展研究[J],中国商论,2020(3):6-9+13.

[90] Ko H J,Evans G W. A genetic algorithm-based heuristic for the dynamic integrated forward/reverse logistics network for 3PLs[J]. Computers and Operations Research,2007,34(2):346-366.

[91] Huth T,Mattfeld D C. Integration of vehicle routing and resource allocation in a dynamic logistics network[J]. Transportation Research Part C Emerging Technologies,2009,17C(2):149-162.

[92] Krajewska M A,KopferH. Transportation planning in freight forwarding companies:Tabu search algorithm for the integrated operational transportation planning problem[J]. European Journal of Operational Research,2009,197(2):741-751.

[93] Ramezani M,Bashiri M,Tavakkoli-Moghaddam R. A new multi-objective stochastic model for a forward/reverse logistic network design with responsiveness and quality level[J]. Applied Mathematical Modelling,2013,37(1/2):328-344.

[94] Liu Q,Zhang C Y,Zhu KR,et al. Novel multi-objective resource allocation and activity scheduling for fourth party logistics[J]. Computers and Operations Research,2014,44(2):42-51.

[95] Karia N,Wong C Y. The impact of logistics resources on the per-

formance of Malaysian logistics service providers[J]. Production Planning & Control,2013,24(7):589-606.

[96] Alam A,Bagchi P K,Kim B,et al. The mediating effect of logistics integration on supply chain performance[J]. International Journal of Logistics Management,2014,25(3):553-580.

[97] Alkhatib S F,Darlington R,Yang Z,et al. A novel technique for evaluating and selecting logistics service providers based on the logistics resource view[J]. Expert Systems with Applications ,2015,42(20):6976-6989.

[98] Lee H Y,Seo Y J,Dinwoodie J. Supply chain integration and logistics performance:the role of supply chain dynamism[J]. International Journal of Logistics Management,2016,27(3):668-685.

[99] Wang Y,Assogba K,Fan J X,et al. Multi-depot green vehicle routing problem with shared transportation resource: Integration of time-dependent speed and piecewise penalty cost[J]. Journal of Cleaner Production, 2019 (232):12-29.

[100] Host A, Pavlic Skender H, 2aminovic PA The perspectives of port integration into the global supply chains — the case of North Adriatic Ports [J]. Seientific Journal of Maritime Research 2018(9):42-49.

[101] Zhu S D,Zheng S,Ge Y,et al. Vertical integration and its implications to port expansion [J]. Maritime Policy & Management, 2019 (4): 920-938.

[102] Chang Y T,Talley W K, Talley. Port competitiveness,efficiency, and supply chains: a literature review[J]. Transportation Journal,2019(1), 58(1):1-2.

[103] Ha M H,Kim C S. Evaluating port supply chain integration in Korean port system[J]. Jounnal of the korean Society of Sigfly chain Mahagement, 2018,18(2):39-50.

[104] Giuseppina Pugliano, Guido Benassai, Edoardo Benassai. Integrating urban and port planning policies in a sustainable perspective: the case study of Naples historic harbor area[J]. Planning Perspectives,2019,34(5): 827-847.

[105] Hailu A,Veeman T S. Non-parametric productivity analysis with undesirable outputs:an application to the Canadian pulp and paper industry

[J]. American Journal of Agricultural Economics,2001,83(3):605-616.

[106] Seiford L M,Zhu J. Modeling undesirable factors in efficiency evaluation[J]. European Journal of Operational Research,2002,142(1):16-20.

[107] Sun J,Yuan Y,Yang R,et al. Performance evaluation of Chinese port enterprises under significant environmental concerns: an extended DEA-based analysis[J]. Transport Policy,2017,60:75-86.

[108] Tone K. A slacks-based measure of efficiency in data envelopment analysis[J]. European Journal of Operational Research, 2001, 130(3): 498-509.

[109] Zhou C,Shi C,Wang S,et al. Estimation of eco-efficiency and its influencing factors in Guangdong province based on Super-SBM and panel regression models[J]. Ecological Indicators,2018,86(5):67-80.

[110] Na J H,Choi A Y,Ji J,et al. Environmental efficiency analysis of Chinese container ports with CO_2 emissions: an inseparable input-output SBM model[J]. Journal of Transport Geography,2017,65(12):13-24.

[111] Iris C,Lam J S L. A review of energy efficiency in ports: Operational strategies,technologies and energy management systems[J]. Renewable and Sustainable Energy Reviews,2019(112):170-182.

[112] Merkel A,Holmgren J. Dredging the depths of knowledge: Efficiency analysis in the maritime port sector[J]. Transport Policy,2017,60(C):63-74.

[113] Tovar B,Wall A. Environmental efficiency for a cross-section of Spanish port authorities[J]. Transportation Research Part D: Transport and Environment,2019(10):170-178.

[114] Suarez-Aleman A,Sarriera J M,Serebrisky T,et al. When it comes to container port efficiency,are all developing regions equal? [J]. Transportation Research Part A:Policy and Practice,2016(86A):56-77.

[115] Lopez-Bermudez B,Freire-Seoane MT,Gonzalez-Laxe F. Efficiency and productivity of container terminals in Brazilian ports (2008-2017)[J]. Utilities Policy,2019, 56(C):82-91.

[116] Woodbun A. An analysis of rail freight operational efficiency and mode share in the British port-hinterland container market[J]. Transportation Research Part D:Transport and Environment,2017(51):190-202.

[117] Dadashpoor H,Arasteh M. Core-port connectivity: Towards sha-

ping a national hinterland in a West Asia country[J]. Transport Policy,2020, 88(C):57-68.

[118] Santos T A Soares C G. Container terminal potential hinterland delimitation in a multi-port system subject to a regionalization process[J]. Journal of Transport Geography,2019, 75(C):132-146.

[119] Shi X,Li H,Developing the port hinterland: Different perspectives and their application to Shenzhen Port,China[J]. Research in Transportation Business & Management,2016(19):42-50.

[120] Aregall M G,Bergqvist R,Monies J. A global review of the hinterland dimension of green port strategies[J]. Transportation Research Part D: Transport and Environment,2018(59):23-34.

[121] Chen H,Lam J S L,Liu N,Strategic investment in enhancing port-hinterland container transportation network resilience: A network game theory approach [J]. Transportation Research Part B: Methodological, 2018, 111(C):83-112.

[122] Halim R A,Kwalckel J H,Tavasszy L A. A strategic model of port-hinterland freight distribution networks[J]. Transportation Research Part E: Logistics and Transportation Review,2016, 95(C):368-384.

[123] Wang X C,Meng Q,Miao L X. Delimiting port hinterlands based on intermodal network flows: Model and algorithm[J]. Transportation Research Part E: Logistics and Transportation Review,2016, 88(C):32-51.

[124] Irannezhad E,Prato C G,Hickman M. An intelligent decision support system prototype for hinterland port logistics[J]. Decision Support Systems,2020(130):1-12.

[125] Notteboom T E. Complementarity and substitutability among adjacent gateway ports. 2009,41(3):743-762.

[126] Luo M F,Liu L M,Gao F. Post-entry container port capacity expansion[J]. Transportation Research Part B: Methodological 2011,46B(1): 120-138.

[127] Anderson C M,Park Y A,Chang Y T,et al. A game-theoretic analysis of competition among container port hubs: the case of Busan and Shanghai[J]. Mamitiime Policy & Management,2008,35(1):5-26.

[128] Zhuang W F,Luo M F,Fu X W. A game theory analysis of port

specialization—implications to the Chinese port industry[J]. Maritime Policy & Management,2014,41(3):268-287.

[129] Wang H,Meng Q,Zhang X N. Game-theoretical models for competition analysis in a new emerging liner container shipping market[J]. Transportation research,Part B 2014(70):201-227.

[130] Cheng J N,Yang Z Z. The equilibria of port investment in a multi-port region in China[J]. Transportation Research Part E:Logistics and Transportation Review,2017(108):36-51.

[131] Guo L Q,Yang D,Yang Z Z. Port integration method in multi-port regions(MPRs) based on the maximal social welfare of the external transport system[J]. Transportation Research Part A:Policy and Practice,2018(110):243-257.

[132] Schepler X,Balev S,Michel S,Sanlaville E. Global planning in a multi-terminal and multi-modal maritime container port[J]. Transportation Research Part E:Logistics and Transportation Review,2017(100):38-62.

[133] Venturini G,Iris C,Kontovas C A,Larsen A. The multi-port berth allocation problem with speed optimization and emission considerations[J]. Transportation Research Part D:Transport and Environment, 2017 (54):142-159.

[134] Zhang Q,Wang W Y,Peng Y,et al. A game-theoretical model of port competition on intermodal network and pricing strategy[J]. Transportation Research Part E Logistics and transportation review,2018(114),19-39.

[135] Cui H,Notteboom T. A game theoretical approach to the effects of port objective orientation and service differentiation on port authorities' willingness to cooperate[J]. Research in Transportation Business & Management,2018(26):76-86.